走向深蓝·海上执法系列

海上治安执法实务若干问题研究

裴兆斌 车流畅 彭绪梅 著

《大连海洋大学—大连海事法院法学实践教育基地》项目资助
《大连海洋大学—蓝色法学课程群》项目资助
《大连海洋大学—法学特色学科B》项目资助
北京龙图教育集团/龙图法律研究院资助
辽宁省社会科学界联合会：《辽宁海洋发展法律与政策研究基地》项目资助
辽宁省法学会海洋法学研究会资助
大连市社会科学界联合会、大连市国际法学会资助

东南大学出版社
SOUTHEAST UNIVERSITY PRESS
·南京·

图书在版编目(CIP)数据

海上治安执法实务若干问题研究 / 裴兆斌,车流畅,彭绪梅著. —南京:东南大学出版社,2016.5
(走向深蓝·海上执法系列 / 姚杰,裴兆斌主编)
ISBN 978-7-5641-6513-0

Ⅰ.①海… Ⅱ.①裴… ②车… ③彭… Ⅲ.①海上法—行政执法—研究—中国 Ⅳ.①D993.5

中国版本图书馆 CIP 数据核字(2016)第 102317 号

海上治安执法实务若干问题研究

出版发行	东南大学出版社
出 版 人	江建中
社　　址	南京市四牌楼 2 号(邮编:210096)
网　　址	http://www.seupress.com
责任编辑	孙松茜(E-mail:ssq19972002@aliyun.com)
经　　销	全国各地新华书店
印　　刷	江苏凤凰数码印务有限公司
开　　本	700mm×1000mm　1/16
印　　张	13.75
字　　数	277 千字
版　　次	2016 年 5 月第 1 版
印　　次	2016 年 5 月第 1 次印刷
书　　号	ISBN 978-7-5641-6513-0
定　　价	39.80 元

(本社图书若有印装质量问题,请直接与营销部联系。电话:025-83791830)

走向深蓝·海上执法系列编委会名单

主　任：姚　杰

副主任：张国琛　胡玉才　宋林生　赵乐天
　　　　裴兆斌

编　委（按姓氏笔画排序）：
　　　　王　君　王太海　田春艳　邓长辉
　　　　刘　臣　刘海廷　刘新山　朱　晖
　　　　李　强　高雪梅　彭绪梅　戴　瑛

总 序

人类社会发展史上,海权与世界强国伴生,互为倚重。无海权,便无真正的世界强国;而无强大的国力,则无法形成和维持强大的海权。海洋权益是海洋权利和海洋利益的总称。按照《联合国海洋法公约》规定,国家的海洋权利包括:沿海国在国家自己管辖海域(领海、毗连区、专属经济区和大陆架)享有的主权、主权权利和管辖权;在国家自己管辖之外海域(公海、国际海底区域、他国管辖海域)依法享有航行自由和捕鱼、深海底资源勘探开发等权利。国家海洋利益主要是指维护国家主权和领土完整的政治利益,以及开发利用领海、专属经济区、大陆架、公海、国际海底等所获得的收益。

伴随着《联合国海洋法公约》的生效,世界沿海各国不断加强对国家管辖海域的管理,随着世界各国对海洋问题的重视程度不断加深,沿海国家相继调整海洋战略,制定相对完善的海洋法律体系,强化海洋综合管理与执法,以维护本国在海洋上的利益。纵观世界各国,随着管理内容的变化,世界各国逐渐形成了各自独特的海洋管理与执法体制,主要有以下发展模式:

第一,"管理部门集中—执法权集中"模式。"管理部门集中—执法权集中"模式,是指一个行政机关或法定组织通过一定的法律程序,集中行使几个行政机关的行政检查权和行政处罚权的一种行政执法体制[1],具体而言,就是指由一个部门统一管理全国的各项涉海事务,同时也由一个部门集中行使执法权。其具有以下特点:一是有覆盖海洋管理各个方面的专门国家海洋管理机构;二是有健全、完善的海洋管理体系;三是有较为系统和完善的国家海洋法律法规及海洋政策;四是有统一的海上执法队伍。美国是"管理部门集中—执法权集中"模式的典型代表。

第二,"管理部门分散—执法权集中"模式。"管理部门分散—执法权集中"模式是指虽然没有一个能够完全管理国家海洋事务的机关,但是它却有一个能管理大部分或绝大部分海洋事务的组织,在发展趋势上,是不断向"管理部门集中—执

---

[1] 刘磊,仇超.行政综合执法问题略论.泰安教育学院学报岱宗学刊,2004(1).

法权集中"模式发展的。其具有以下特点:一是全国没有统一的海洋管理职能部门;二是建有海洋工作的协调机构,负责协调解决涉海部门间的各种矛盾;三是已经建立了统一的海上执法队伍。日本是"管理部门分散—执法权集中"模式的典型代表。

第三,"管理部门分散—执法权分散"模式。"管理部门分散—执法权分散"模式是指海洋管理工作分散在政府的各个部门,中央政府没有负责管理海洋事务的统一职能部门,也没有形成统一的执法体系。其具有以下特点:一是全国没有统一的海洋管理职能部门,海洋管理分散在较多的部门;二是没有统一的法规、规划、政策等;三是没有统一的海上执法队伍。此种模式在世界上相对来说是非常少的。加拿大是"管理部门分散—执法权分散"模式的典型代表。

这三种不同管理与执法体制模式虽然呈现出不同的特点,但是目前仍然属于"管理部门分散—执法权分散"模式的国家少之又少,并且"管理部门分散—执法权集中"模式也在向着"管理部门集中—执法权集中"模式转变,因而"管理部门集中—执法权集中"模式是国际大趋势。

我国现行的海上行政执法体制是在我国社会主义建设初期的行政管理框架下形成的,其根源可推至我国计划经济时期形成的以行业执法和管理为主的模式,是陆地各行业部门管理职能向海洋领域的延伸。[①] 自新中国成立以来,我国海洋管理体制大概经历了四个阶段:

第一阶段大致为新中国成立至20世纪60年代中期,分散管理阶段。对海洋管理体制实行分散管理,主要是由于新中国刚刚成立对于机构设置,人员结构的调整还处于摸索和探索时期,其主要效仿苏联的管理模式,导致海洋政策并不明确,海上执法建设相对落后,又随着海洋事务的增多,海洋管理规模的扩大,部门与部门之间,区域与区域之间出现了职责交叉重叠,力量分散,管理真空的现象。[②]

第二阶段是海军统管阶段。从1964年到1978年,我国海洋管理工作由海军统一管理,并且成立国务院直属的对整个海洋事业进行管理的国家海洋局,集中全国海洋管理力量,统一组织管理全国海洋工作。此时的海洋管理体制仍是局部统一管理基础上的分散管理体制。

第三阶段是海洋行政管理形成阶段。这一阶段的突出特点是地方海洋管理

---

① 刘凯军.关于海洋综合执法的探讨.南方经济,2004(2).
② 宋国勇.我国海上行政执法体制研究.上海:复旦大学,2008年硕士学位论文.

机构开始建立。至1992年年底,地(市)县(市)级海洋机构已达42个,分级海洋管理局面初步形成。海上行政执法管理与涉海行业或产业管理权力混淆在一起,中央及地方海洋行政主管部门、中央及地方各涉海行业部门各自为政、多头执法、管理分散。

第四阶段是综合管理酝酿阶段。国家制定实施战略"政策""规划""区划"协调机制以及行政监督检查等行为时,开始注重以海洋整体利益和海洋的可持续发展为目标,但海洋执法机构仍呈现条块结合、权力过于分散的复杂局面。[①] 这一阶段仍然无法改变现实中多头执法、职能交叉、权力划分不清等状况。

2013年3月10日《国务院机构改革和职能转变方案》公布,为进一步提高我国海上执法成效,国务院将国家海洋局的中国海监、公安部边防海警、农业部中国渔政、海关总署海上缉私警察的职责整合,重新组建国家海洋局,由国土资源部管理,国家海洋局以中国海警局的名义开展海上维权执法,接受公安部的业务指导。[②] 重组后的海警具备了原有海监、渔政、边防海警的多项职能。从《国务院机构改革和职能转变方案》以及实践来看,中国海警局是海上执法的执法主体之一。在这一轮的改革中,虽然整合了原有的海监、渔政等力量形成海警局,但目前在海洋执法方面还是平行地存在两个执法机构,即海警局和海事局。同时,在整个海洋执法体系中也存在一定的地方政府海洋执法力量。

总之,为了建设强大的海洋国家,实现中华民族的伟大复兴,更好地维护我国海洋权益和保障我国海上安全,有效地遏制有关国家在海上对我国的侵扰和公然挑衅,尽快完善我国海洋管理与执法体系显得尤为必要,也是现阶段的紧迫要求和时代赋予我们的神圣使命。

为使我国海洋执法有一个基本的指导与理论依据,大连海洋大学法学院、海警学院组织部分教师对海上执法工作进行研究,形成了以下成果:

1.《海上安全与执法》
2.《海上治安案件查处》
3.《海上行政案件查处》
4.《海上犯罪侦查实务》
5.《海洋行政处罚通论》
6.《海洋行政案件证据规范指南》

---

① 仲雯雯.我国海洋管理体制的演进分析(1949—2009).理论月刊,2013(2).
② 李军.中国告别五龙治海.海洋世界,2013(3).

7.《海上治安执法实务若干问题研究》

8.《蔚蓝的秩序——西非渔事咨询案评析》

9.《海上渔事纠纷与治安案件调处》

10.《最新海洋执法实务实用手册》

丛书编委会主任由姚杰担任;张国琛、胡玉才、宋林生、赵乐天、裴兆斌担任丛书编委会副主任。王君、王太海、田春艳、邓长辉、刘臣、刘海廷、刘新山、朱晖、李强、高雪梅、彭绪梅、戴瑛担任编委。

丛书主要作者裴兆斌系大连海洋大学法学院院长、海警学院院长,长期从事海上安全与执法、海上维权与综合执法、海洋行政法、海洋法教学与科研工作,理论基础雄厚。其余作者均系大连海洋大学法学院、海警学院等部门教师、研究生及其他院校教师、硕士和博士研究生,且均从事海上安全与执法、海上维权与综合执法、海洋行政法、海洋法教学与科研工作,经验十分丰富。

本丛书的最大特点:准确体现海上执法内涵;体系完整,涵盖海上执法所有内容;理论联系实际,理论指导实际,具有操作性。既可以作为海警和其他海上执法部门执法办案的必备工具书,又可作为海警和其他海上执法部门的培训用书;既可以作为海洋大学法学专业本科生、研究生的教学参考书,又可作为海洋大学法学专业本科生、研究生的专业方向课的教材。

希望该丛书的出版,对完善和提高我国海上执法水平与能力提供一些有益的帮助和智力支持,更希望海洋管理法治化迈上新台阶。

大连海洋大学校长、教授

二〇一五年十月于大连

前 言①

治安执法点多、线长、面广,贯穿社会生活各个领域,涉及人民群众切身利益,关系公共安全和社会稳定。为了加强和规范海上治安执法工作,维护国家安全和海域治安秩序,保护公共财产和公民人身财产安全,公安部于2007年5月30日,根据《中华人民共和国人民警察法》《中华人民共和国治安管理处罚法》《中华人民共和国刑事诉讼法》《中华人民共和国领海及毗连区法》和《中华人民共和国专属经济区和大陆架法》等有关法律,制定了《公安机关海上执法工作规定》,并于2007年12月1日起施行。最高人民法院、最高人民检察院、公安部于2007年9月17日,下发了《关于办理海上发生的违法犯罪案件有关问题的通知》。根据该规定和通知,授权公安边防海警根据我国相关法律、法规、规章,对发生在我国内水、领海、毗连区、专属经济区和大陆架违反公安行政管理法律、法规、规章的违法行为或者涉嫌犯罪的行为行使管辖权。

2013年3月10日《国务院机构改革和职能转变方案》公布,为进一步提高我国海上执法成效,国务院将国家海洋局的中国海监、公安部边防海警、农业部中国渔政、海关总署海上缉私警察的职责整合,重新组建国家海洋局,由国土资源部管理,国家海洋局以中国海警局的名义开展海上维权执法,接受公安部的业务指导。同年,十二届全国人大一次会议审议通过了《国务院机构改革和职能转变方案(草案)》,这标志我国海上治安执法职能由原公安边防海警向中国海警的重要转变。而作为我国海上执法的一种重要力量,中国海警自2007年被授权开展海上执法以来,在维护国家安全、维护海洋治安秩序、保护公共财产、保护公民人身财产安全方面发挥了其他海上执法力量所不可替代的作用。因此,对海上治安执法重点、难点问题进行理论和实务研究具有十分重要的现实意义,这也是我们海洋高等学府法学理论研究者义不容辞的责任。

我于1988年参加公安工作,先后任职于沈阳市公安局东陵分局凌云派出所、

---

① 基金项目:辽宁省社会科学规划基金项目(海上渔事纠纷与治安案件处理若干问题实务研究 L14BFX011);2016年度辽宁经济社会发展立项课题(一带一路战略下辽宁海上执法模式研究 2016lslktzifx-02);大连市社科联(社科院)重点课题(大连一带一路战略节点地位之法律服务机制构建 2015dlskzd114)

泉园派出所、治安科、经侦科；沈阳市公安局和平分局治安科、治安专案大队、刑警大队预审科；沈阳市公安局城管治安分局查处二大队、法制综合科；沈阳市公安局治安特警支队四科、查禁大队、治安查处科；辽宁省公安厅治安管理总队执法指导支队等部门，先后担任过治安民警、户籍民警、侦察员、治安科长、法制科长、支队长、副总队长等职务，可以说从警26年几乎都在从事治安执法工作，以至后来的硕士、博士、博士后的理论研究也几乎都是围绕治安执法这一命题进行的。2014年3月，我调入大连海洋大学法学院、海警学院从事海上执法的理论研究工作，借此机会我带领学院部分教师先后多次前往中国海警局南海分局、辽宁省总队、广东省总队、海南省总队等部门进行了调研，可以说在实践和理论研究中遇到了许多重点、难点问题。

  基于上述考虑，我产生了对治安执法相关重点、难点问题进行深入研究的想法。同时，借我带领学院部分教师前往中国海警局南海分局、辽宁省海警总队、广东省海警总队、海南省海警总队等部门进行调研的机会，我们虚心地向实务部门的领导和执法者进行了请教，在实务部门的领导和部分执法者的帮助下，终于完成了这本著作。

  本书的付梓得益于大连海洋大学党委书记董亲学、校长姚杰的鼎力支持与指导，也受益于中国海警局司令部、南海分局、辽宁省海警总队、广东省海警总队、海南省海警总队等部门领导和执法者的无私帮助与启迪，大连海洋大学法学院、海警学院诸多老师都给予了大力帮助，在此深表衷心的谢意！东南大学出版社的编辑孙松茜老师任劳任怨、不辞劳苦逐字逐句予以核校勘正，在此也表达我们深深的谢忱！本书在撰写过程中参阅了许多教材、著作和学术论文。再次，向引用的有关教材、文章和资料的编著者表示衷心的感谢。

  当然，作者愿望良好，但效果尚待实践去检验。本书肯定存在一些不足与疏漏之处，恳请诸位热心读者发现、提出、指正，我一定会倾听各界的批评与建议，希望各位读者不吝赐教。

二〇一五年十月于大连

目　录

第一章　海上治安管理处罚基础理论 / 1
　　第一节　海上治安管理处罚概述 / 1
　　第二节　海上治安管理处罚的种类及相关法律措施 / 4
　　第三节　海上治安管理处罚的适用 / 10

第二章　海上治安管理处罚程序研究 / 19
　　第一节　海上治安管理处罚程序一般原理 / 19
　　第二节　我国海上治安管理处罚程序的立法演进 / 23
　　第三节　海上治安管理处罚程序存在的问题 / 29
　　第四节　海上治安管理处罚程序的完善 / 33

第三章　海上治安管理处罚证据研究 / 37
　　第一节　海上治安管理处罚证据基本理论 / 37
　　第二节　海上治安管理处罚证据保全 / 45
　　第三节　海上治安管理处罚证据的证明标准 / 50
　　第四节　海上治安管理处罚证据的审查判断 / 53
　　第五节　海上治安管理处罚证据的具体要求 / 74
　　第六节　中国海警收集各种类证据的具体规则 / 84

第四章　中国海警实施《治安管理处罚法》细化标准 / 93
　　第一节　有关名词的含义 / 93
　　第二节　《治安管理处罚法》有关条文及细化标准 / 94

第五章　海上渔事纠纷与治安调解 / 124
　　第一节　治安调解概述 / 124
　　第二节　治安调解与多元化纠纷解决机制 / 134
　　第三节　海上渔事纠纷 / 143

第六章 《治安管理处罚法》与《刑法》的衔接与冲突 / 165
  第一节 《治安管理处罚法》与《刑法》衔接与冲突的理论和实践 / 165
  第二节 《治安管理处罚法》与《刑法》竞合的特点 / 167
  第三节 《治安管理处罚法》与《刑法》的衔接 / 168
  第四节 《治安管理处罚法》与《刑法》的冲突 / 172
  第五节 《治安管理处罚法》与《刑法》冲突的争论及评析 / 175
  第六节 《治安管理处罚法》与《刑法》冲突的解决 / 180

第七章 治安案件典型案例评析 / 184

参考文献 / 202

后　记 / 205

第一章
海上治安管理处罚基础理论

第一节 海上治安管理处罚概述

一、海上治安管理处罚的含义

海上治安管理处罚是行政处罚的一种。它有狭义和广义之分。狭义的海上治安管理处罚是指中国海警依照《中华人民共和国治安管理处罚法》（以下简称《治安管理处罚法》）对在其管辖范围内的违反治安管理行为的人所给予的行政处罚；广义的海上治安管理处罚，是指中国海警依照《治安管理处罚法》和授权中国海警予以治安管理处罚的法律、法规和规章，对违反治安管理行为的人所给予的行政处罚。

二、海上治安管理处罚的特征

（一）维护海上社会治安秩序的一种行政处罚方法

行政处罚方法是指国家行政机关依据国家行政法律、法规规定，对违反行政法律、法规行为的人或者单位所实施的行政制裁。海上治安管理处罚是由中国海警适用的，中国海警是国家的执法机关，因而，海上治安管理处罚是维护海上社会治安秩序的方法，具有行政处罚的共同特点。

（二）对象只能是违反治安管理行为人

海上治安管理处罚的对象只能是违反法律规范，构成违反治安管理行为而被中国海警依法实施治安管理处罚的行为人。对于已经构成犯罪的人，或者实施了其他违法行为的人，以及只有一般错误，尚不构成违反治安管理行为的人，都不能给予治安管理处罚。

（三）适用的主体只能是中国海警

海上治安管理处罚只能由中国海警依照法律的规定适用，这是国家赋予中国海警的专属权力，其他国家机关、社会团体、企事业单位，均不能适用海上治安管理处罚。

（四）构成治安管理处罚法律关系双方的法律地位具有差异性

中国海警进行治安管理活动，是依法行使国家赋予的治安行政管理权，其作出的具体行政行为，是国家意志的体现，是中国海警的单方行为，无须相对人同意或认可。因而作为构成治安管理处罚法律关系的当事人之一，中国海警始终处于主导、支配的一方。

（五）具有行政强制性

处罚方法具有强制性，是任何法律制裁所共有的，但是武装行政强制性则是其他行政处罚所不具有的，而属于治安管理处罚所特有的一个显著特点。例如，在强制传唤、行政拘留送达执行中，中国海警认为有必要的，可以使用械具。

三、治安管理处罚与刑罚

（一）行政罚与刑罚的性质"同异论"争议[①]

行政罚是对违反公民义务的处罚，行政处罚法虽然已经对于适用行政罚的原则，已有相当具体的规定，不过，行政罚应否比照刑罚的原理，特别是能否援用刑法总则之规定，涉及行政罚与刑罚在本质上的认知以及行政罚的特性等问题，行政法学上对此有热烈的讨论。学说上有"异质论"与"同质论"的两大学派，各自可影响立法的方向。

"异质论"主张所谓"行政犯"的理论。传统的行政法学，源于法国1810年的刑法，对于刑罚采取三分法：重罪、轻罪及违警罪，前两者由法院处罚，违警罪由警察机关处罚。因此，警察机关可以对于违反行政义务者，予以轻度的处罚。尔后不仅警察机关，其他行政机关也可以依法行使对于违反行政义务者加以处罚的权限。

此派理论对违反行政义务者，称之为"行政犯"。行政犯与刑事犯有所谓的"质的差异说"。依这种见解，刑事犯固然是违反国家的刑事法律，但是以国民及社会一般的观念来看，例如对杀人、放火，总是有道德的可非难性存在，对其处罚符合社会道德律，刑事犯即可属于"自然犯"。也就是说源于人类的"自然"正义观，这种行为都应该予以谴责与制裁，其"恶性"是存乎人心的，不必国家实证法律宣示其"不法性"，所以类似自然法一样，有其"自然"的可谴责性。

行政犯则不然。行政犯是纯粹国家行政法律的产物，是为了行政目的所给予的制裁，其本身并无伦理性及道德性之可非难性存在，处罚违反者，只是行政目的的需要，但基于并不是社会道德律对其否定，例如对不遵守交通秩序、违反户籍申报义务而导致的处罚，皆是例子。故行政犯亦可称为"法定犯"。

[①] 参见陈新民著《中国行政法学原理》，中国政法大学出版社2002年10月版，第213-215页。

行政罚既然也是对公民的处罚,就涉及对公民权利的限制,如罚款对于财产权;吊销营业许可对于工作权、营业权、生存权及财产权;拘留对于人身自由权;所有行政罚对于公民之名誉权、人格权等。故行政罚在适用上,非慎重不可。

因此在行政法学上,例如德国法学,有新的理论出现。新理论有两个特点:

(1) 将行政罚的种类缩小。传统的行政罚种类甚多,可及于一切有惩罚、制裁作用的行政措施,此范围太广。首先应将拘留等涉及人身自由的措施,排除在行政罚的种类之外,以保障人身自由。德国1968年公布的秩序违反法即是一例。

(2) 对于行政罚的种类单纯化,将行政的实质制裁权力分成两种:一种是以行政决定(例如营业执照)为对象,处以吊销或暂停营业,属于一般不利的行政决定。国家可以制定行政程序法,将这种行政决定统一规定,所以这种行政制裁违法公民的行为,其特殊性已经降低。另一种行政的制裁,只针对人民财产权利的制裁,不涉及资格或能力的限制。这种只限于罚款的财产罚,且是"轻额"的处罚,可使行政罚的本质单纯化。

(二) 治安管理处罚与刑罚的区别[①]

治安管理处罚与刑罚都是具有强制力的制裁方式,但两者有显著区别:

(1) 两种行为的权力归属不同。行政处罚权属于行政权的一部分;而刑罚的权力归于审判权的范畴。

(2) 实施处罚的主体不同。行政处罚是由有外部管理权限的行政机关或法律、法规授权的组织实施;而刑罚的实施主体是国家司法机关。

(3) 实施处罚的对象不同。行政处罚的对象是违反行政法律规范的公民、组织,在公民、组织既违反行政法律规范又违反了刑事法律规范的情况下,也可能对其实施两种处罚;而刑罚只能对违反刑事法律规范的犯罪分子实施,而不能对只违反行政法律规范而未犯罪的人实施。

(4) 作出处罚决定的程序不同。行政处罚是按照行政处罚法所规定的行政程序作出的;而刑罚必须根据刑事诉讼法的程序作出,这是由刑罚在法律制裁中具有最严厉的性质所决定的。

(5) 处罚的种类不同。行政处罚的种类很多,既有行政处罚法的统一规定(但尚未列举详尽),又有各单行法律、法规的分散规定。而刑罚的种类统一由刑法规定,有两类十种,即五种主刑和五种附加刑。主刑是管制、拘役、有期徒刑、无期徒刑、死刑,附加刑是罚金、剥夺政治权利、没收财产、驱逐出境(适用于外国人)以及剥夺奖章、勋章和荣誉称号(适用于军人)。

---

① 张弘.行政法与行政诉讼法.沈阳:辽宁大学出版社,2004:343.

第二节　海上治安管理处罚的种类及相关法律措施

一、海上治安管理处罚的种类

根据《治安管理处罚法》第十条的规定,治安管理处罚的种类有警告、罚款、行政拘留、吊销公安机关发放的许可证以及限期出境。这是关于治安管理处罚种类的规定。其中,吊销公安机关发放的许可证以及限期出境或者驱逐出境,是《治安管理处罚法》新增加的治安管理处罚种类。

（一）警告

警告属于最轻微的一种治安管理处罚,只适用于违反治安管理情节轻微的情形,或者违反治安管理行为人具有法定从轻、减轻处罚的情节的情况。警告具有谴责和惩戒两重含义。警告的谴责性体现在,警告是中国海警对违反治安管理行为人的一种否定性评价,对违反治安管理行为人处以警告的处罚,表明了中国海警对其行为的违法性和社会危害性的认定和否定性态度。警告的惩戒性体现在,对违反治安管理行为人处以警告处罚,不仅是向其指出行为的违法性和社会危害性所在,对其进行谴责,而且要对其进行警示,训诫其不得再行实施违反治安管理行为。根据《治安管理处罚法》的规定,警告的处罚由支队以上海警机构决定,也可以由海警大队决定。

（二）罚款

罚款是给违反治安管理行为人处以支付一定金钱义务的处罚。罚款处罚在《治安管理处罚法》中规定得比较多,罚款的作用在于通过使违反治安管理行为人在经济上受到损失,起到对其的惩戒和教育作用。治安管理处罚法规定的罚款的幅度,有不同的档次,这是根据各种违反治安管理行为的性质、危害程度以及罚款处罚的有效性等设定的。此外,对于一些特定的违反治安管理行为,如赌博、卖淫、嫖娼等,以及一些具有一定经营性质的违法活动,根据现行法律规定和实际做法,《治安管理处罚法》保留规定了较高的罚款幅度。根据《治安管理处罚法》的规定,罚款的处罚一般由支队以上海警机构决定,但是对于五百元以下的罚款处罚,可以由海警大队所决定。

（三）行政拘留

行政拘留是短期内剥夺违反治安管理行为人的人身自由的一种处罚。因此,拘留是对自然人最严厉的一种治安管理处罚。《治安管理处罚法》关于拘留处罚的幅度的规定,一般分为五日以下、五日以上十日以下、十日以上十五日以下三个档次。根据《治安管理处罚法》的规定,拘留的处罚只能由支队以上海警机构决定。对被决定给予行政拘留处罚的人，在处罚决定生效后，由作出拘留决定的海警机构送达拘留所执行。

（四）吊销公安机关发放的许可证

吊销公安机关发放的许可证，是剥夺违反治安管理行为人已经取得的、由公安机关依法发放的从事某项与治安管理有关的行政许可事项的许可证，使其丧失继续从事该项行政许可事项的资格的一种处罚。为了维护社会治安秩序，有关的法律、行政法规对一些与治安管理工作关系比较密切的事项，规定实行许可制度，由公安机关依法审核、发放许可证。没有依法取得许可证而从事相关业务和活动的，属于违反治安管理行为，应当依法给予相应的处罚。已经依法取得相关许可的，也应当在许可的范围内依照有关规定从事活动，不得超越许可范围或者违反有关规定从事活动。对于超越许可范围或者违反有关规定从事活动，情节严重，不适宜继续享有特许权且属于中国海警管辖范围的，就有必要由中国海警依法吊销其已经取得的许可证，收回其已经取得的特许权。根据《治安管理处罚法》的规定，吊销公安机关发放的许可证的处罚，应当由支队以上海警机构作出。

（五）限期出境与驱逐出境

限期出境与驱逐出境是关于对违反治安管理的外国人可以附加适用限期出境或者驱逐出境的规定。在我国领域内的外国人，其合法权益受我国法律保护；同时也要尊重和遵守我国法律的规定。近些年来，随着改革开放的不断深入，到我国境内从事旅游、经商等活动的外国人越来越多，外国人违反治安管理的行为也时有发生。对于外国人违反治安管理的案件，如果根据维护我国国家利益、社会公共利益的需要，认为其不适合继续在我国停留且属于中国海警管辖的，可以由中国海警责令其限期出境或者将其驱逐出境。限期出境就是由中国海警责令违反治安管理的外国人在规定的时限内离开我国国（边）境。限期出境属于责令自行离境，但负责执行的中国海警可以监督其离开。驱逐出境就是强迫违反治安管理的外国人离开我国国（边）境，是比限期出境更为严厉的一种手段，需要由负责执行的中国海警将其强制押解出境。限期出境和驱逐出境只适用于外国人，包括无国籍的人。这两种手段是比较严厉的，因此，中国海警在办理涉外的治安案件时，要根据我国国家利益和社会公共利益的需要，慎重决定适用。至于是否符合我国国家利益和社会公共利益的需要，应由办理案件的海警机构根据案件的具体情况、违反治安管理的外国人本人的情况以及外交等方面因素，综合考量。

二、与海上治安管理处罚相关的法律措施

治安管理处罚法对于违反治安管理行为，除规定了几种治安管理处罚种类外，还规定了一些非治安管理处罚的其他法律措施，可称之为治安管理处罚相关

的法律措施。

（一）收缴与追缴

《治安管理处罚法》第十一条规定："办理治安案件所查获的毒品、淫秽物品等违禁品，赌具、赌资，吸食、注射毒品的用具以及直接用于实施违反治安管理行为的本人所有的工具，应当收缴，按照规定处理。违反治安管理所得的财物，追缴退还被侵害人；没有被侵害人的，登记造册，公开拍卖或者按照国家有关规定处理，所得款项上缴国库。"治安管理处罚法没有将行政处罚法中规定的没收（即没收违法所得、没收非法财物）的处罚纳入到治安管理处罚种类当中，而是变通地规定了收缴和追缴两种行政强制措施。

1. 收缴

根据规定，办理治安案件所查获的毒品、淫秽物品等违禁品，赌具、赌资，吸食、注射毒品的用具以及直接用于实施违反治安管理行为的本人所有的工具，应当收缴，按照规定处理。这里的"毒品"，是指鸦片、海洛因、甲基苯丙胺（冰毒）、吗啡、大麻、可卡因以及国家规定管制的其他能够使人形成瘾癖的麻醉药品和精神药品。"淫秽物品"，是指具体描绘性行为或者露骨宣扬色情的诲淫性的书刊、影片、录像带、录音带、图片及其他淫秽物品。有关人体生理、医学知识的科学著作不是淫秽物品。而包含有色情内容的有艺术价值的文学、艺术作品也不视为淫秽物品。需要指出的是，这里的"赌资"，是指违反治安管理行为人在赌博过程中直接用于赌博的所有资金，不包括其所有的财产。"直接用于实施违反治安管理行为的本人所有的工具"，即违反治安管理行为所使用的作案工具，如殴打他人的木棍、实施抢夺行为所用的自行车等等。如果该作案工具属于他人所有，则不得予以收缴。"按照有关规定处理"，是指依照有关涉案物品处理的法律、行政法规和规章处理。如《公安机关办理行政案件程序规定》规定：收缴由支队以上中国海警机构决定。经原决定机关负责人批准，按照下列规定分别处理：（一）属于被侵害人或者善意第三人的合法财物，应当及时返还；（二）没有被侵害人的，登记造册，按照规定上缴国库或者依法变卖、拍卖后，将所得款项上缴国库；（三）违禁品、没有价值的物品，或者价值轻微，无法变卖、拍卖的物品，统一登记造册后销毁；（四）对无法变卖或者拍卖的危险物品，由支队以上海警机构主管部门组织销毁或者交有关厂家回收。

2. 追缴

在办理治安案件过程中，往往涉及对违反治安管理所得的财物如何处理的问题，这涉及被侵害人的利益。当然，由于违法行为的限制，违反治安管理行为人实施的违法行为，获利性行为很少，因此本法涉及违反治安管理所得的财物的处理问题也相应地较少。在多数情况下，也能找到被侵害人。而且违反治安管理所得的财物主要是涉及如何退还给被侵害人，也有没收非法所得的财物的问题。只有对找不到被侵害人的违反治安管理所得的财物,才存在如何处理的问题。因此,根据《治安管理处罚法》第十一条第二款的规定,违反治安管理所得的财物追缴退还被侵害人;没有被侵害人的,登记造册,公开拍卖或者按照国家有关规定处理,所得款项上缴国库。这里的"国家有关规定"是个广义的概念,既包括法律、行政法规、部门规章,也包括有关主管部门作出的决定或者命令。如《公安机关办理行政案件程序规定》中规定,对应当退还原主或者当事人的财物,通知原主或者当事人在六个月内来领取;原主不明确的,应当采取公告方式告知原主认领。在通知原主、当事人或者公告后六个月内,无人认领的,按无主财物处理,登记后上缴国库,或者依法变卖或者拍卖后,将所得款项上缴国库。遇有特殊情况的,可酌情延期处理,延长期限最长不超过三个月。

对容易腐烂变质及其他不易保管的物品、危险物品,经支队以上海警机构负责人批准,在拍照或者录像后依法变卖或者拍卖,变卖或者拍卖的价款暂予保存,待结案后按有关规定处理。对易燃、易爆、毒害性、放射性等危险物品应当存放在符合危险物品存放条件的专门场所。对属于被侵害人或者善意第三人合法占有的财物,应当在登记、拍照或者录像、估价后及时返还,并在案卷中注明返还的理由,将原物照片、清单和领取手续存卷备查。

(二) 约束

《治安管理处罚法》第十五条第二款规定:"醉酒的人在醉酒状态中,对本人有危险或者对他人的人身、财产或者公共安全有威胁的,应当对其采取保护性措施约束至酒醒。"这是从治安管理执法实践出发,针对醉酒的人作出的专门规定,既包括违反治安管理的醉酒的行为人,也包括一般醉酒人。这主要是考虑到,在有些情况下,醉酒的人在醉酒状态中,对本人有危险或者对他人的人身、财产或公共安全有威胁,如有的人酒后乱闹,有的想以头撞树,有的想自杀,有的想放火,有的还殴打他人,甚至在公共场所,如酒店、宾馆乱打乱砸,严重危及自身和他人的生命与健康以及公共场所秩序等。但醉酒的人又不同于一般的正常人,虽然其属于完全责任能力者,但由于酒精的作用,控制自己行为的能力减弱。此时不能只考虑对其违法行为如何处罚,而应当注重对其保护。因此,《治安管理处罚法》第十五条规定,醉酒的人在醉酒状态中,对本人有危险或者对他人的人身、财产或者公共安全有威胁的,应当对其采取保护性措施约束至酒醒。这里的"保护性措施",主要是指采取约束带将醉酒的人固定在椅子上、床上等措施,既要防止其继续闹事,对他人的生命、健康和公共秩序构成威胁,也要防止其伤害自身。对这种措施不能简单地理解为用械具将其束缚,而是保证其身体不受到伤害或者非人待遇。这是"尊重和保障人权"原则在本法中的具体体现。

（三）责令严加管教

责令严加管教的对象是特定的违反治安管理行为人的监护人。不满14周岁的人违反治安管理的，根据《治安管理处罚法》的规定，不予处罚，但是应当责令其监护人严格进行管理和教育。

（四）责令严加看管和治疗

责令严加看管和治疗的适用对象是精神病人的监护人。精神病人在无法辨认或无法控制自己行为的时候违反治安管理的，不予处罚，但是应当责令其监护人严加看管和治疗。

（五）责令停止活动和立即疏散

举办海上文化、体育等大型群体性活动，必须严格按照国家相关规定，提供相应安全保障，并接受中国海警的督促和检查。根据《群众性文化体育活动治安管理办法》的规定，参与群体性活动人数超过200人的，属于中国海警治安管理范围。根据《治安管理处罚法》第三十八条的规定，如果大型群体性活动的操作违反有关规定，有发生安全事故危险的，中国海警可以责令停止活动，立即疏散。

适用责令停止活动、立即疏散措施应注意以下两点：一是对"有发生安全事故危险"的理解。这种危险应当是一种可能性，并且是一种现实可能性，是否"有发生安全事故危险"，应当由中国海警依据有关证据来判断；二是对"停止活动"的理解。相关的宣传、推广、售票等前期准备工作，都属于"活动"内容。只要中国海警认定"有发生安全事故危险"的可能，就可以责令停止活动，包括活动的前期准备工作。

（六）禁止进入特定场所与强行带离现场

禁止进入特定场所与强行带离现场适用于《治安管理处罚法》第二十四条规定的因扰乱体育比赛秩序被处以拘留处罚的行为人。根据本条规定，对因扰乱体育比赛秩序被处以拘留处罚的，可以同时责令其12个月内不得进入体育场馆观看比赛，违反规定进入体育场馆的，可以强行带离现场。法律作这样的规定，主要是为了避免体育场馆内秩序受已有"捣乱"记录的人的破坏，使体育比赛能够正常进行。这里所规定的"可以"，表明不是对所有曾因扰乱体育比赛秩序被处以拘留处罚的人都要责令其12个月内不得进入体育场馆观看同类比赛，而应当充分考虑其人身危险性、对体育比赛的干扰可能性等具体情形。属于海警机构管辖的，由中国海警来决定是否需要禁止其在12个月内不得进入体育场馆观看同类比赛。

（七）取缔

根据《治安管理处罚法》第五十四条的规定，未经许可，擅自经营按照国家规定需要由公安机关许可的行业的,除了给予相应的治安管理处罚以外,一律予以取缔。

适用取缔措施时应当注意,适用的对象不同,则适用主体的分工不同。例如,根据《社会团体登记管理条例》第三十五条的规定,未经登记,擅自以社会团体名义进行活动,以及被撤销登记的社会团体继续以社会团体名义进行活动的,由登记管理机关予以取缔,没收非法财产。由此可见,取缔非法团体的职责在民政部门,中国海警职责是按照《治安管理处罚法》的规定对非法团体给予处罚。而根据《治安管理处罚法》的规定,未经许可擅自经营按照国家规定需要由公安机关许可的特种行业的,则应当由中国海警予以取缔。

(八)承担民事责任

《治安管理处罚法》第八条规定:"违反治安管理的行为对他人造成损害的,行为人或者其监护人应当依法承担民事责任。"违反治安管理行为给他人造成损害的,应当由违反治安管理行为的实施者本人,或者由其监护人依法承担民事责任。《治安管理处罚法》在法律性质上属于行政法的范畴,《治安管理处罚法》的主要内容是关于各种违法行为以及应当给予的行政处罚的规定,而其第八条则是关于违法行为人的违反治安管理行为所引起的民事责任的规定。本条的规定,是《治安管理处罚法》与民事侵权法律之间的衔接条款,是为了保证违反治安管理行为的受害人因违反治安管理行为所遭受的民事损害能够得到及时的赔偿。《治安管理处罚法》规定的违法行为种类繁多,其中很多行为都可能给他人造成财产的、人身的损害。这些违法行为兼具行政违法性和民事侵权双重特征,如《治安管理处罚法》规定的殴打、故意伤害他人,偷开他人机动车等等。因此,对这些违法行为,除了应当依照《治安管理处罚法》的相关规定,追究其行政法律责任,予以警告、罚款乃至行政拘留的处罚外,对造成被侵害人人身、财产等合法权益损害的,还应当依照有关民事侵权法律的规定,由责任人依法承担民事责任。只有这样,才能够不仅对违法行为人给予应有的惩戒和教育,而且充分保护被侵害人的合法权益。这与犯罪行为造成他人损害的,既要追究犯罪人的刑事责任,也要追究其民事赔偿责任的道理是相类似的。

违反治安管理给他人造成损害,既包括给自然人造成损害的情形,也包括给法人或者其他组织造成损害的情形,具体应视被侵害人的情况而定,而不局限于自然人。比如盗窃、骗取公私财物,既包括盗窃、骗取公民个人的财物,也包括盗窃、骗取公司、企业、事业单位或者其他组织的财物。由于涉及违反治安管理行为的民事侵权责任问题,因此关于具体民事责任的范围、承担民事责任的具体方式等,都需要依照有关民事法律的规定来确定。根据我国《民法通则》的规定,民事侵权责任是违法行为人因侵权违法行为,给他人民事权利造成损害而应承担的法律后果。因此,从范围来看,这种损害既包括因为侵犯他人财产或者人身而给他人造成的财产损失，也包括给他人造成的精神损失。至于民事侵权责任的承担方式，根据《民法通则》的规定，主要有停止侵害、排除妨碍、消除危险、返还财产、恢复原状、赔偿损失、消除影响、恢复名誉、赔礼道歉等。以上方式，可以单独适用，也可以合并适用。具体应当如何适用，需要根据违反治安管理行为的性质、给被侵害人造成损害的实际情况等来确定。

根据《治安管理处罚法》的规定，违反治安管理行为的行政法律责任应由违法行为人自己承担，这也是"责任自负，反对株连"法律原则的体现。但是对于违反治安管理行为所导致的民事责任，则有所不同，即特定情况下，违法行为人的监护人也要依法承担民事责任。《民法通则》对监护人因被监护人的行为而承担民事责任有明确规定，《治安管理处罚法》也正是根据《民法通则》的精神作此规定的。需要由监护人承担民事责任的情况有两种：一是违反治安管理行为人是未成年人；二是违反治安管理行为人是精神病人。根据《治安管理处罚法》的规定，不满十四周岁的未成年人违反治安管理的，不予处罚，责令其监护人严加管教；已满十四周岁不满十八周岁的未成年人违反治安管理的，从轻或者减轻处罚；精神病人在不能辨认或者控制自己行为的时候违反治安管理的，不予处罚，责令其监护人严加看管和治疗。但是，不予治安管理处罚或者从轻、减轻处罚只是针对其是否应当承担行政法律责任或者行政法律责任的轻重而言的，并不意味着其不用承担或者减轻其民事法律责任。在上述两种情况下，违反治安管理行为人在民法上属于无民事行为能力人或者限制民事行为能力人，根据《民法通则》的规定，无民事行为能力人、限制民事行为能力人造成他人损害的，由监护人承担民事责任。当然，《民法通则》对这种情况下监护人如何承担民事责任，还有具体的规定。《治安管理处罚法》第八条只是一种原则性规定，具体责任的确定还需要依据民事法律规定进行。

第三节 海上治安管理处罚的适用

一、海上治安管理处罚适用概述

（一）海上治安管理处罚适用的含义

行政处罚适用是对行政法律规范规定的行政处罚的具体运用，也就是行政主体在认定相对方行为违法的基础上，依法决定对相对方是否给予行政处罚和如何科以处罚的活动，它是将行政法律规范规定的行政处罚的原则、形式、具体方法等运用到各种具体行政违法案件中的活动。

海上治安管理处罚适用是对治安管理法律规范规定的治安管理处罚的具体运用，也就是指中国海警在认定相对方行为违法的基础上，依法决定对相对方是否给予治安管理处罚和如何科以处罚的活动，它是以决定的方式将治安管理法律规范规定的治安管理处罚的原则、形式、具体方法等运用到各种具体治安管理违法案件中的活动。根据《行政处罚法》的规定，没有法定依据或不遵守法定程序的，行政处罚无效。为便于执法，《治安管理处罚法》对违反治安管理行为、治安管理处罚的种类、幅度、适用对象、情形、情节及决定的程序等都作了明确的具体的规定。治安管理处罚的适用就是将这些规定运用于具体的违反治安管理行为。同时，治安管理处罚是一种行政法律制裁。只有中国海警才能行使海上治安管理处罚权，其他任何机关、单位均无权实施海上治安管理处罚。对海上治安管理处罚不服的，可以依法申请行政复议、提起行政诉讼。因此，海上治安管理处罚的适用均应遵守各种相关的法定原则、规则等，否则，极易造成不当执法。例如，《行政处罚法》第四章关于"行政处罚的管辖和适用"中有关行政机关实施行政处罚时，应当责令当事人改正或者限期改正违法行为；对当事人的同一个违法行为，不得给予两次以上罚款的行政处罚等规定也适用于海上治安管理处罚。

（二）海上治安管理处罚适用的主要内容

规范、明确的海上治安管理处罚适用规则，是规范和保障中国海警依法履行海上治安管理职责，充分保护公民、法人或者其他组织合法权益的必然要求。中国海警虽然在实施海上治安管理处罚时，拥有一定的裁量权，但在海上治安管理处罚执法中除必须遵循《行政处罚法》和《治安管理处罚法》的基本原则之外，还应遵循《治安管理处罚法》中关于处罚的适用规则，不得违反。《治安管理处罚法》第二章对"处罚的种类和适用"做了专门的规定，在处罚的适用方面主要内容有：主体责任年龄，几类特殊主体违反治安管理行为的责任，处罚合并适用规则，共同违反治安管理以及教唆、胁迫、诱骗他人违反治安管理的处罚规定，单位违反治安管理的原则性规定，减轻、从轻、从重处罚及不予处罚情形的规定，不执行行政拘留的几种情形以及治安管理处罚追究时效等。此外，对具体违反治安管理行为的单处、并处和可以并处的处罚规定，以及《治安管理处罚法》中对一些特定行为的处罚规定等也属于治安管理处罚的适用范围。

二、海上治安管理处罚的具体适用

（一）数种违反治安管理行为与处罚

《治安管理处罚法》第十六条规定："有两种以上违反治安管理行为的，分别决定，合并执行。行政拘留处罚合并执行的，最长不超过二十日。"由此可知，违反治安管理行为人有两种以上违反治安管理行为的，分别决定，合并执行。行政拘留处罚合并执行的，最长不超过二十日。即对于违反治安管理行为人，首先要根据其不同的违反治安管理行为，依据其违法事实和相关证据，分别作出决定。这是合并拘留处罚的前提条件。需要指出的是,分别决定的前提是违反治安管理行为人实施了不同的违法行为,如果实施的是同种行为,则不能适用分别决定的规定,也不存在合并拘留处罚问题。其次,根据法律所作出的决定结果必须都是行政拘留,如果既有拘留,还有罚款等治安处罚,则只能是分别处罚,不得合并或者折合拘留执行。最后,合并拘留的最长期限为二十天,即将对违反治安管理行为人的行政拘留期限合并后的执行期限最长不得超过二十天,即使简单相加已经远远超出二十天。

(二) 共同违反治安管理行为与处罚

《治安管理处罚法》第十七条规定:"共同违反治安管理的,根据违反治安管理行为人在违反治安管理行为中所起的作用,分别处罚。教唆、胁迫、诱骗他人违反治安管理的,按照其教唆、胁迫、诱骗的行为处罚。"这是关于共同违反治安管理以及教唆、胁迫、诱骗他人违反治安管理如何处罚的规定。

1. 对共同违反治安管理的处罚规定

共同违反治安管理应当同时具备以下两个特征:(1) 共同违反治安管理的主体必须是二人以上。"二人以上"是指二个以上达到法定治安法律责任年龄,具有责任能力,应当负治安法律责任的自然人。(2) 共同违反治安管理必须是共同故意行为。所谓"共同故意违反治安管理",应当具备以下条件:①几个违反治安管理行为人必须有共同故意。这里有两层意思:一是几个违反治安管理行为人对自己实施的危害行为都持故意的心理状态,即几个违反治安管理行为人都明知自己的行为会发生危害社会的结果,并希望或者有意放任这种结果的发生;二是几个违反治安管理行为人相互明知,即数个违反治安管理行为人都认识到自己和其他行为人在共同进行某一违反治安管理活动。这两方面的统一,就形成了违反治安管理行为人的共同故意。②几个违反治安管理行为人必须有共同的违反治安管理行为。所谓共同的违反治安管理行为,是指各个违反治安管理行为人的违反治安管理行为具有共同性。即违反治安管理行为人各自的违反治安管理行为都是在他们的共同故意支配下,围绕共同的侵害对象,实现共同的违法目的而实施的;各个共同违反治安管理行为人所实行的违法行为都同危害结果具有因果关系。

共同违反治安管理的,根据违反治安管理行为人在违反治安管理行为中所起的作用,分别处罚。实践中,共同违反治安管理行为中,因作用不同,也存在主要作用、从属作用的划分。在一般情况下,组织、领导团伙进行违法活动的或者在共同违反治安管理行为中起主要作用的,是主要违反治安管理行为人。这里规定的主要违反治安管理行为人包括两种人:一种是组织、领导团伙进行违法活动的,即组织违法团伙,领导、策划、指挥团伙成员进行违法活动。组织、领导者可能是一个人,也可能是数个人。另一种是在共同违反治安管理中起主要作用的人。所谓"起主要作用的人"是指在共同违反治安管理行为中,出谋划策或者对发生危害结果起重要作用的。这里的从属违反治安管理行为人,是指在共同违反治安管理中起次要或者辅助作用的人。主要分两种情况:(1)在共同违反治安管理行为中起次要作用的。所谓"起次要作用的"是指在整个团伙违法活动中,处于从属于主要违反治安管理行为人的地位,对其违法意图表示赞成、附和、服从,听从其领导、指挥,不参与有关违法活动的决策和谋划;在实施具体违反治安管理行为中,在主要违反治安管理行为人的组织、指挥下进行某一方面的违法活动,情节较轻,所实施的行为对整个危害结果的发生只起了次要的作用。(2)在共同违反治安管理行为中起辅助作用的。这种人实际上是帮助行为,其特点是不直接参与具体违法行为的实施,为完成共同违反治安管理只起了提供物质或者精神帮助的作用。如提供作案工具、为实施者踩点望风、指示违法地点和侵害对象等。

因主要违反治安管理行为人与从属违反治安管理行为人,在共同违反治安管理中的作用不同,对其处罚也应当存在差异。根据过罚相当的原则,对主要违反治安管理行为人,应当按照该行为人在共同违反治安管理活动中所参与的或者组织、指挥的全部违法行为处罚。因为在共同违反治安管理行为中,从属违反治安管理行为人所起的作用和其行为的社会危害性比主要违反治安管理行为人小。因此,其所承担的治安法律责任应当比主要违反治安管理行为人轻,即比照主要违反治安管理行为人的处罚从轻、减轻处罚。

2. 教唆、胁迫、诱骗他人违反治安管理的,按照其教唆、胁迫、诱骗的行为处罚的规定

实践中,教唆、胁迫、诱骗他人违反治安管理的行为时有发生,给社会造成极大的危害,特别是有些成年人教唆、胁迫、诱骗未成年人实施违反治安管理行为,对社会治安秩序的损害非常大,必须予以相应的惩治措施。因此,本条规定,教唆、胁迫、诱骗他人违反治安管理的,按照其所教唆、胁迫、诱骗的行为处罚。这里的教唆,是指以劝说、挑拨、怂恿、煽动等多种方法故意实施的唆使他人违反治安管理的行为。胁迫,是指用威逼、强制的方法迫使他人去违反治安管理,包括暴力胁迫和非暴力胁迫两种。诱骗,是指用引诱、欺骗的方法使人上当受骗而实施违反治安管理的行为。以上这三种行为,只要实施了其中一种行为,就可以给予相应的处罚。实践中,还要考虑到,由于未成年人经历少,思想尚未成熟,容易被教唆、胁迫、诱骗违反治安管理,具有更大的社会危害性,因此,对教唆、胁迫、诱骗未成年人违反治安管理的,可考虑从重处罚。这与《治安管理处罚法》第二十条规定的精神也相一致。

(三)单位违反治安管理行为与处罚

《治安管理处罚法》第十八条规定:"单位违反治安管理的,对其直接负责的主管人员和其他直接责任人员依照本法的规定处罚。其他法律、行政法规对同一行为规定给予单位处罚的,依照其规定处罚。"该条是关于对单位违反治安管理进行

处罚的规定。

1. 单位也可成为违反治安管理行为人

随着社会经济的发展以及市场多元化,各种利益实体不断涌起,为了追求自身的利益最大化,竞争不断加剧。同时各种违法犯罪也层出不穷,既有自然人行为,也有单位行为,特别是单位行为,由于其具有自然人所无法比拟的特长,如人数众多、资金雄厚,因而所造成的危害后果也往往高于自然人。因此,为了维护社会治安秩序,保障公共安全,保护公民、法人和其他组织的合法权益,《治安管理处罚法》明确规定单位可以构成违反治安管理行为人。这样规定的意义在于规范单位的经营和日常活动,其必须在法律规定的范围内行事,防止个别人假借单位名义行个人之实并逃避法律的惩处。这里的单位是个广义的概念,既包括机关、团体、企事业单位,还包括不具备法人资格的其他组织等。至于单位违反治安管理行为,其特点如下:一是单位集体研究决定;二是单位集体获利,既可能包括单位和个人,也可能只是单位;三是单位对外承担法律责任。至于单位违反治安管理处罚行为有何限定,本法没有作出规定。

2. 对单位违反治安管理行为的处罚

根据本条的规定,对单位违反治安管理的要实行双罚制,即对单位直接负责的主管人员和其他直接责任人员依照《治安管理处罚法》的规定处罚,如罚款、拘留等。对于单位的处罚,主要依照其他法律、行政法规的规定,即如果其他法律、行政法规对同一行为规定给予单位处罚的,就依照其规定处罚。也就是说,考虑到对单位处罚主要是罚款和剥夺或者限制其经营资格,由其他法律、行政法规来规定较为合适。

(四)减轻处罚或者不予处罚

《治安管理处罚法》第十九条规定:"违反治安管理有下列情形之一的,减轻处罚或者不予处罚:(一)情节特别轻微的;(二)主动消除或者减轻违法后果,并取得被侵害人谅解的;(三)出于他人胁迫或者诱骗的;(四)主动投案,向中国海警如实陈述自己的违法行为的;(五)有立功表现的。"该条是关于违反治安管理减轻或者不予处罚的规定。

"减轻处罚",是指中国海警在法定的处罚方式和处罚幅度最低限以下,对违反治安管理行为人适用治安处罚。在处罚的程度上,它介于从轻处罚和不予处罚之间。减轻处罚有两种情况:一种情况是中国海警在法定处罚方式以下对违反治安管理行为人实施处罚,另一种情况是中国海警在法定的处罚幅度最低限以下实施处罚。

"不予处罚",是指中国海警依照法律的规定,考虑到法定的特殊情况存在对本应给予治安处罚的违反治安管理行为人免除对其适用的治安处罚。

依据《治安管理处罚法》第十九条的规定,违反治安管理行为人具有下列情形

之一的,减轻处罚或者不予处罚:

1. 情节特别轻微的

这里的"情节特别轻微",是指行为人实施的违反治安管理行为情节显著轻微,其社会危害性尚未达到应当受治安处罚的程度。如盗窃他人财物数额非常少、殴打他人没有造成伤害等。这是从行为程序上考虑,行为人给被侵害人造成的财产损失或者身体伤害等比较轻.社会危害后果小。从教育和处罚相结合的原则出发,应当给予违反治安管理行为人悔过的机会。

2. 主动消除或者减轻违法后果,并取得被侵害人谅解的

这有两方面意思:一是从违反治安管理行为人的角度来讲,其必须认识到自己实施违反治安管理行为的社会危害后果,从而主动地、积极地去消除或者减轻违法后果,如积极将被殴打的被侵害人送往医院治疗等。因从行为可以看出其内心的真实意思,即行为是思想的外露。从其主观心态来看,对其减轻处罚或者不予处罚的社会效果会更突出。二是违反治安管理行为人要主动做工作,承认自己的错误,以取得被侵害人的谅解,即被侵害人已经原谅了违反治安管理行为人的违法行为对其自身的损害。这也防止执法机关片面强调违反治安管理行为人的积极努力,而忽视被侵害人利益的保护。

3. 出于他人胁迫或者诱骗的

这里的"胁迫"是指违反治安管理行为人受到他人以立即实施暴力或其他有损身心健康的行为的压力,如以冻饿、罚跪等相要挟,逼迫未成年人、残疾人按其要求表演恐怖、残忍节目的行为。"诱骗"是指违反治安管理行为人被他人利用年幼无知的弱点或亲属等其他人身依附关系等而实施违法行为,如以许愿、诱惑、欺骗等手段使未成年人、残疾人按其要求表演恐怖、残忍节目的行为。

4. 主动投案,向中国海警如实陈述自己的违法行为的

这项规定类似于刑法规定的"自首"。这主要是从违反治安管理行为人的行为来分析,其主动投案,向中国海警如实陈述自己的违法行为,显然属于已有悔改之心,并配合中国海警的查处工作。如果还严格按照法律规定给予相应的处罚,势必效果不甚理想,也会打击其他违反治安管理行为人向中国海警主动投案的积极性。这里的"主动投案",既包括自己积极主动地向中国海警投案,也包括在亲属的规劝下,向中国海警投案。从投案形式上讲,既包括亲自到中国海警投案,也包括以电话等形式向中国海警投案。

5. 有立功表现的

这里的"立功表现",主要是指主动检举揭发他人违法犯罪,经查证属实;在日常生产、生活中舍己救人,等等。这样规定有利于违反治安管理行为人积极配合执法机关的工作,以自己的实际行动展示其确有悔改之心,也有利于对违反治安管理行为人的教育和转化。

(五) 从轻处罚

"从轻处罚",是指中国海警在法定的处罚方式和处罚幅度内,对违法行为人在几种可能的处罚方式内选择较轻的处罚种类,或者在一种处罚方式的处罚幅度内选择幅度较低的额度进行处罚。当然,从轻处罚也不是绝对要适用最轻的处罚方式,更不是一定要在幅度最低限进行处罚,行政机关要综合考虑其违法情节,同时针对违法者的具体情况,作出如何从轻处罚的具体裁量。

《治安管理处罚法》中有两个法条涉及从轻处罚的规定:第一,《治安管理处罚法》第十二条对已满14周岁不满18周岁的人违反治安管理的,有应当从轻或者减轻处罚的规定;第二,《治安管理处罚法》第十四条对盲人或者又聋又哑的人违反治安管理的,可以从轻、减轻或者不予处罚的规定。

(六) 从重处罚

从重处罚是从轻处罚的对称。它是指中国海警在法定的处罚方式和幅度内对违法相对方在数种处罚方式中适用较严厉的处罚方式,或者在某一处罚方式允许的幅度内适用接近于上限或上限的处罚。

《治安管理处罚法》第二十条规定:"违反治安管理有下列情形之一的,从重处罚:(一) 有较严重后果的;(二) 教唆、胁迫、诱骗他人违反治安管理的;(三) 对报案人、控告人、举报人、证人打击报复的;(四) 六个月内曾受过治安管理处罚的。"该条是关于违反治安管理从重处罚的情形的规定。

根据《治安管理处罚法》的规定,违反治安管理行为人有下列情形之一的,从重处罚:

1. 有较严重后果的

这里的"较严重后果",主要是指间接的危害后果,如因被侵害人在公共汽车上被违反治安管理行为人盗窃,致使其购买种子的费用没有着落而影响一年的农业收成,或者造成被侵害人自杀等等。这主要是从社会稳定的大局出发,严厉惩治影响人民生产、生活和安定团结的违法行为。

2. 教唆、胁迫、诱骗他人违反治安管理的

这类行为的主观恶性较深,在其自身违反治安管理的同时,还积极教唆、胁迫、诱骗他人违反治安管理,特别是教唆未成年人以及残疾人违反治安管理,对这类人必须从重处罚。

3. 对报案人、控告人、举报人、证人打击报复的

为了维护社会治安秩序,保障公共安全,保护公民、法人和其他组织的合法权益,法律鼓励任何公民和单位与违法犯罪行为作斗争。要求公民发现违法犯罪案件时,要及时向司法机关报案、控告、举报并积极配合执法部门的查证工作,以保证司法机关及时、准确地与违法犯罪行为作斗争。实践证明,我们的惩治违法犯

罪分子必须依赖人民群众的配合,因此,对于违反治安管理行为人对报案人、控告人、举报人、证人打击报复的,必须依法从重惩处。

4. 六个月内曾受过治安管理处罚的

对这类违反治安管理行为人予以从重惩处,主要是考虑到其主观恶性明显,类似于刑法规定的"累犯",属于治安重点惩治的对象。当然,前后违反治安管理行为既可以是同种违法行为,也可以是不同种违法行为。值得注意的是,行为人六个月内发生的违反治安管理行为如果尚未受到治安管理处罚,则属于合并处罚,不涉及从重处罚问题。

(七) 追究时效

《治安管理处罚法》第二十二条规定:"违反治安管理行为在六个月内没有被中国海警发现的,不再处罚。前款规定的期限,从违反治安管理行为发生之日起计算;违反治安管理行为有连续或者继续状态的,从行为终了之日起计算。"该条是关于违反治安管理行为追究时效的规定。

1. 追究时效期限

所谓追究时效是指追究违反治安管理行为人法律责任的有效期限。追究违反治安管理行为人的责任,必须在本款规定的期限之内。超过了规定的期限,就不能再对违反治安管理行为人追究责任,给予处罚。考虑到违反治安管理行为只是一种违法行为,与刑事犯罪有很大不同,因此,对违反治安管理行为的追究时效与刑法规定的对犯罪行为的追诉时效相比,期限也大大缩短。根据本条的规定,对违反治安管理行为的追究时效为六个月,如果违反治安管理行为在六个月内没有被中国海警发现的,过了六个月就不再追究和处罚。所谓"被中国海警发现",不能仅仅理解为中国海警直接发现,需由中国海警执法人员亲眼所见,还包括间接发现,如受害人向中国海警报告,单位或者群众举报等。这里的"未被发现",既包括违反治安管理行为没有被发现,也包括虽然发现了违反治安管理行为,但不知该行为是由何人实施的这两种情形。

2. 追究时效期限的计算

追究时效的期限有两种起算情况:

(1) 一般情况下追究期限的起算时间是从行为发生之日起计算。"行为发生之日"是指违反治安管理行为完成或者停止之日。如非法运输少量未经灭活的罂粟等毒品原植物种子或者幼苗的,在路途上用了三天,应当以第三天将罂粟等运到转交他人起开始计算追究时效的期限。

(2) 特殊情况下的追究期限的起算时间,有两种情形:一是违反治安管理行为处于连续状态的,从行为终了之日起计算。就是说违反治安管理行为人连续实施同一违反治安管理行为,时效期限从其最后一个行为施行完毕时开始计算。"连续状态"是指违反治安管理行为人在时间间隔较短的一定时期内,基于同一的或者概括的违法意图,连续实施数个性质相同的违反治安管理行为的情形。如违反治安管理行为人在公共汽车上多次偷窃或者在较短的时期内多次殴打他人等。二是违反治安管理行为处于继续状态的,从违反治安管理行为终了之日起计算。就是行为是所实施的违反治安管理行为在一定时间内处于持续状态的,时效期限自这种持续状态停止的时候开始计算。"继续状态"也就是持续状态,是指行为人实施的同一种违反治安管理行为在一定时期内处于接连不断的状态,没有停止和间断的现象,如非法限制人身自由等。

(八) 单处与并处

1. 单处

单处是行政主体对违法相对方仅适用一种处罚。它是处罚适用的最简单的形式。单处可以是对法定的任何一种行政处罚方式的单独适用。本人认为,在法律、法规没有明确规定可并处的情况下,行政主体一般应对违法相对方单独适用一项处罚,不能同时适用几项处罚。

单处是指中国海警对一种违反治安管理行为仅适用一种处罚方式,它是相对于并处而言的。在治安管理处罚法中,单处有两种情形:一是《治安管理处罚法》某些条文中明确规定,对某一些违反治安管理行为只能适用法律明确规定的某一种具体的处罚种类,对这些行为不能适用其他种类的处罚,如《治安管理处罚法》中共有11个滚动条规定了对其中的具有较为严重的社会危害性行为只能适用行政拘留处罚,不能适用警告、罚款等处罚种类,没有可供选择的余地,这些行为具有较为严重的社会危害性,这样规定,限制了中国海警的自由裁量权,防止了以罚代拘,符合立法精神;二是《治安管理处罚法》有一些条文中规定了对一些违反治安管理行为设置了多种可供选择的处罚种类,只能选择其中一种处罚。例如若选择了罚款的处罚,就不能再实施拘留的处罚;反之若选择了拘留的处罚,就不能再实施罚款的处罚。只能择一而行之。

2. 并处

并处是指中国海警对一种违反治安管理行为,依法同时适用两种或两种以上的行政处罚形式。即给予某种处罚的同时,再给予另一种处罚。往往针对情节较严重的情形,是对违法者的从重处罚。并处必须在法律明文规定的范围内进行,不能突破这个界限。在《治安管理处罚法》中,并处的情形有:一是"应当并处的"。治安管理处罚法中共有17处规定有必须并处的内容,应当并处的则不能适用一种处罚,这是一种法律的硬性规定。二是"可以并处的"。治安管理处罚法中共有28处规定有可以并处的内容,可以并处的则是既可并处,又可以单处。可以并处的规定,应理解为既可以并处,又可以不并处,如果没有并处则属于单处,执法中据情选择适用。

第二章
海上治安管理处罚程序研究

第一节 海上治安管理处罚程序一般原理

海上治安管理处罚程序是中国海警对公民、法人或者其他组织的海上违反治安管理行为作出治安管理处罚决定和实施治安管理处罚决定时所应当遵循的步骤、顺序、方式、时限,在实际操作时表现为执法人员、相对人的行为过程按照立法者的事先设计而运动的过程。海上治安管理处罚是中国海警有效地行使职权,完成海上治安管理任务的最后一项手段,也是可以剥夺公民的人身自由权、财产权的最重要、最普通的手段。

一、海上治安管理处罚程序的作用

《行政处罚法》是我国行政处罚程序立法迈向现代化的标志,《治安管理处罚法》对治安管理处罚程序作了进一步的完善和发展。因此说,当前的治安管理处罚程序(海上治安管理处罚程序)经历了逐步走向成熟的过程,体现了新时期的执法理念,是现代化的行政处罚程序,它在实践中发挥着重要的作用。

(1)海上治安管理处罚程序规范了中国海警的行政处罚权的行使,是中国海警依法行政的重要保障。按照《行政处罚法》《治安管理处罚法》及《公安机关办理行政案件程序规定》的规定,一般程序应严格遵从调查、质证、抗辩、决定、送达等步骤;简易程序可以当场作出行政处罚决定,但也必须出示执法证件,填写处罚决定书,以防执法人员草率随意与专横。[1] 程序中的告知制度、陈述申辩制度、复核制度、听证制度、回避制度、职能分离制度,使处罚过程透明、公开,调查者客观而讲究事实,处罚的决定者不偏不倚,接受者有效参与。可以看出,当前的海上治安管理处罚程序在赋予中国海警实施治安管理权力的同时,最大限度地规范了海警执法人员处罚权的行使,限制了权力的扩张,是中国海警依法行政的保障。

(2)海上治安管理处罚程序提高了行政效率和效益。由于当前的海上治安管理处罚程序建立在公正和中立的基础上,当事人通过现代行政程序得到充分陈

---

[1] 姜明安.行政法与行政诉讼法.北京:北京大学出版社,高等教育出版社,2000:231.

述意见、与行政主体交流思想的机会,因而经过该程序作出的行政处罚决定较能为当事人理解和接受,大大减少了行政处罚决定发生错误的可能性以及在执行过程中的矛盾和阻力,提高了行政效率和效益。与传统行政程序相比,虽然传统行政程序因为没有民主参与的环节,行政主体能较快地做出决定,但决定发生错误的可能性大,并且易在执行时遭到抵制,而当前的海上治安管理处罚程序能把行政过程中的公平与效率等因素更好地结合起来。

(3) 海上治安管理处罚程序体现了尊重和保障人权、以人为本的理念。《公安机关办理行政案件程序规定》首次在执法程序中明确排除了非法证据的效力,第一次在执法程序中明确提出了尊重当事人人格尊严的要求。《治安管理处罚法》不仅在总则中确立了尊重和保障人权的思想,还在程序中建立了询问查证制度,并且加大了对被处罚人的权利救济等。

二、海上治安管理处罚程序的种类和特征

作为限制公民权利最为严厉的一种行政处罚措施,与普通治安管理处罚程序一样我国相关法律对海上治安管理处罚程序的种类也做了较为严格的规定,从而实现对中国海警的控权和行政相对人权利的保护。

(一) 海上治安管理处罚程序的种类

按照《行政处罚法》、《治安管理处罚法》和《公安机关办理行政案件程序规定》的规定,海上治安管理处罚程序分为简易程序和一般程序两种。海上治安管理处罚的简易程序也称当场处罚程序,是指中国海警对符合法定条件的海上治安管理处罚事项,当场作出治安管理处罚决定的处罚程序。按照《公安机关办理行政案件程序规定》第33、34条规定,适用简易程序必须符合一定的条件(1)违法事实确凿;(2)有法定依据;(3)较小数额罚款或警告的行政处罚。同时,简易程序在适用时必须遵循以下步骤:(1)表明身份;(2)确认违法事实,说明处罚理由和依据;(3)制作处罚决定书;(4)交付当场处罚决定书;(5)执行;(6)备案。海上治安管理处罚的一般程序,也称普通程序,是指除法律规定可以当场作出的治安管理外,海警发现公民、法人或者其他组织有依法应当给予治安管理处罚的行为的,通常所应适用的程序。关于听证程序是属于普通程序之中的一项特别程序,还是与简易程序、普通程序并列,共同集合构成海上治安管理处罚程序整体的问题,学者们意见不一。有的学者认为,听证程序与简易程序、普通程序一起组成了海上治安管理处罚程序。认为听证程序是指普通程序、简易程序之外的一种海上治安管理处罚程序,其理由是,在立法体系,《行政处罚法》采取了将简易程序、一般程

序、听证程序并列的写法。① 有的学者认为听证程序是一般程序（普通程序）中的特别程序。② 笔者同意后者观点，认为听证程序是一般程序（普通程序）中的一项特殊程序。因为，简易程序和普通程序都是一项完整的行政处罚程序，涵盖了行政处罚从启动到完成的全部过程。而从听证的内容判析，设立听证程序的目的在于通过相对人权利对抗行政机关权力，充分、公开地听取各方面意见，以保证行政处理决定的公正与正义，其本质上是行政处罚程序（一般程序）中的一个阶段或部分，但不是完整的行政处罚程序。因此，听证程序不是单独的行政处罚程序，仅是一般程序中的组成部分。至于《行政处罚法》将简易程序、一般程序、听证程序并列的写法，是一种立法技术的体现，其目的是为了突出听证程序的重要性，也是为了保证整个法律章节的平衡与美观。按照《行政处罚法》《治安管理处罚法》的规定，治安管理处罚的一般程序包括以下几个步骤：(1) 受案；(2) 调查取证；(3) 告知、告知听证；(4) 决定；(5) 送达；(6) 执行。可以看出，简易程序适用于情节简单、事实清楚、后果轻微的案件（《公安机关办理行政案件程序规定》第三十条二款规定：卖淫、嫖娼，引诱、容留、介绍卖淫，拉客招嫖和赌博案件不适用当场处罚），立法者的目的是出于提高行政效率的考虑。而普通程序多适用于对相对人权益影响较大的案件，是立法者在公正与效率做出的优先决断。简易程序与普通程序的划分，实际上体现了行政程序立法的一项重要原则——繁简分离原则，是立法者为限制行政处罚的随意性，又兼顾行政机关工作效率的现实考虑。

（二）海上治安管理处罚程序的特征

治安管理处罚程序作为行政程序的一种，与行政征收程序、行政许可程序、行政确认程序、行政监督程序、行政强制程序、行政给付程序、行政奖励程序、行政裁决程序等程序一起，共同构建了行政程序的大厦。与其他行政程序相比，海上治安管理处罚程序除了具有法定性等基本特征外，还具有以下特征：

(1) 海上治安管理处罚程序的实施主体是中国海警。中国海警运用海上治安管理处罚程序必须依据法定权限进行。除非法律另有规定或省级以上人民政府授权，海上治安管理处罚程序只能由中国海警行使。

(2) 海上治安管理处罚程序的设定目的在于规范、制约中国海警行政处罚权的行使。海上治安管理处罚程序规定了治安管理处罚的方式、步骤、时间和顺序，违反这些程序即为程序违法，行政处罚无效，这些限制和规范迫使海警在行使行政处罚权时必须在"预定的轨道"上进行，不能偏离方向。同时也规定了听证、申辩程序、赋予了相对人复议、复核、诉讼的权利。公民有权在国家行使权力的过程中，充分行使法律赋予的合法权益，以实现控权和公正的目的。

---

① 姜明安.行政法与行政诉讼法.北京：北京大学出版社，高等教育出版社，2000：231.
② 罗豪才.行政法学.北京：北京大学出版社，1996：229.

(3) 海上治安管理处罚程序是对违反治安管理法律规定行为（即违反治安管理行为）、尚未构成犯罪的行政相对人进行的制裁程序。海上治安管理处罚程序以决定和执行行政处罚为目的，其结果将是对相对人的人身自由、财产、名誉或其他权益的限制或剥夺，或者对其科以新的义务，体现了强烈的制裁性或惩戒性。

三、与其他部门行政处罚程序的区别

海上治安管理处罚程序是《行政处罚法》《治安管理处罚法》规定的行政处罚程序和制度的具体化和部门化。从海上治安管理处罚程序与《行政处罚法》规定的基本行政处罚程序的关系看，二者是一般与特殊、共性与个性的关系。《行政处罚法》《治安管理处罚法》规定的基本程序为制定海上治安管理处罚程序规范提供了重要的法律依据，海上治安管理处罚程序服从于基本行政处罚程序。较其他部门行政处罚而言，海上治安管理处罚程序与其他部门行政处罚程序都是《行政处罚法》规定的基本行政处罚程序统帅下的特殊行政处罚程序，立法者设计时都以《行政处罚法》的规定为蓝本，其中体现的精神和原则都必须与《行政处罚法》规定的基本行政处罚程序相一致。这是海上治安管理处罚程序与其他部门行政处罚程序的共性所在。但由于中国海警的职责及法律赋予的权限等方面因素影响，除了实施行政处罚的主体不同外，海上治安管理处罚程序又具有与其他部门行政处罚程序不同的特点，主要反映在两个方面：

(1) 专有行政拘留处罚程序。行政拘留是《行政处罚法》《治安管理处罚法》规定的行政处罚种类之一，是一种限制人身自由、性质最为严重的行政处罚。按照相关概念的界定，行政拘留是海警依法对违反行政法律规定的人，在短期内限制其人身自由的一种处罚。从我国法律规定的内容看，行政拘留不是公安法律、法规和规章独享的行政处罚，除了《治安管理处罚法》《公民出入境管理法》外，一些其他部门起草或制定的法律中也规定了行政拘留的处罚，但其执行都标明由海警进行。如《中国人民银行法》第四十一条二款规定："变造人民币、出售变造的人民币或者明知是变造的人民币而运输，构成犯罪的，依法追究刑事责任；情节轻微的，由海警处十五日以下拘留、五千元以下罚款。"由此可见，行政拘留处罚程序是中国海警专有的一种行政处罚程序，这一点是其他如工商、税务等部门的行政处罚程序所不具备的。

(2) 简易程序适用最普遍、数量最大。虽然简易程序是《行政处罚法》规定的一种行政处罚程序，适用于各个行政机关，但从执法实践中看，海警是使用简易程序数量最多、范围最广的。由于历史的原因和法律的规定，我国海警担负着多项社会管理职责，涉及社会生活的几乎每一个方面，这种复杂、沉重的形势任务、加之提高行政效率的要求和影响，为海警大量适用简易程序提供了动力、条件和压力。因此，海上治安管理处罚程序规定，除了对涉及卖淫、嫖娼、引诱、容留、介绍

卖淫,拉客招嫖和赌博案件不允许适用当场处罚程序之外,其他案情简单、情节轻微的案件,中国海警都可以适用当场处罚程序①,中国海警使用简易程序处理案件的是相当普遍。这种现象与中国海警的职责和工作量是相适应的,也是现代行政要求的效率原则在中国海警执法中的具体表现。

第二节 我国海上治安管理处罚程序的立法演进

如前所述,海上治安管理处罚程序是控制海警权力、保护行政相对人合法权益的重要内容,这些程序性规定的内容是通过立法而实现的,相关法律法规的演进本身就说明了我国海上治安管理处罚程序制度立法的进步。

一、治安管理处罚程序的历史沿革

我国治安管理处罚以1996年的颁布施行的《行政处罚法》为标志,可以分为两个阶段。

(一)《行政处罚法》颁布前的治安管理处罚程序

在行政处罚法颁布实施之前,治安管理处罚程序已经受到了理论界和立法界的普遍重视。在我国行政程序立法普遍落后的氛围中,公安机关一直拥有较为先进的行政处罚程序。②不过,从总体上看,我国20世纪80年代以前的治安管理处罚程序规则在数量上与公安行政实体法律规则相比是微不足道的,许多公安行政法律、法规中甚至没有规定行政处罚程序,已有的行政处罚程序规则也未能很好地发挥作用。20世纪80年代以后,在依法行政的口号下,有关行政程序的立法逐渐增多,许多行政管理法律、法规设专章规定行政程序,如1986年的《治安管理处罚条例》就专门规定了"裁决与执行"一章。90年代以来,公安部相继制定了多件有关公安执法的程序性规章,包括《道路交通事故处理程序规定》《消防监督程序规定》《交通管理处罚程序补充规定》等。这一时期的治安管理处罚程序立法从形式上看,在一定程度上改变了与相应的实体事项规定在同一法律文件中的状况,出现了大量单行的程序性法律规范,表明治安管理处罚程序立法较前期相比已经有了很大改善。

---

① 参见《公安机关办理行政案件程序规定》第32条。
② 1957年,全国人大常委会制定了《中华人民共和国治安管理处罚条例》(以下简称《治安管理处罚条例》),第一次比较完整地规定了治安管理处罚应当必经的程序。另外,条例还有关于违反治安管理的人不服治安管理处罚的申诉时效和申诉程序的规定。《治安管理处罚条例》中规定的行政处罚程序是当时我国行政程序立法的一个典范和示例,表明治安管理处罚程序在建国初期,也即我国行政程序立法研究的起步阶段已经突破了传统行政程序立法的模式,开始从保护相对人合法权益的角度设置某些约束行政主体的程序规则,如《治安管理处罚条例》中有关申诉期间暂缓执行原处罚裁决,以及过期免予处罚的程序规则即是。

(二)《行政处罚法》颁布后的治安管理处罚程序

1996年,《行政处罚法》的颁布施行标志着成为我国行政程序法制建设的重要转折点,也是治安管理处罚程序立法的里程碑,为公安机关作出行政处罚决定提供了标准、同一的现代行政程序模式。根据《行政处罚法》等有关法律、行政法规,公安部于2003年8月26日发布了《公安机关办理行政案件程序规定》,其性质属于公安部的部门规章,是公安机关第一部统一的行政处罚程序,有效地改变了治安管理处罚程序零乱、分散的状况,实现了法制统一。《公安机关办理行政案件程序规定》较《行政处罚法》相比,其发展有:第一,首次确立了人格尊严不受侵犯原则;第二,明确规定通过非法手段获得的证据不能作为定案的根据;第三,在听证方面,突破了《行政处罚法》规定的听证范围、细化了听证程序的操作步骤、明确了听证的作用;第四,对简易程序进行了丰富和发展。

2005年,全国人大颁布了《治安管理处罚法》,作为公安机关对社会治安秩序实施行政管理的最重要、最基本的综合性法律之一[①],《治安管理处罚法》对行政处罚程序也作出了较为严密的规定。[②] 其在程序方面的完善与发展体现在:

1. 建立并规范了询问查证制度

《治安管理处罚法》完全摒弃了《治安管理处罚条例》规定"讯问"的提法,不论是对违反治安管理行为人还是被侵害人或者其他证人,一概规定为"询问"。同时,明确了询问查证时间不得超过8小时;而对24小时的情况,则增加了"可能适用行政拘留"的弹性,这就在限定一般询问时间的同时,给复杂情况也预留了回旋余地。这既加强了对当事者人身权利的保障,防止刑讯逼供的发生;同时也照顾到了实际办案的难度。

在询问行为人的过程中,《治安管理处罚法》取消了其"应当如实回答公安机关的讯问"的表述,体现了《治安管理处罚法》新增的"尊重和保障人权,保障公民的人格尊严"的立法原则,从而为最终实现法的正义价值奠定了基础。

2. 规范了行政检查的程序与要求

《治安管理处罚条例》对行政检查未作要求,《治安管理处罚法》进一步规范、细化了检查的程序与要求,如《治安管理处罚法》规定:"检查时应当出示工作证件和县级以上人民政府公安机关开具的检查证明文件。对确有必要立即进行检查的,人民警察经出示工作证件,可以当场检查。"这大大加强了可操作性。对住所的检查,《治安管理处罚法》规定:"检查公民住所应当出示县级以上人民政府公安

---

① 沈开举,高树德. 论《行政处罚法》对我国行政法制的新发展. 行政法学研究,1997(1):13.
② 在处罚程序方面,《治安管理处罚法》规定了35个条文,占全部条文的30%,体现了正当程序的法治理念。设置处罚程序专章,并设定了调查、决定、执行三节,对处罚程序规定了更为严格、具体、细致的内容。同时,《治安管理处罚法》注意了与《行政处罚法》《中华人民共和国行政复议法》的协调与衔接。

机关开具的检查证明文件。"这有效地制约了执法机关的随意行为,充分体现了对公民住宅权的尊重。①

3. 促进了送达程序的新发展

第一,《治安管理处罚法》缩短了送达时间,提高了办案效率:对于被处罚人不在场的,《行政处罚法》的送达处罚决定书的期限是"七日内",而《治安管理处罚法》则规定"应当在二日内送达被处罚人",大大缩短了送达期间。第二,《治安管理处罚法》第九十七条第一款规定,对于决定给予拘留处罚的,应当及时通知被处罚人的家属。这是公安机关在送达时的一项特殊程序。第三,《治安管理处罚法》第九十七条第二款规定,如果治安案件中有被侵害人的,应当将决定书副本抄送被侵害人。这是公安机关在送达的又一项特殊程序,也是第一次以法律明文强调该程序。

4. 决定程序中取消复议前置,赋予公民更自由的权利

《治安管理处罚法》规定,被处罚人对治安管理处罚决定不服的,可以依法申请行政复议或者提起行政诉讼,取消了《治安管理处罚条例》规定的前置程序,赋予了当事人自主选择法律救济的权利,这一规定使公民保护自己权益的渠道更灵活、更便利。②

《治安管理处罚法》颁布施行后,为了更好地与《治安管理处罚法》相衔接,公安部于2006年8月24日发布施行新的《公安机关办理行政案件程序规定》,该规定更切合实际更具有操作性。

二、我国海上治安管理处罚主体的演变

(一)中国海警组建前"海上治安管理处罚"授权公安边防海警

为了加强和规范公安机关海上执法工作,维护国家安全和海域治安秩序,保护公共财产和公民人身财产安全,公安部于2007年5月30日,根据《中华人民共和国人民警察法》《中华人民共和国治安管理处罚法》《中华人民共和国刑事诉讼法》《中华人民共和国领海及毗连区法》和《中华人民共和国专属经济区和大陆架法》等有关法律,制定了《公安机关海上执法工作规定》,并于2007年12月1日起施行。最高人民法院、最高人民检察院、公安部于2007年9月17日,联合下发了《关于办理海上发生的违法犯罪案件有关问题的通知》。公安部以规章形式授权公安边防海警根据我国相关法律、法规、规章,对发生在我国内水、领海、毗连区、专属经济区和大陆架违反公安行政管理法律、法规、规章的违法行为或者涉嫌犯罪的行为行使管辖权。

---

① 齐小力.《治安管理处罚法》的宪法解读.中国人民公安大学学报,2006(2):1.
② 唐连荣.治安管理处罚制度的完善.广西政法管理干部学院学报,2006(2):2.

（二）"中国海警"的概念有所明确

从执法主体来看，海上执法可以划分为不同主体的海上执法，如海关执法、渔政执法、海事执法、海监执法和海警执法等。笔者认为，海上执法是指海上执法主体依法对于海上发生的各种案件予以管辖和办理的活动。根据我国法律的规定，依法享有海上执法主体的资格具有多元性，海关、海监、海事、渔政等都具有相应的执法主体资格。《公安机关海上执法工作规定》第 2 条规定："公安机关海上执法任务，由公安边防海警承担，公安机关其他部门配合，但法律、法规另有规定的除外。"第 3 条第 1 款还规定："本规定所称公安边防海警，是指沿海公安边防总队及其所属的海警支队、海警大队。"因此，在这一时期中国海警仅指公安边防海警。2013 年国务院将国家海洋局及其中国海监、公安部边防海警、农业部中国渔政、海关总署海上缉私警察的队伍和职责整合，重新组建国家海洋局，由国土资源部管理。国家海洋局以中国海警局名义开展海上维权执法，接受公安部业务指导。因此，当前的中国海警指的是由国家海洋局及其中国海监、公安部边防海警、农业部中国渔政、海关总署海上缉私警察的队伍组成的中国海警，中国海警概念进一步明确。

三、海上治安管理处罚程序制度的内容

现代海上治安管理处罚程序法究竟应确立哪些制度，各国海上治安管理处罚程序法及各国治安管理处罚法学者的意见都很不一致。结合《行政处罚法》和《治安管理处罚法》，笔者将海上治安管理处罚程序的基本制度概括为：管辖制度、表明身份制度、回避制度、信案卷制度、证据制度、听证制度、合议制度、案卷制度等。

（一）管辖制度[①]

治安管理处罚管辖是治安管理处罚主体之间就某一治安管理处罚事务的首次处置权所作的权限划分。这种权限划分主要发生在纵向的同一性质治安管理处罚主体之间、横向的不同性质治安管理处罚主体之间。对于治安管理处罚主体来说，它是明确了某一治安管理处罚事务应当由哪一个治安管理处罚主体首次处置的问题。对于治安管理处罚相对人来说，它可以确定受理处置治安管理处罚事务的治安管理处罚主体。

（二）表明身份制度

表明身份制度是指所有的治安管理处罚主体和治安管理处罚人员在正式行使治安管理处罚权作出处罚行为之始应向相对人（利害关系人）出示必要的证件，

---

① 杨海坤，黄学贤.中国行政程序法典化——从比较法角度研究.北京：法律出版社，1999：125.

展示必要的公务标志或作口头说明,以证明其享有某种职权并正在或即将开始行使该权力的程序规程。

表明身份一方面通过治安管理处罚行为人对其身份的明确使相对人免遭不必要的不法侵害;另一方面它也能扼制治安管理处罚主体及治安管理处罚人员进行越权处罚或滥权处罚。表明身份制度有例外,其例外发生在法定秘密行政的领域,如公安行政部门秘密查访违法行为的情形就不应该事先表明身份。

(三) 回避制度

海上治安管理处罚程序法中的回避,是指治安管理处罚机关的公务员在行使职权过程中,因其与所处理的法律事务有利害关系,为保证实体处理结果和程序进展的公正性,依法终止其职务的行使并由他人代理的一种法律制度。这里的回避制度主要是指与案件有利害关系的工作人员不得参与本案处理过程的专门海上治安管理处罚程序制度,与公务员法上的职务回避制度一起构成了治安管理处罚法上的回避制度。

回避制度的法律价值在于确保法律程序的公正性,而法律程序的公正可以树立起利益冲突的双方当事人寻求法律程序来解决争议的信心,客观上也有助于社会的稳定发展。

(四) 证据制度

这里的证据制度是指治安管理处罚证据制度,又称调查取证制度,主要是指海上治安管理处罚程序法规定的,治安管理处罚主体查明案件事实,收集、审查、判断证据的程序制度,具体包括证据的形式、证据的收集、证据的提供、质证、证据的审查判断等内容。为确保公共利益的真正实现,并维护治安管理处罚相对方的合法权益,治安管理处罚主体要作出某具体治安管理处罚行为时,必须首先进行充分的调查,以查明与治安管理处罚行为的作出有关的一切事实真相。

证据制度是海上治安管理处罚程序的核心制度,从实体上看,任何治安管理处罚行为在作出之前都必须保证事实清楚,证据确实充分,否则不得作出影响治安管理处罚相对人权利义务的决定。从程序上看,治安管理处罚主体必须严格遵循"先取证、后裁决"的程序规则,不得违反。

(五) 告知制度

告知是指行政主体及其行政人在行使行政权的过程中,将应该让相对人知晓的事项通过一定的途径和方式告诉相对人的程序制度。行政主体的告知义务体现的是相对人的知情权,这种制度无论在具体行政行为领域,还是抽象行政行为领域都有其存在价值。许多国家的行政程序法典或行政立法文件大多有关于行政主体告知义务的法律规定。从实践看,告知规则既可加强相对人与行政主体间的沟通和信任，也可以保障行政行为作出前相对人表达意见、参与管理、监督行政过程的可能。

（六）听证制度

"听证"一词由英文 hearing 翻译而来，意指行政主体在作出影响相对人合法权益的决定前，告知决定理由和听证权利，相对人有表达意见、提供证据、进行质证以及行政主体听取意见、接纳证据的程序所构成的一种法律制度。

行政程序法听证制度是行政程序法基本制度的核心。这是因为，行政程序的公开、公正与公平，构成了行政程序法的生命源，没有公开、公正与公平，就没有行政程序法。而行政程序的公开、公正与公平并不仅仅是在于让行政相对人了解一个行为的结果，并让行政相对人得到一个可以进行司法救济的法律途径。"对于行政机关而言，这一问题的实质是要求行政机关履行职能实现法律授权的目的时应当有一个正当合理的程序，从保护公民合法权益而言，则表现为在行政机关行使权力作出行政行为（不管是抽象的或具体的行政行为）对行政相对人发生效力之前，就应当提供某种程序的保障，就应当赋予行政相对人以某种程序上的权利，使之通过对程序上权利的行使来维护自己的合法权益。"[①]

（七）合议制度

行政的层级性，决定了行政首长负责制更有利于行政事务的有效推行。但是，对于某些重大的问题，特别是有关专业性强、技术性要求较高的事务，或者公共性极强的问题，应由若干公务员组成一定的会议或委员会，以合议的形式作出行政行为。只有这样，才能确保行政行为实际上的公正性。

（八）案卷制度

案卷是指治安管理处罚主体的治安管理处罚行为所依据的证据、记录和法律文书等，根据一定的顺序组成的书面材料。案卷是治安管理处罚行为作出过程和支持治安管理处罚行为合法性的重要依据。正式的海上治安管理处罚程序必须有案卷，这是依法治安管理处罚的基本要求之一。

案卷的法律意义是：其一，法律要求治安管理处罚主体将治安管理处罚行为的过程和依据形成书面材料，防止治安管理处罚主体恣意行使治安管理处罚职权。其二，有助于说服治安管理处罚相对人接受治安管理处罚行为，提高治安管理处罚相对人对治安管理处罚行为的可接受程度。其三，为治安管理处罚复议机关治安管理处罚复议和法院对治安管理处罚行为进行的司法审查提供事实根据和材料。

---

① 江必新,周卫平.行政程序法概论.北京:北京师范学院出版社,1991:27-38.

第三节　海上治安管理处罚程序存在的问题

治安管理处罚程序一直走在我国行政程序立法的前列。但由于成文法自身的缺陷和现实生活的发展,海上治安管理处罚程序相关立法在提高保护当事人权利、提高公安行政处罚效率的同时,也面临着一些新的问题和挑战。因此,研究海上治安管理处罚程序实施现状的意义在于能有效地对海上治安管理处罚程序给予科学的评估。

由于我国行政程序立法研究理论的欠缺和现实条件的制约,无论是《行政处罚法》《公安机关办理行政案件程序规定》还是《治安管理处罚法》都在立法上存在着一些不足和疏漏,同时海警执法实践中也存在着一些突出问题,需要立法者加以规范和指引。

一、告知义务与申辩权利的规定过于笼统

《行政处罚法》《治安管理处罚法》《公安机关办理行政案件程序规定》规定了行政机关在作出处罚决定之前的告知义务以及当事人的申辩权利,《行政处罚法》还特别规定没有履行告知义务或拒绝听取当事人陈述申辩的处罚决定不成立。《治安管理处罚法》对此未作规定。但从总体上看,海上治安管理处罚程序对于如何保障告知义务与申辩权利的实现缺乏进一步规定。

关于告知义务,法律规定行政机关在作出行政处罚决定前,应当告知当事人作出行政处罚决定的事实、理由及依据。但是,行政机关如果没有将全部事实、理由及依据告知当事人,而只是告知了其中的一部分,应当如何处理?是否可以将这种情况视为行政机关没有履行告知义务,而宣布行政处罚决定不能成立呢?对此,《行政处罚法》没有明确规定。

法律规定当事人有申辩权,也规定行政机关必须听取当事人的陈述和申辩,但相关法律没有规定具体的保障措施。在实践中,不少行政机关为图省事,要求执法人员当场将处罚的事实、理由和依据告知当事人,并要求当事人当场陈述意见和申辩,并当场制作笔录,由当事人签字,作为行政机关履行告知义务和听取当事人申辩的证据。这种做法与法律的精神是不符的。第一,在不是当场作出处罚决定的情况下,执法人员当场告知当事人的事实、理由和依据不一定是行政机关内部负责审核行政处罚的机构所认定的事实、理由和依据,如果行政处罚的主要理由和依据不是执法人员在现场告知当事人的理由和依据,所谓行政机关的告知义务,将流于形式,当事人的申辩也将失去意义。第二,要求当事人当场申辩和表态,使当事人没有充分的思考时间,无法寻求法律专家的帮助,并且当场表态,还有可能使当事人在面临执法人员压力的环境下不敢陈述自己的真实想法,而屈从

于执法人员的意志。第三,要当事人向执法人员表态和申辩,违反了任何人不得做自己案件法官的原则。由于执法人员是违法行为的调查者,是处罚事件的一方当事人,难免持久有偏见,片面认为自己的判断正确,从而听不进不同意见,甚至对申辩者打击报复,编织理由,加重对当事人的处罚。上述做法显然对法律关于告知义务和申辩权的规定采取的是敷衍应付的态度,然而,由于目前海上治安管理处罚程序关于告知和申辩的规定太笼统,很难说这种做法是违法的,由此可见程序立法上的缺陷。

二、听证程序存在不足

我国关于听证程序的规定始于1986年《行政处罚法》。作为从西方发达国家引进的一个重要行政程序,受制于各方面条件的限制,我国公安治安管理处罚中的听证程序目前存在较为严重的缺陷与不足。

(一) 未将听证程序适用于限制人身自由的处罚

行政处罚决定是对公民人身、财产权利的限制、剥夺,只有建立在听取利害关系人意见基础上,方符合执法公正的原则。《行政处罚法》虽然将听证程序引入行政处罚,适用范围却只以责令停产停业、吊销许可证以及较大数额罚款为限,留下一个行政拘留是否要经听证的"尾巴",《治安管理处罚法》延续了这一缺憾,未将行政拘留决定程序列入听证制度。既然人身权与财产权相比,前者更为重要,为何更为重要的人身权却缺乏听证程序保障呢?

(二) 没有规定听证笔录排他性原则

听证笔录的排他性原则要求行政机关对听证的案件,在作出处理决定时只能以听证笔录为根据,不能在听证笔录之外采用当事人所未知悉的、未经质证的事实为依据。① 听证笔录的排他性原则是听证程序的核心,如果行政机关作出决定时并不依据听证记录中的证据,而是以当事人所未知的、未质证的事实为依据,就会使当事人的陈述和辩论失去意义,整个听证也完全流于形式,成为"一种欺骗行为,毫无实际意义"。但我国《行政处罚法》第四十二条仅规定:"听证应当制作笔录,笔录应当交当事人审核无误后签字或盖章。"第三十八条也仅规定:"调查终结,行政机关负责人应当对调查结果进行审查,根据不同情况,分别作出如下决定……"由此可见,《行政处罚法》没有以法律形式确认听证笔录的排他性原则。《治安管理处罚法》本应对此有所规定,以弥补《行政处罚法》的不足,但遗憾的是其并未作相应规定,这对于确保听证真正发挥作用显然是不利的。

---

① 姜明安.行政法与行政诉讼法.北京:北京大学出版社,1995:269-271.

三、未规定程序违法的法律责任

《行政处罚法》仅在第五十四条规定违反法定行政处罚程序的对直接负责的主管人员和直接责任人员给予行政处分。《治安管理处罚法》仅仅简单地规定了"依法给予行政处分","构成犯罪的,依法追究刑事责任",并未规定具体程序和细节。

四、准司法化程度不高

行政程序的准司法化是指为了保护相对人的权利,行政程序制度的设计趋近诉讼程序,使行政决定在公开、公正和对抗的基础上作出。海上治安管理处罚程序的准司法化,是防止海警滥用行政执法权、恣意行政的需要,也是保证公民权利的需要。公安行政处罚种类较多、自由裁量权很大,且对相对人惩戒的程度都较重,尤其是拘留处罚更是直接限制相对人的人身自由。但我国目前的治安管理处罚程序的准司法化程度较低,虽然规定了听证制度、拒绝处罚权、申请回避权和救济权等趋近诉讼程序的制度,但原则性都较强,适用范围也较小,如在回避权方面,仅规定"与当事人有直接利害关系的应当回避",但何谓"直接利害关系"却没有说明,给工作带来实际难度。在拒绝处罚权方面,当事人因为公安执法人员不出具统一的罚款收据可以拒绝处罚,而《行政处罚法》《治安管理处罚法》既没有要求海警重新使用法定收据实施处罚,也没有规定海警不得再处罚。这种含糊不清的规定造成了司法实践中的执法混乱。实践中,海警对有的案件重新使用法定收据处罚;有的则不再处罚。同时对律师协助与代理、阅览卷宗权等体现行政程序公开性原则的重要制度都没有规定,致使我国目前的海上治安管理处罚程序对抗性不强,公开性、透明性不够,行政处罚决定的正确与否多取决于海警办案人员的调查情况和主观认识程度,而非基于理性认识作出,与行政程序的准司法化的要求相差很远。

五、申请暂缓行政拘留程序操作性不强

《治安管理处罚法》第一百零七条规定:"被处罚人不服行政拘留处罚决定,申请行政复议、提起行政诉讼的,可以向公安机关提出暂缓执行行政拘留的申请。海警认为暂缓执行行政拘留不致发生社会危险的,由被处罚人或者其近亲属提出符合本法第一百零八条规定条件的担保人,或者按每日行政拘留二百元的标准交纳保证金,行政拘留的处罚决定暂缓执行。"与《治安管理处罚条例》相比,《治安管理处罚法》对行政拘留的暂缓执行增加了"公安机关认为暂缓执行行政拘留不致发生社会危险"的限制性规定,是指公安机关在综合考虑案件实际情况和被处罚人的行为、心理等因素之后,认为暂缓执行行政拘留,被处罚人不致发生伤害他

人、报复社会等社会危险的情形。否则,公安机关(海警)就不能批准被处罚人或者其近亲属提出的暂缓执行行政拘留的申请。从这一条文的立意来看,显然,立法者是想借用《行政复议法》《行政诉讼法》中的"复议、起诉停止执行"制度来解决当前海警适用行政拘留对当事人的人身自由的侵害。但是,《治安管理处罚法》第一百零七条的规定却是很难实现的。根据该条的规定,是在行政复议和行政诉讼期间,也就是说,是在当事人已经提起并且实质进入行政复议或行政诉讼程序之后。《行政复议法》第九条规定:"公民、法人或者其他组织认为具体行政行为侵犯其合法权益的,可以自知道该具体行政行为之日起六十日内提出行政复议申请。"同时,第十七条规定:"行政复议机关收到行政复议申请后,应当在五日内进行审查,对不符合本法规定的行政复议申请,决定不予受理,并书面告知申请人;对符合本法规定,但是不属于本机关受理的行政复议申请,应当告知申请人向有关行政复议机关提出。除前款规定外,行政复议申请自行政复议机关负责法制工作的机构收到之日起即为受理。"也就是说,假设当事人在收到行政拘留决定书的当天,提起行政复议的话也不可能立即进入行政复议程序,最好的情况是没有不符合《行政复议法》的情况,行政复议机关立即受理;最差的情况则在行政复议机关收到复议申请后的第5日了。根据《治安管理处罚法》中规定的1至5日,5至10日,10至15日的拘留期限,假如当事人被决定1～5日拘留的话,很可能还没有进入行政复议程序拘留就已经执行完毕了。如此,拘留的停止执行还有什么意义呢?如果当事人提起行政诉讼的话,情况还会更糟。根据《行政诉讼法》第三十九条的规定:"公民、法人或者其他组织直接向人民法院提起诉讼的,应当在知道作出具体行政行为之日起三个月内提出。"同时,第四十二条规定:"人民法院接到起诉状,经审查,应当在七日内立案或者作出裁定不予受理。"也就是说,当事人也不可能立即进入行政诉讼程序,而且最差情况是人民法院接到起诉状后的第7日了。不仅被处1至5日拘留的人等不到,即使是被处5～10日的人也难说。"停止执行"似乎只有被处10至15日的人可以"享受"了。

六、律师的协助和代理缺乏法律规范

律师制度被视为维护民权、伸张正义、实行法治的保障。无论实行当事人主义即对抗式审判的国家,还是实行职权主义的国家,由于当事人一般都不熟悉法律而都需要寻求律师的帮助。在西方国家,当事人有权聘请律师代表其参与行政活动,已成为行政程序法的一项原则。如瑞典《行政程序法》第九条就规定:"任何人在行政事务中都有权拥有自己的代表和律师。"而我国法律仅对刑事案件的律师参与进行了规范,对在办理行政案件过程中律师是否可以为当事人提供代理和协助,律师的代理和协助权利如何得以实现和保证(如律师是否有参与听证权、是否有查阅、复制卷宗材料权等)都没有具体规定,导致执法实践中律师参与行政案

件成为法律空白。

第四节 海上治安管理处罚程序的完善

海上治安管理处罚程序在立法层面、实践层面中存在的问题,其解决和完善的根本途径都需要从立法角度考虑,即只有以立法的方式进行规范,海上治安管理处罚程序的疏漏和不足才能得到根本的补充与完善。同时,我们还应注意到海上治安管理处罚程序立法的发展必须从我国的现实国情出发,不可能一蹴而就,必须分阶段进行,与我国基本国情相适应。

一、海上治安管理处罚程序的目标模式选择

行政程序法研究中的目标模式是指立法者根据自己的需要和对行政程序法固有属性的认识所预先设计的关于行政程序法体系和内容的理想结果。[1] 目标模式的选择体现了立法者的价值取向,并将确定行政程序法的基本构架。目标模式是立法者制定行政程序法必须首先解决的问题,是行政程序法的理念和精神。从理论上讲,一般认为行政程序有三种目标模式。一是以德国为代表的效率型。以提高行政效率为基本功能,讲究以较少的人力、财力来进行行政管理,在行政程序设计上,方便行政机关行使其职权。二是以美国为代表的控制型。以控制行政权力为其基本功能,对行政机关设立了严格的限制,防止行政机关超越职权滥用权力。三是以英国为代表的权利保障型。主要目的是保障行政相对人的各种合法权益,尤其是程序上的权利。从世界范围看,在行政程序立法目标模式选择上,单纯采取一种模式的国家很少,基本上都是采用以一种模式为主兼具其他类型模式特征的方式。在我国应采用什么模式的问题上,多数学者认为应当采用并重型模式,"同时兼具行政效率和控制行政权,保护相对人权益两方面目标,这样的行政程序立法目标模式既不是完全的效率模式,也不是完全的权利保障模式,而是一种介于两者之间的中间模式"。[2] 这是一种理想的行政程序立法模式,理论上具有合理性,但是这种模式只能是学者们的一厢情愿,在实际中是不可能的,因为要在行政机关的效率和相对人的权利之间保持一种绝对的平衡,事实上是做不到的,当两者发生冲突时,在效率与权利之间进行的选择就成为必然。支持并重型模式观点的王万华博士也承认,平衡与并重只是我们努力寻求的一种目标,在某一具体制度的设计上,立法者面对冲突,必须有所取舍,在权利与效率之间作出选择。[3]

---

[1] 杨俊峰.《治安管理处罚法》的几个问题.山东警察学院学报,2006(1):64.
[2] 黎军,张安明.关于我国行政处罚听证程序若干问题的思考.法律与社会,1999(2):30.
[3] 缪金祥.《治安管理处罚法》适用研究.北京人民警察学院学报,2006(2):23.

海上治安管理处罚程序立法是行政程序立法的重要组成部分，因此，海上治安管理处罚程序立法目标模式的选择，实质上就是行政程序立法目标模式的选择。确立以权利保障型为主兼顾效率的海上治安管理处罚程序立法目标模式，其理由可以简要归纳为：

（1）法治的基本出发点就在于保障公民的权利，依法行政不只是要依法治民，更应该是依法治官。因此，要实现行政法治也必须贯穿权利保障精神，建立权利保障型的执法程序。

（2）程序立法的目的在于通过程序控制行政权，限制行政自由裁量权，防止滥用权力。制定海上治安管理处罚程序不仅是为了给行政机关以方便，更主要的目的是限制海警的行政执法权力。牺牲行政效率来实现行政的公开与公正，保障相对人的权利正是行政程序法的目的所在，也是海上治安管理处罚程序应当采取的目标模式。

（3）我国传统上就是一个行政权十分强大的国家，行政机关依程序办事意识不强，对相对人的权利比较漠视，尤其是拥有宽泛而强制性权力的海警，"重实体、轻程序"问题一直较为突出，在这种现实条件下，突出权利保障，并在此基础上兼顾效率，可以纠正海警传统的执法观念，有利于海警尽快树立起服务与合作的新型行政执法精神。

二、完善海上治安管理处罚程序的立法建议

为弥补《行政处罚法》《治安管理处罚法》的不足与疏漏，海上治安管理处罚程序应在以下几个方面进行立法补充和完善：

（一）进一步完善中国海警告知义务和当事人申辩权利方面规定

立法应当明确：中国海警应将主要定案证据以及处罚的全部法律依据告知当事人，不得隐瞒；在一般处罚程序中，禁止海警要求当事人当场陈述意见和申辩，应给予提出意见和申辩的合理时间；规定当事人的陈述和申辩应向行政机关负责人委派的行政处罚审核人员进行，而不是向负责调查案件的执法人员进行。

（二）扩大听证范围，明确听证笔录的排他性原则

我国行政处罚听证范围狭窄，应当进一步扩大。基于我国的国情和司法承受能力，笔者认为，这种扩大还是应当有所限制，即在一定范围内扩大。但所有严厉的行政处罚，尤其是行政拘留、较大数额的没收都应当纳入听证范围。同时，立法应当明确规定：凡中国海警依法举行听证的，所有定案证据均应在听证中向当事人出示，经当事人质证并记录在案；未经出示、质证并记录在案的，不得用作定案证据。中国海警的行政处罚决定必须依据听证笔录情况作出，将听证笔录作为行政处罚的唯一依据，确立听证笔录的排他性原则。

（三）进一步严格程序效力

现行的海上治安管理处罚程序规定，对程序违法行为海警可以重新作出行政处罚。这条规定使程序效力受到了规避，应当重新制定，以严格程序效力。立法应当注意区分并明确规定：中国海警轻微违反程序的行为是程序瑕疵，如办案过程中扣押的财物没有及时返还等。对程序瑕疵，中国海警可以补正；对严重影响当事人基本权利的行为是程序违法，如违反告知义务、听取当事人陈述和申辩的义务以及违反听证程序等。凡程序违法的，均导致行政处罚决定无效，海警机关不得再对本案所及的违法行为进行追究，与此同时，追究海警有关人员的渎职责任，以此保障当事人的合法权利，强制规范执法人员的程序意识和执法观念。

（四）提高海上治安管理处罚程序的准司法化程度

应当从控制权力和维护权利的角度对公安行政处罚相对人的程序对抗权进行完善，增加准司法化程度。一是在公安行政处罚的普通程序中推广非正式的听证程序（简式听证）。非正式的听证程序保留了类似司法程序的基本架构，在具体程序上却比较灵活简便，又兼具了传统行政程序灵活、高效的长处，关键在于听证官员独立于行政违法案件的调查人员，这一点足可保证在听证支持人与行政违法案件的当事人以及行政违法案件的调查官员之间形成司法性的三方关系（对审制度），将有效地增强行政处罚程序的司法性。二是将职业法律服务体系引入行政处罚。允许并鼓励律师为行政违法嫌疑人提供全程法律服务。立法应当规定，从中国海警受案之日起，当事人有权聘请律师为其提供法律协助与代理。在代理过程中，律师有权为当事人提供法律咨询；向中国海警提供相关证据；在中国海警向当事人告知陈述和申辩权阶段，律师有权查阅、复制卷宗材料；有权代理当事人进行陈述申辩和参与听证。律师协助与代理制度的确立，无论对于进一步加强行政处罚的公开性、透明度，还是对促进行政处罚程序向司法化发展都具有重要意义。三是完善当事人享有的程序对抗权。如在回避权方面，立法应当明确规定：简易程序的执法人员和行政机关负责人也属于回避范围，同时对"有直接利害关系"作出明确规定，增强法条的可操作性。在拒绝处罚权方面，立法应当明确规定：当事人实施拒绝处罚权后，海警应当重新使用法定收据进行处罚。这种处罚不是再处罚，而是对原行政处罚的错误程序进行纠正，这是符合立法目的的。在职能分离方面，立法应当明确规定：为落实调查权与处罚权分离制度，办案部门应当与审核部门分离，海警负责人作出行政处罚决定时应当以审核部门认定的事实为依据。通过这些相对人程序对抗权的完善，进一步促进公安行政处罚决定在公开、公正的基础上进行，增强海上治安管理处罚程序的准司法化程度。

海上治安管理处罚程序在我国行政程序立法的进程中具有特殊的地位,极其丰富的公安执法实践为海上治安管理处罚程序的完善和发展提供了足够的空间和条件。在当前经济全球化、世界多极化、信息产业化的大格局下,在我国构建和谐社会、全面建设小康社会的新的历史时期,以海上治安管理处罚程序为切入点,不断完善创新中国海警行政处罚程序法,不仅对中国海警行政处罚而且对我国行政程序立法都具有非常重要的实践功能和现实意义,海上治安管理处罚程序的现代化最终必将带来我国行政程序立法的现代化。这一点应当引起立法者和理论研究者的关注,也应当引起执法实践者的重视。

第三章
海上治安管理处罚证据研究

第一节 海上治安管理处罚证据基本理论

一、海上治安管理处罚证据含义

证据的概念是一个起始性问题。证据的概念涉及当事人举证,有权主体调查收集证据的范围、方向和标准等问题。至于如何界定证据的概念,学理上一直存在争论。有关证据概念有多种说法,归结起来,争议的焦点有三:第一,从核心词来看,或者认为证据是一种"事实",或者认为证据是"材料和手段",或者认为证据是"根据";第二,从证据的证明作用来看,或者认为证据是"用来"证明案件真实情况,或者认为证据是"能够"证明案件真实情况;第三,从主体来看,或者认为证据是由当事人提供或运用,或者认为证据是由有权主体收集或运用。

要界定证据的概念,首先要明确证据的含义。

从语言的本意来说,证据就是证明的根据。"证据"一词是中性的,并没有真假善恶的价值取向,它可真可假,也可以同时包含真与假的内容。当然,在法律上界定证据的概念,应该使用更为具体明确的语言,但不应偏离这一词语本身所具有的基本含义。我国法律对证据一词的明确解释最早见于 1979 年《刑事诉讼法》,该法第三十一条规定:"证明案件真实情况的一切事实,都是证据。"1989 年《行政诉讼法》和 1991 年《民事诉讼法》及 1996 年修订的《刑事诉讼法》都明示或默示地接受了这一解释。因此,有许多学者将其作为界定证据概念的法律依据。但是这样的理解会导致一种绝对化的倾向,即证据就是事实,据此得出的结论是属实的才是证据,不属实者非证据。我认为,这种绝对化的理解无论是在法理上,还是在实践中都是不能成立的。

首先,如果将证据与事实等同,那么这将与"证据必须经查证属实,才能作为认定案件事实的根据"的法律规定相违背。既然证据就是客观事实,那就没有必要对它进行审查核实。

其次,从实践来看,当事人提交有权机关的证据和有权机关自行收集的证据都是有真有假的,因此才需要审查评断。按照"不属实者非证据"的观点,这些"证据"就不能被称为证据了,因为它们都存在不属实的可能性。

再次,即使司法机关审查判断之后用作定案根据的证据也会有真有假。严格地说,在任何一起案件的定案根据中都存在着证据不完全属实的可能性,而且就每一个具体证据而言也未必确定属实,其中也存在着不完全属实的可能性。因此,笔者认为,在确定证据含义时,不应使用"事实"这种含有真假两种价值取向的词,而应使用"根据"一词以避免使用中的混乱与矛盾。由此,治安处罚证据也应是"根据",而非事实。同理,由于证据并非完全属实,治安处罚证据只能是"用来"证明案件真实情况的,而非"能够"证明案件真实情况的。另外,提供证据的主体,应当包括当事人和有权主体。当事人为了证明自己的主张,必然要提出证据。同时,我国法律规定,行政机关(当然包含公安机关、中国海警)有权调取证据。[1]

综上所述,治安管理处罚证据就是在治安处罚过程中由当事人提交的或公安机关(中国海警)依法收集的用来证明治安处罚事实存在与否的材料。

二、海上治安管理处罚证据的特征

有学者认为,行政处罚证据制度有以下特点[2]:

1. 行政主体依职权调查案件事实

行政处罚是行政主体代表国家对实施违法行为人的制裁,具有很强的职权特色,应当由行政主体依职权调查案件事实。这类似大陆法系国家行政程序法规定的行政机关依职权调查案件事实的原则。行政主体依职权调查案件事实原则确认了行政主体调查收集证据、查清案件事实的责任。行政主体依职权调查案件事实,决定调查的方式及范围,不受参与人提供的证据及证明要求的限制。但在行政处罚程序中,参与人有提供证据的权利,行政主体对参与人提出的事实、理由和证据应当进行复核,参与人提出的事实、理由和证据成立的,行政机关应当采纳。尽管如此,行政主体有自主调查案件事实的权力,其行为不受参与人的限制。

2. 行政主体承担证据调查和作出裁决的双重责任

行政程序中,行政主体既要调查案件事实、收集证据,又要对证据进行审查认定和利用证据认定案件事实并作出裁决,这与刑事制裁由侦查机关调查在件事实、收集证据而由人民法院作出裁判不一样。行政主体的证据调查和作出裁决的双重责任可能带来收集证据的片面性,出现为裁决而收集证据的情况,也可能出现证据不足就作出裁决的情况。

3. 确定行政处罚证明标准比较困难

民事诉讼程序中一般采用优势证据标准,刑事诉讼程序中一般采用排除合理

---

[1] 张树义. 行政诉讼证据判例与理论分析. 北京:法律出版社,2002:5.
[2] 徐继敏. 行政证据通论. 北京:法律出版社,2004:171-172.

怀疑标准,有的国家行政程序采用实质性证据标准,也有学者也称之为可定案证据标准。行政处罚应当采用什么证明标准?这是一个难以确定的问题。

4. 行政处罚程序采信证据在行政复议和行政诉讼程序中要受到审查

行政处罚程序后置有行政复议和行政诉讼程序,而行政复议和行政诉讼程序审查的重点是行政处罚程序中行政主体采信的证据是否具有合法性、关联性和客观性及行政主体认定案件事实的证据是否充分。因此,确立行政处罚证据制度要考虑行政复议和行政诉讼制度的要求,不能脱离行政复议和行政诉讼制度来建立行政处罚证据制度。

以上几个方面的特点,同样也是海上治安管理处罚证据制度所拥有的,但笔者认为,海上治安管理处罚证据制度有以下特点:

(1)海上治安管理处罚证据具有技术性。中国海警处理的治安处罚事务大多具有技术性,执法在很大程度上是技术执法。技术性的事务只能用技术性的事实材料予以证明,海上治安处罚证据因此具有明显的技术性。只有长期从事相应的技术研究或者受过专门培训的技术人员才能够顺利地调查收集和审查判断相应的证据。

(2)海上治安管理处罚证据具有行业性。行政执法都是行业执法。行政事务涉及社会生活的各个方面,不可能只由一家行政机关管理,在整个行政机关系统内部必须进行行业分工(职能划分),不同的行政机关管理不同行业的行政事务,这就是所谓的行政管理的行业性。不同的行业的行政事务只能由不同专业的材料证明,海上治安处罚属于中国海警这一系统,因此它当然也具有行业性。

(3)海上治安管理处罚证据具有形成性。所谓形成性,是指用于初次确定权利义务、产生新的海上治安处罚法律关系的属性。在中国海警作出具体行政行为之前,公民、组织的权利义务处于抽象的、静止的状态,仅仅是法定的权利,而不是具体的权利,在中国海警和公民、组织之间不存在现实的治安处罚法律关系。治安处罚证据的作用正是为了证明公民、组织法定的权利义务的真实性,证明治安处罚法律关系各个构成要素的客观性。只要治安处罚证据起到了相应的证明作用,中国海警就可以作出确定公民、组织权利义务和形成治安处罚法律关系的具体行政行为。

(4)海上治安管理处罚证据具有合法性。所谓合法性,是指收集、提供证据的主体必须依据法律规定的权限、程序收集、提供证据。尤其是中国海警取证的权限、程序、方式、方法等必须符合法律规定,否则,所形成的证据将因违法而无效。这是依法行政之必然要求。

三、海上治安管理处罚证据作用

(一)海上治安管理处罚证据是认定事实的基础和依据

违反治安管理行为是已经发生或正在发生的事实,对当事人和中国海警来说都是如此。认定违反治安管理行为事实,必须通过现存的材料去认识发生在过去或正在发生的事件。中国海警如何作出具体行政行为,乃至合法,只能依靠、借助证据,否则就不可能形成对事实的正确认定,不能准确地适用法律。要对案件作出正确的判断,只能依靠证据,借助那些反映了案件事实的各种证据,离开了收集、调查、运用证据的实践活动,执法人员就不可能形成对案件的正确认识,就不能准确地适用法律。

(二)海上治安管理处罚证据是维护当事人合法权益的有力工具

证据的这种功能表现在两个方面:其一是在实体方面维护当事人的合法权益;其二是在程序方面维护当事人的平等权利和正当权利。当事人要保护自己的实体性合法权益就必须用证据来证明自己的主张。没有证据支持的主张就不会得到法律的保护,相应的权益也就得不到保障。证据在程序方面维护当事人权利的功能主要表现为证据规则的作用。维护当事人的平等正当权利,首先就要有切实可行的举证规则和质证规则来保障当事人能够行使收集证据、使用证据和审查证据的权利;其次要有严格的证据排除规则来防止有关人员滥用职权或使用非法手段收集证据,侵犯当事人的合法权利。

四、海上治安管理处罚证据分类概述

大多数国家对于治安处罚证据只是从理论上进行分类,在行政程序法中不作规定,唯瑞士《行政程序法》将证据分为证书、当事人之报告、第三人之报告、勘验、鉴定人的鉴定等。

我国行政诉讼法将行政诉讼证据分为书证、物证、视听资料、证人证言、当事人陈述、鉴定结论、勘验笔录和现场笔录等七种。笔者认为,海上治安管理处罚证据与行政证据、行政诉讼证据的种类应当是一致的。其根据是:行政诉讼证据是由行政执法中的证据随着司法审查程序的提起转化而来的,如果没有人提起诉讼,程序终止于行政执法阶段,就只有行政证据。一旦有人提起行政诉讼,行政程序中的行政证据在诉讼阶段就完全转化为行政诉讼证据。因此,这两个不同阶段的证据种类必须是相同的。[①] 由于科学技术的进步,证据的种类也不断增加,故在以上七种之外,又增加了电子数据。

---

① 高树德,郑永强.行政证据制度研究.中国法学会行政法学会2002年年会论文.

五、海上治安管理处罚证据与行政诉讼证据的关系[①]

(一)海上治安管理处罚证据与行政诉讼证据的同一性

由于行政诉讼的对象是行政机关作出的具体行政行为的合法性,因而行政诉讼中所运用的证据大多来自于行政执法领域。同一个证据,既是海上治安管理处罚证据,又是行政诉讼证据;既为中国海警执法所用,又为法院审理案件所用。这就是海上治安管理处罚证据与行政诉讼证据的同一性问题。

产生同一性问题的前提是:中国海警用于行政执法的证据,与被诉的具体行政行为有关,并且进入了诉讼程序。中国海警在行政执法过程中,凡处理海上治安处罚事务,都应当依法收集、运用证据,这种活动是十分普遍的,但是这些证据却不一定都会进入诉讼程序。

首先,要受到受案范围的限制,有大量的海上治安管理处罚证据会因为受案范围的限制,不能进入诉讼程序。例如,在中国海警最终裁决的案件中,为处理某一行政相对人的违法行为,中国海警必然要采纳、认定并运用证据,以作为认定行政相对人的违法事实并给予相应处罚的依据。因为受案范围的排除性规定,这类海上治安管理处罚证据是不可能进入诉讼程序的,法院对这些证据不可能审查和运用,也就不会发生同一性问题。

其次,虽然是海上治安管理处罚证据,但是与被诉的具体行政行为无关,即使该具体行政行为被诉至法院,因与具体行政行为无关,法院未对其作为诉讼证据使用,这些治安管理处罚证据也就不会发生同一性问题。例如,某中国海警认定公民甲、乙分别有寻衅滋事行为,并对他们进行了相应的治安管理处罚,甲不服起诉,而乙则没有起诉,那么中国海警用以证明乙有寻衅滋事行为的治安处罚证据,就不会进入诉讼程序,即使公民甲提供给法院,法院也不会将其作为诉讼证据使用,因此不会产生同一性问题。

最后,在治安管理处罚程序中未使用,而法院却将其收集并作为诉讼证据加以运用的证据,也不会发生同一性问题。例如,被告未向法院提供对自己不利的证据,法院在诉讼中却收集到了这一证据,并以此来认定被诉具体行政行为是错误的,应当予以撤销。这一证据显然不是治安管理处罚证据而是行政诉讼证据。这时也不会发生同一性问题。

对治安管理处罚证据与行政诉讼证据同一性问题的关注和研究,其意义在于,有利于正确理解我国行政权与审判权的关系,正确理解行政程序与行政诉讼程序的关系,从而有利于中国海警和法院在各自的权限范围内更好地运用证据。

海上治安管理处罚证据与行政诉讼证据的同一性,具体体现在以下几个

[①] 参见蔡虹著《行政诉讼证据问题研究》,武汉水利电力大学出版社1998年版,第8-14页。

方面：

(1) 海上治安处罚证据与行政诉讼证据都是具有法律意义的证据，因此都应当具备证据的基本属性，即客观性、关联性、合法性。海上治安管理处罚证据是中国海警作出治安处罚决定的依据，是中国海警适用法律、法规的依据。具体行政行为是行政主体在国家行政管理领域，基于其行政职权和行政职责所实施的，能够对行政相对人的权利、义务产生影响的行为，是行使国家行政权的具体体现。为保证其正确地行使行政权，中国海警所运用的证据必须具备客观性、关联性，在这一点上与行政诉讼证据完全相同。如果中国海警所运用的治安管理处罚证据不具有客观性、关联性，就难以保证中国海警作出正确的具体行政行为。至于治安管理处罚证据的合法性，则可能在具备法定形式的具体方面有所不同，而在治安管理处罚证据应依法定程序提供、收集的要求上则与行政诉讼证据相同。"法定程序"在治安管理处罚证据中运用是指行政法律、法规所规定的行政执法程序；对于诉讼证据则是指行政诉讼法所规定的程序，这两种程序都是国家法律所规定的，治安管理处罚证据的合法性，意味着对这两种程序的遵守。

(2) 海上治安管理处罚证据与行政诉讼证据在证据种类上具有同一性。《行政诉讼法》第三十三条规定了八种证据：(一) 书证；(二) 物证；(三) 视听资料；(四) 电子数据；(五) 证人证言；(六) 当事人的陈述；(七) 鉴定意见；(八) 勘验笔录、现场笔录。以上证据经法庭审查属实，才能作为认定案件事实的根据。而海上治安管理处罚证据一般也是指这几种证据，也就是说，在证据种类上基本相同。由此可见，海上治安管理处罚证据与行政诉讼证据的种类具有同一性。

(3) 海上治安管理处罚证据与行政诉讼证据在对证据的收集、调查和运用方面具有同一性。在行政执法过程中，中国海警依照行政法律、法规的规定，为作出正确的具体行政行为应积极、主动客观地收集证据，其收集和适用证据的方法与法院收集运用证据的方法基本一致。中国海警应当在掌握了证据的基础上作出相应的治安管理处罚，如果被处罚者不服，提起行政诉讼，法院应根据行政诉讼法的规定，对被诉的治安管理处罚进行审查，审查的重点内容就是被告作出行政处罚的事实依据是否充分，证据是否确凿，具体来讲，也是对上述证据进行审查判断。由于行政案件的具体内容和行政诉讼的特点，决定了中国海警和法院所收集、提供、审查及运用的证据必然会产生同一性问题。中国海警在治安管理处罚中所运用的证据，是其作出行政处罚的依据，而进入诉讼程序之后，其中一部分又成为法院审查具体行政行为合法性的依据。证据同一性问题的发生带有必然性。

在行政诉讼中，证据同一性问题的发生，从根本上讲是因为在行政诉讼程序之前已经有了行政执法程序，并且行政执法程序与行政诉讼程序具有承接关系。行政诉讼的审查对象是被诉的具体行政行为，而被诉的具体行政行为是在行政执法程序中发生的。在执法程序中，中国海警要运用证据，认定行政相对人违法，并在此基础上作出治安处罚或其他处理。发生行政诉讼之后,这些证据又会被法院运用来证明具体行政行为的合法性。法院不可能完全无视作出具体行政行为的行政执法程序的存在而全面地收集调查证据,否则就会造成行政诉讼程序的效率低下,造成以司法权代替行政权,侵犯行政权,这有违于行政立法宗旨,因而应予避免。

(二) 海上治安管理处罚证据与行政诉讼证据的区别

具有同一性的海上治安管理处罚证据和行政诉讼证据,尽管在其基本属性、证据种类上表现出一般性,而且同一证据可能既是治安处罚证据,又是行政诉讼证据,有着十分密切的联系。但是,它们毕竟是两种类型的证据,有必要从理论上加以区别,以避免在实践中对这两种证据作不恰当的运用。

海上治安管理处罚证据与行政诉讼证据的区别具体表现在以下三个方面:

1. 运用证据的职权性质及主体不同

海上治安管理处罚证据是由中国海警收集和运用的,这一职权属于行政权的一部分,只有作为行政主体的中国海警才能行使这一权利。而行政诉讼证据的收集、运用是由法院来进行的,它是法院司法审判权的一部分,对于行政诉讼证据收集和运用的权力,只能由作为诉讼活动的指挥者、裁判者的法院来行使。

在行政诉讼中,法院收集、调查的证据都属于行政诉讼证据,而不是治安处罚证据。这些证据大体上可分为两类:一类是与治安处罚证据没有关系的行政诉讼证据。比如,法院向原告和证人收集调查的证据。这些证据是在进入诉讼程序之后由法院收集调查的;另一类则是与治安管理处罚证据有承接关系的行政诉讼证据。这些证据是法院向中国海警收集调查以及中国海警依举证责任向法院提供的。这些证据基本上来自于行政执法程序,是中国海警在行政执法活动中收集并作为具体行政行为依据的证据,这些证据经法院审查判断,并运用于查明治安案件的真实情况和依法作出裁判,这类证据既是治安处罚证据,同时也是行政诉讼证据,是具有同一性的证据。在行政诉讼中,被告是无权收集、调查行政诉讼证据的,一经进入行政诉讼程序,被告只能依法向法院提供自己在行政执法中收集调查的证据,而不应再收集调查证据,因为行政执法活动已经结束,并且已经进入诉讼程序。允许被告收集调查证据,与诉讼程序的性质不符,而且是违反行政程序的,当然不能允许。

2. 运用证据的阶段不同

海上治安管理处罚证据的调查、收集只能发生在行政执法程序即治安管理处罚中,只能发生行政诉讼之前,这是依法行政原则和"先取证,后裁决"的程序规则决定的。中国海警对治安管理处罚证据的收集运用应当是在具体行为作出之前。在具体行政行为作出以后,中国海警对行政证据如果还需收集调查的话,说明其具体行政行为在程序上是违法的,是在没有证据或证据不足的情况下作出的。可见,中国海警收集治安管理处罚证据的阶段是有严格限制的。行政诉讼证据是在诉讼程序发生以后,法院为审理行政案件收集和运用的,一般是发生在从法院立案到第一审庭审结束前的这一阶段。在行政诉讼程序以前法院无权也没有可能去收集调查证据,不论是治安管理处罚证据,还是行政诉讼证据。这一区别反映出行政权与司法权的不同性质,也反映出两者相互之间的关系。

3. 运用证据的目的不同

中国海警运用治安管理处罚证据的目的,是证明行政相对人有违反法律、法规的行为,从而为中国海警对行政相对人作出具体行政行为提供依据。而法院运用行政诉讼证据的目的,则是为了查明被诉的具体行政行为是否合法的有关事实,从而为法院审查具体行政行为的合法性提供依据。另外,行政诉讼证据除了要证明被诉的具体行政行为的合法性外,还要证明有关行政诉讼程序的问题,比如,有关原告是否在法定起诉期内起诉、审判人员是否应当回避、被告的主体资格问题等等。这一区别是由行政权、司法权的法定职权范围所决定的,中国海警和法院都不应超出自己的职权范围运用证据。

研究和掌握治安管理处罚证据与行政诉讼证据的区别,对于中国海警执法实践与行政诉讼实践都具有重要的指导意义。由于这两类证据的收集和运用在其职权性质及主体、阶段和目的等方面均有不同,因而在实践中是不应当混淆的。治安处罚证据只能由中国海警收集、运用。如行政相对人违反行政法律、法规的证据,应当由中国海警收集并在这个基础上对行政相对人实施治安处罚或其他行政行为,而法院一般不能收集行政相对人违法的证据。按照审判权与行政权的分工,追究行政相对人的违法行为是行政机关的职责,不是法院的职责,所以这类治安处罚证据只能由中国海警收集、运用,若由法院收集和运用就会超越审判权的范围而干扰行政执法,侵犯行政权。同样,行政诉讼证据只能由法院收集、运用,以查明被诉具体行政行为的合法性,从而对行政案件作出正确处理。例如,某公民确实实施了违反治安处罚法的行为,但中国海警在未收集到必要证据的情况下就对其进行了治安处罚,该公民以具体行政行为证据不足为由提起行政诉讼,在行政诉讼中,法院为查清案件获得了证明该行政相对人确有违法行为的证人证言,该证人证言就是行政诉讼证据,而不是治安处罚证据,中国海警不得运用它来证明其具体行政行为是合法的。本案并不因为有了这一证人证言就说明被诉具体行政行为是合法的,中国海警在没有掌握证据的情况下就作出行政处罚,这本身就是违法的,违反了"先取证,后裁决"的基本程序规则,法院应当依照《行政诉讼法》第五十四条的规定,判决撤销被告的具体行政行为,并令其重新作出具体行政行为。如果法院依该证人证言认定行政相对人违法而判决维持中国海警的具体行政行为,这就混淆了治安处罚证据与行政诉讼证据,其后果就是维持中国海警的具体行政行为。这等于以司法裁判的形式认可了中国海警"先裁决,后取证"

的错误做法，从而与行政法的基本原则相违背。

第二节　海上治安管理处罚证据保全

一、证据保全的概念和情形

对于有些证据来说，收集起来有一定的条件限制，如有的证据对于时间要求严格，如果不及时加以提取和固定，就可能因物理或者化学变化甚至人为原因遭到毁损；还有的证据如果不及时提取，将来再提取时就会遇到困难，如证人即将出国，如果不在其出国前及时获取证据，将来再获取时将会增加难度，使获取该证据的成本过高而使收集证据成为得不偿失的行为。因此，一旦意识到可能存在这些情形时，就需要通过一定的救济手段避免证据的灭失或者保障收集和运用证据的便利。证据保全就是为了这一目的而设置的一项证据制度。但是我们目前许多办案人员重发现证据，忽视固定和保全证据，结果造成辛辛苦苦发现的证据，由于没有做好固定和保全工作，使可能有效的证据变为无效的证据。

海上治安处罚证据保全，就是中国海警根据依法行政和行政诉讼负举证责任之要求，对于需要保留或可能灭失或者以后难以取得的证据，中国海警主动依职权采取一定的措施先行加以固定和保护的行为。

海上证据保全的措施主要有：一是扣押、扣留；二查封；三是抽样取证；四是先行登记保存。

适用证据保全措施，必须具备以下条件：

（1）对与海上治安案件、违反出境入境管理的案件有关的需要作为证据的物品；道路交通安全法律、法规规定适用扣留的车辆、机动车驾驶证；其他法律、法规规定适用扣押或者扣留的物品，经海警支队以上负责人批准，可以依法扣押或者扣留。对与案件无关的物品；公民个人及其所扶养家属的生活必需品；被侵害人或者善意第三人合法占有的财产，不得扣押或者扣留。但应当予以登记的，应当写明登记财物的名称、规格、数量、特征，并由占有人签名或者捺指印。必要时，可以进行拍照。但是，与案件有关必须鉴定的，可以依法扣押，结束后应当立即解除。

（2）办理案件时，对专门用于从事无证经营活动的场所、设施、物品，经海警支队以上负责人批准，可以依法查封。但对与违法行为无关的场所、设施，公民个人及其扶养家属的生活必需品不得查封。场所、设施、物品已被其他国家机关依法查封的，不得重复查封。

（3）收集证据时，经海警大队以上办案部门负责人批准，可以采取抽样取证的方法。抽样取证应当采取随机的方式，抽取样品的数量以能够认定本品的品质特征为限。抽样取证时,应当对抽样取证的现场、被抽样物品及被抽取的样品进行拍照或者对抽样过程进行录像。对抽取的样品应当及时进行检验。经检验,能够作为证据使用的,应当依法扣押、先行登记保存或者登记;不属于证据的,应当及时返还样品。样品有减损的,应当予以补偿。

(4)在证据可能灭失或者以后难以取得的情况下,经海警大队以上办案部门负责人批准,可以先行登记保存。先行登记保存期间,证据持有人及其他人员不得损毁或者转移证据。对先行登记保存的证据,应当在七日内作出处理决定。逾期不作出处理决定的,视为自动解除。

在实践中,除中国海警进行证据保全外,如果有必要对证据采取保全措施的,也可以向公证机关提出申请,由公证机关以公证的形式保全证据。

二、各种证据的固定[①]

固定证据是指把证据用一定的形式确定下来,并提取和保存,供分析、认定和证明案件事实时使用。

证据的形式是各种各样的,如何固定证据和保全证据,必须根据不同的对象,采用不同的方法。

(一)物证的固定

按照法定程序做好物证的固定和保全工作,目的是为了确保物证的客观性、真实性,使物证在定案或诉讼过程中能够发挥它的证明作用。

固定物证,主要是采取技术手段提取物证和作好收集物证的笔录。可以通过勘验、制作勘验笔录,并绘图、拍照或录像来固定物证,也可以提取原物。必要时,可以采取保全措施。例如,封存扣留物品,要开列单据;收集到的合同、发票等书证应注明出处并由提供人签章。笔录中应载明发现和提取物证的时间,发现时物证所处的地点,物证是如何被发现的以及物证的主要特征等项内容。这是使物证起证明作用所必需的步骤。笔录中还要着重写明物证的主要特征,以便于对其进行研究和运用。有的物证,由于时间过久或其他原因,常有灭失、腐败或难以提取的可能,应当相应地采用各种科学的技术手段或者合理的方法,以确保物证不会在提取过程中发生变形或损毁。

各种物证,只要在可能的情况下,均应力求提取原物。对于那些由于其本身的性质无法长期保存的物证,则要采取照相、复制模型等方法加以固定,对原物则应按照有关规定妥善处理。案件中的各种物证,能附卷的应当随卷保存。对于那些虽然可以长期保存,但却不宜附卷保存的物证,比如体积、重量较大的物品,易

[①] 孙百昌.工商行政管理行政处罚及证据操作.郑州:河南人民出版社,2003:274-277.

燃、易爆物品等,除了办案机关对原物采取妥善方法封存保管外,还应当对原物进行拍照并加以说明。

保全物证可以依法采取先行登记保存措施。

(二) 书证的固定

固定和保全书证的方法,应视具体情况而定。可以抄录、印制、拍成照片,或者及时询问当事人对该书证进行调查并制作调查证据笔录。复印书证时,办案人员应当会同在场见证人和被复制书证持有人在一式两份的清单上签名或盖章,一份交给持有人,另一份附卷备查。

对于黄色书刊光碟等,也应对其封面、书名、标题进行必要的拍照,并开列清单,存入案卷;其书刊光碟等则应予以封存,不得外传扩散。

(三) 证人证言的固定

证人证言的固定主要是使用笔录。获取证人证言、消费者投诉、举报等主要是采取询问的方法。询问应当制作笔录。证人如果认为记录有遗漏或有差错,可以请求补充或更正。补充或更正的地方,必须加盖证人的印章或按手印,以证明其真实性。如果没有加盖证人印章或按手印,这种补充或更正是无效的。证人对证言笔录核对无误后,应当签名盖章,询问的人员也应当在笔录上签名。签名盖章的证言笔录,不得私自修改或誊写,如果需要修改或誊写,还应当经证人核对。有条件的可以同时进行录音录像。

(四) 鉴定的固定

鉴定固定时需要注意三个问题:一是鉴定机构的资格。依照我国现行管理体制,通常的鉴定机构都有政府有关管理机关发放的证书,以及可以鉴定的范围。二是主要鉴定机构的等级。三是提醒鉴定机构写全有关项目。依照我国有关司法解释,即《最高人民法院关于行政诉讼证据若干问题的规定》的要求,鉴定应当载明委托人和委托鉴定的事项、向鉴定部门提交的相关材料、鉴定的依据和使用的科学技术手段、鉴定部门和鉴定人鉴定资格的说明,并应有鉴定人的签名和鉴定部门的盖章。通过分析获得的鉴定结论,应当说明分析过程。

三、证据保全的主要方法

证据种类不同,保全的方法也往往有所不同,如对于人证,通常采取录音、录像等方法;对于书证,通常采取复制、拍照的方法。收集与保全证据的主要方法包括:

(一) 证据保全的具体措施

包括查封、扣押、拍照、录音、录像、复制、鉴定、勘验、制作笔录。以下进行逐一说明。

查封、扣押是指中国海警依法封存、提取和扣留与案件事实有关联的物证或者文书的行为。查封所针对的一般是无法移动或者不易移动的物品,对这些物品中国海警可予以就地查封,在证据上贴上封条,禁止他人转移或者处理。扣押一般是指中国海警对可以移动的物品采取的暂时扣留的方法,对于容易移动的证据可以将之转移到别的场所加以扣留,不准其持有人或者保管人占有、使用和处分。

拍照是指使用一定的设备将一定的影像固定到底片和冲洗完成的照片上。拍照的设备是照相机,其工作的过程就是通过光化学作用将景物影像记录下来的过程。作为一种证据保全方法,拍照主要适用于对物证和书证的保全。

录音是指用一定的设备将事件发生的过程中所产生的音响记录下来。录音资料作为证据,既可以产生在案件发生过程中,也可以产生于处理过程中。录音可用于对视听资料、证人证言、当事人陈述等证据类型的保全。

录像是指用一定的设备将一定的活动影像记录下来。和录音资料一样,录像资料既可以产生于案件事实发生过程中,又可以产生于处理过程中。作为证据保全的一种方法,录像主要适用于对视听资料、证人证言、物证、当事人陈述等证据形式的保全。

复制是指通过一定的方法或者使用一定的设备,按照原物的各种特征制作仿制品的行为。复制的方法包括摹写、复印、翻拍、转录等等。如为防止音响资料被伪造或者破坏,或者使用中磨损,往往采取转录复制的方法进行保存。复制既是收集证据的重要方法,同时也是保全证据的常用方法。作为证据保全措施,复制的方法可以广泛地应用于对书证、物证、视听资料等证据的保全。

鉴定是指鉴定人运用自己的专门知识和技能以及必要的技术手段,对案件中发生争议的专门性问题进行检测、分析和鉴别的活动。作为保全措施的鉴定方法适用的范围也比较广泛,可用于对书证、物证、视听资料进行保全。

勘验是指中国海警依照法定程序对有关的场所、物品进行现场勘测的专门活动。它是发现、提取、收集和保全物证的一种重要的方法。勘验人应当将勘验情况和勘验结果制作成笔录,并由勘验人、当事人和被邀请人签名或者盖章。

制作询问笔录是指中国海警对于所要保全的证据以询问笔录的形式固定下来的保全方法。它适用于以言词、活动和状态为内容的证据材料,比如证人证言,对物证的勘验过程、处理过程的询问、摘录文件材料、询查笔录,等等。

这九种措施都是实践证明行之有效的方法,并得到了"司法解释"的肯定。需要说明的是,该"司法解释"对证据保全的具体方法进行列举并不意味着是对证据保全措施的限制,也就是说,行之有效的证据保全措施并不仅限于上述九种,事实上,在今后的实践中完全可以进行积极的探索和创新,以创造出新的证据保全方法。

总之,收集证据的方法很多,但必须指出的是,在收集证据过程中,不论采取什么方法,都应该客观、真实地反映证据的情况,最大限度地固定和保全证据的证明力。

(二)证据保全的见证

进行证据保全时,可以要求当事人到场,以便当事人对证据保全行为进行监督,以维护自己的合法权益。当然,当事人不到场的,并不影响采取证据保全措施,但要有其他见证人在场,并在笔录上签字。

另外,经过公证确认的法律事实具有不同于一般证据的特殊证明力。根据我国《公证暂行条例》第4条第(11)项的规定,保全证据也是国家公证机关的一项业务。在实际工作中,公证机关保全证据的公证业务,需要中国海警的申请。中国海警为了治安管理处罚或者以后进行行政诉讼的需要,可以向公证处提出申请,请求公证处通过公证的方式,预先把某项证据确定下来,以备以后发生诉讼时向法院提供。法院对于经公证保全的证据,除有相反证据足以将其推翻外,它的证明力高于没有经过公证的证据的证明力。

(三)扣押、勘验应遵守的程序和要求

1. 扣押必须遵守下列法律程序和要求:

(1)扣押物证、书证、视听资料必须由法律授权的人进行,扣押如果不是在与勘验、搜查等活动同时进行时,进行扣押的人员应当出示有效证件,表明身份。

(2)扣押的范围仅限于查明与案件有关的具有证据意义的各种物证、书证、视听资料,对于与案件无关的物品、文件不得扣押。

(3)对于扣押的物证、书证、视听资料,应当会同在场见证人查点清楚、当场开列清单,写明物品或者文件的名称、编号、规格、数量、重量、特征等,由有关人员签名或者盖章,持有人拒绝签名的,扣押人应当在扣押清单上注明。

(4)需要扣押邮件、电报时,应经过中国海警或者检察机关批准通知邮电部门检查扣押。

(5)中国海警必要时可以依照规定查询、冻结犯罪嫌疑人的存款、汇款。但不得予以划拨,也不能重复冻结。

(6)对于扣押的物品、文件必须妥善保管或者封存,不得使用、毁损或者丢弃。

2. 勘验的条件和要求包括:

(1)保护现场。由于现场容易因人为的原因或者自然的原因遭受破坏,及时保护现场是取得良好的勘验效果的基本条件。在治安案件中,有关单位和个人有义务保护现场和协助勘验,以免现场因自然或者人为原因被破坏而造成证据灭失或者情况变化。

(2) 及时到场勘验。发现现场,有关机关应当立即派员到场进行勘验。勘验时,应当持有有关机关的证明文件。

(3) 指派或者聘请具有专门知识的人进行勘验。勘查除由有勘验权的机关派出的人员进行外,必要时还可以指派或者聘请具有专门知识的人在指派或者聘请机关的人员的主持下进行。

(4) 邀请见证人到场。为了保证勘验依法进行,应当邀请与案件没有利害关系的人在场,见证人一般为两人。如在治安案件中,对纠纷、争议有关的场所进行实地查看、检验时,应当邀请当地基层组织或者当事人所在单位派人参加。当事人或者当事人的成年家属应当到场,拒不到场或者中途退场的,不影响勘验的进行。

(5) 勘验情况应制成笔录,专门机关的人员、法医或医师等参加勘验的其他人员和见证人都应当在笔录上签名或盖章。勘验笔录的制作,以文字记载方式为主,以拍照、摄像、测绘、绘图等方式为辅。

第三节 海上治安管理处罚证据的证明标准

一、证明标准含义

有证明力的证据必须达到一定的证明程度,才能符合确定事实的标准,这个程度即证明标准。所谓证明标准是指利用证据对案件事实或争议事实加以证明所要达到的程度。

证明标准一般由法律规定,其具体意义主要由法院或海警在适用时确定。不同的程序适用的证明标准不尽相同。审判程序与非审判程序的证明标准有所不同,刑事、行政和民事审判中的证明标准也各不相同。刑事案件中,法院认定的事实必须达到没有任何合理怀疑的程度,这是个很高的标准,目的在于保障人权。一般民事案件中采取的是证据优势标准,要求当事人为证明自己主张所提供的证据在质量上达到一定的优势程度才能得到支持。行政诉讼案件的证明标准低于刑事案件的证明标准,但高于民事案件的证明标准。关于行政程序中的证明标准,美国《联邦行政程序法》规定:"除非考虑了全部案卷或其中为当事人所引证的部分,并且符合和达到可靠的有证明力的和实质性证据的支持,否则不得科处制裁、发布法规或作出裁定。"有学者认为,美国正式行政裁决程序采取的具有"实质性证据的支持"标准,根据美国法院的解释,就是民事案件中的证据优势标准,进而认为我国可以参考美国的做法,在程序法中规定证据优势标准。[①]

---

① 郑钟炎,程竹松.论我国行政程序法典证据制度的构建.中国法学会行政法学会 2002 年年会论文.

二、海上治安管理处罚证据证明标准

治安管理处罚证据的证明标准指中国海警在治安处罚程序中利用证据证明案件事实和治安处罚事实所要达到的程度。

笔者认为,海上治安管理处罚中的证明标准应以法律真实为标准。这里的"法律真实"是指,在收集的用来证明某一案件事实的证据达到一定的程度时,法律才认可所要证明的案件事实的真实性。法律真实不等于客观真实,它可能符合客观真实,也有可能歪曲客观真实。法律真实标准是对各类治安处罚行为证明标准的总称,本身是一个不确定的标准,因治安处罚行为类型的不同而不同,例如不利处罚行为对利害关系人权益影响越大,法律规定的证明标准就应越严格;而对利害关系人权益影响较小的处罚行为和涉及预测性事实的处罚行为则可以以民事诉讼中的"占优势的盖然性标准"或者"合理性标准"为证明标准。

正因为如此,证明标准的确定应当与案件的性质及案件事实、行为的严重程度成正比。案件性质或行为性质较严重的、涉及当事人较重大权益的,其证明标准就较高;反之,案件性质或行为性质较轻的,仅涉及当事人一般性权益的,其证明标准相对就较低。行政权行使方式的复杂性决定了治安处罚程序中证明标准的多样性。不同形式的处罚行为需要证明的内容和程度均有所不同。

证明标准的确定是行政机关认定案件事实的前提。证明标准确定以后,一旦证据的证明力已达到这一标准,待证事实就算已得到证明,行政机关就应当认定该事实,以该事实的存在作为行政处罚的依据。

三、当场行政处罚应以排除滥用职权作为证明标准[①]

我国当场处罚程序中,行政机关工作人员认为被处罚者实施违法行为的可能性为100%,属"违法事实确凿"。但违法事实确凿并不等于证明标准是证据确凿,并不要求执法人员提供证据证明违法事实的程度达到100%,其标准并不应高于刑事处罚中排除合理怀疑标准。因为规定过高的证明标准会增加行政机关查证的难度,也会影响行政效率,失去当场处罚的意义。

当场处罚程序的证明标准可供选择的还有两种:一是优势证据规则;二是排除滥用职权标准。前者是指行政机关能证明当事人有50%以上可能实施了应受处罚的违法行为就可以作出行政处罚。优势证据规则是很多国家民事诉讼中的证明标准,其存在的基础是存在两位以上当事人,当双方提供的证据不一致时,提供证据证明力强的一方当事人胜诉。而行政处罚中往往只存在一方当事人,很难判断行政机关收集证据的证明力超过50%,因此,该标准在行政处罚中应用有一

---

① 徐继敏.行政证据通论.北京:法律出版社,2004:183-184.

定困难。排除滥用职权标准是笔者针对当场行政处罚的特点和行政法的基本原则提出的一个标准,即行政机关证明当事人违法事实存在的标准是能够证明自己在对案件事实认定过程中未滥用职权。当场处罚仅是较轻微的行政处罚,对当事人利益影响不大,考虑行政机关收集证据所需要的社会成本,不能对行政机关收集证据提出过高要求。一般情况下,只要行政机关工作人员不滥用职权,由于亲历违法事实过程,对事实的认定不会发生错误。确定排除滥用职权标准,能较好保障行政机关正确认定案件事实。

四、非当场行政处罚应以排除合理怀疑作为证明标准

排除合理怀疑的证明标准一般用于刑事诉讼案件,也就是说,承担证明责任的公诉人要使法官相信其所认定的犯罪事实排除了所有的合理怀疑。美国证据法中排除合理怀疑证明标准源于联邦宪法第五修正案和第十四修正案中的正当法律程序条款。即使陪审团认为刑事被告有犯罪的可能,他们仍然应当假定刑事被告是无罪的。之所以形成这样的规则,是因为在美国法的理念中,因为错误而使一个无辜的人失去自由或者生命,比因为错误而姑息一个罪犯要严重得多。

很显然,排除合理怀疑的证明标准比优势的证明标准更加严格。但是如何给排除合理怀疑下一个准确的定义是非常困难的。我们可以认为一个假定存在的事实存在的可能性超过50%,法官即可以采用优势证明标准作出判断。但这个事实存在的可能性要达到多少,才能算是清楚而具有说服力或者排除了合理怀疑呢?80%达到了清楚而具有说服力的标准,或者90%至99%达到了排除合理怀疑的标准?美国一些学者曾经以数字的方式对如何定义排除合理怀疑做过调查。调查表明,被调查者的回答差别很大,但认为85%~90%的可能性达到了排除合理怀疑标准的人数最多。世界上没有一个国家的证据法会对这样的问题作出规定。

我国治安管理处罚、行政处罚制度的设计与英美国家有很大的不同,特别是限制人身自由的行政处罚。英美国家正当法律程序原则要求所有限制人身自由的处罚均应当由法院经司法程序作出。而我国治安拘留和劳动教养的行政处罚是由中国海警作出的,并且只有在被处罚人提起行政诉讼的情况下,才接受法院的司法审查。劳动教养对当事人人身自由的限制程度要比某些刑事处罚严重的多,却缺乏一种正当的司法保障和救济机制。不仅如此,我国治安拘留和劳动教养在行政诉讼期间不停止执行。因此,大多数的当事人只能在被执行期间提起诉讼。这与任何人未经正当法律程序(包括司法程序)其人身、财产权利不受侵犯的原则是相冲突的。事实上,治安拘留和劳动教养相当于英美国家的轻罪,属于刑罚的范畴,应当适用刑事诉讼程序。因此,限制人身自由的行政案件适用排除合理怀疑的标准。

在非当场处罚行政程序中,作出行政决定的人一般是行政机关负责人或是听证主持人,而非直接发现违法事实或参与调查的人员。存在发现违法事实人、调查人员和决定作出人的内心确信问题,即确信行政相对人实施了应受处罚的违法行为。发现违法事实人和调查人员直接接触了违法事实或通过调查了解了违法事实,较易形成内心确信,但其需要用证据帮助处罚决定者形成内心确信。在认证过程中,如果行政机关收集的证据确凿充分,各个证据之间没有冲突,认证是不困难的,行政机关可能较容易认定行政相对人实施了应受处罚的行为。但在很多情况下,行政机关收集的证据达到确实充分程度较困难,或证据间存在冲突,此时就需要确定较科学的证明标准来确定案件事实。

行政处罚不同于刑事处罚,行政处罚的行政性质决定了其要符合行政效率原则的要求,且行政处罚的程度远比刑事处罚的程度要轻,因此行政处罚的证明标准应当比刑事诉讼中的证明标准低。非当场行政处罚的证明标准应当坚持排除合理怀疑原则,即最大程度的盖然性。对行政官员未亲自看见或感知的违法事实,可能被行政机关通过证据正确认识,也有可能不被认识,而在行政处罚程序中,即使通过调查能够完全认识案件事实,但从效率和社会公益的损失来看也不值得提倡,因此,非当场行政处罚不能坚持客观标准。坚持客观标准的学者否定"排除合理怀疑原则"的理由是采用该原则可能导致出错,但采用客观真实标准就不会出错了吗?很显然不是,我们在行政处罚中长期坚持客观标准,出错难道还少吗?采用排除合理怀疑的标准在行政处罚程序中也是能够达到的,降低行政处罚的证明标准则无必要。行政处罚法除规定行政机关调查收集证据外,还规定了当事人享有陈述权、申辩权和要求听证权,这些对当事人而言是权利,但当事人行使权利对行政机关也有好处,行政机关可以通过听取当事人的陈述和申辩、举行听证会等获得当事人对案件事实的看法和收集当事人掌握的证据,经过进一步分析和调查查清案件事实,达到排除合理怀疑。[①]

第四节　海上治安管理处罚证据的审查判断

一、审查判断海上治安管理处罚证据的概念和意义

(一)审查判断海上治安管理处罚证据的概念和特征

审查判断海上治安管理处罚证据,是指中国海警对证据材料进行分析、研究和判断,以鉴别其真伪,确定其有无证明能力和证明力以及证明力大小的一种活动。审查判断证据具有以下几个特征:

---

① 徐继敏.行政证据通论.北京:法律出版社,2004:184-185.

(1) 审查判断证据的主体只包括中国海警,不包括案件当事人。

(2) 审查判断证据的本质是一种思维活动。如果说收集证据是认识过程的第一阶段即感性认识阶段的话,那么审查判断证据则是认识过程的第二阶段即理性认识阶段。这一阶段的活动方式,与第一阶段的收集证据相比是不一样的,它是在收集证据的基础上,通过人们的大脑,运用概念、判断和推理的思维形式来进行的。当然,审查判断证据与收集证据虽然是两个不同的认识阶段,但两者往往相互结合、交替进行。

(3) 审查判断证据的目的是确定证据是否具有证明能力和证明力以及证明力大小。公安人员通过对证据进行分析、研究和鉴别,其目的一是为了确定证据是否具有证据能力和证明力,因为证据只有具有证据能力和证明力,才能作为定案的根据;二是为了确定证据与案件事实联系的紧密程度,联系越紧密,其证明力越大,反之,其证明力就越小。

(4) 审查判断证据的任务有两项,一是对单个和多个证据的审查判断,二是对全案证据的审查判断。对单个或多个证据进行审查判断,其目的是为了审查核实某一证据或某几个证据是否具有证据能力和证明力;而对全案证据进行审查判断,其目的则是为了判明所有已查证具有证据能力和证明力的证据能否对案件事实作出认定。

(二) 审查判断海上治安管理处罚证据的意义

审查判断证据是证明活动的关键环节。这是因为,已收集的证据是真是假,能否作为定案的根据,是否需要收集新的证据等,要通过审查判断来确定;而已有的证据是否足以认定案件事实,也要通过审查判断来证实。因此在证明活动中,审查判断证据具有十分重要的意义。具体表现在以下三个方面:

(1) 审查判断证据是检验收集证据成效的唯一方法。只有经过对证据的审查判断,才能确定已收集到的证据是否真实可靠,是否足以认定案件事实。如果对收集到的证据的真实性还有疑问或认为已收集到的证据尚不足以认定案情,则必须继续收集证据,直至没有疑问或遗漏为止。

(2) 审查判断证据是确定证据的证据能力和证明力的根本手段。某材料是否具有证据资格,需要审查判断。对于证据的真伪、证据与案件事实有无联系以及证据证明力的强弱等,必须通过分析、研究和鉴别才能确定。

(3) 审查判断证据是完成证明任务的必经程序。证据必须经过查证属实,才能作为定案的根据。所谓查证属实,其实质就是审查判断。离开了证据的审查判断,对证据的查证属实就是一句空话。而且,案件事实的认定,必须经过收集证据、审查判断证据、提出证据和认证等环节才能完成。离开了证据的审查判断,对案件事实的认定就是不可能的,从而证明任务也就无法完成。

二、审查判断海上治安管理处罚证据的任务

作为定案根据的证据，必须具有证据能力且与待证事实具有关联性，对待证事实具有证明作用。因此，审查判断证据的任务，就是要分析、研究证据是否具有证据能力、关联性和证明力的大小，从而确定所收集的证据能否用作定案的根据以及证明价值的大小。

（一）审查判断证据的合法性

只有具备合法性的证据才能作为认定案件诉讼的根据。所谓证据的合法性，是指证据必须是符合法定形式，按照法律的要求和法定程序而取得的事实材料。不具有合法性的证据，可能根本不被采纳为定案的根据，也可能减弱其证明效力。

就证据的合法性的审查而言，证据的合法性包括证据取得主体合法、证据取得程序合法、证据取得方式合法以及证据取得内容合法。

对证据合法性的审查包含以下三个方面的内容：

（1）证据是否符合法定形式。证据的形式符合法律的规定，即必须可以归类为《行政诉讼法》第三十三条所规定的八种证据形式：书证、物证、证人证言、当事人陈述、视听资料、电子数据、鉴定结论、勘验笔录和现场笔录。任何一种证据都必须具备上述证据形式之一，否则不能作为定案根据。此外，证据还必须符合法律对其形式的特殊要求，即必须履行一定的法律手续或具备一定的条件。例如，证人如果以书面形式提供证言，就必须由证人签名或者盖章；鉴定人必须具有鉴定资格，并要求以个人的名义出具鉴定书；境外调取的证据须经证据来源所在地的外国公证机构公证、外交部门认证和内国驻外使、领馆认证，才能在内国法院作为证据使用等。此外，对证据的形式进行审查还有助于判断证据的真伪，查明证据是否伪造、变造。

（2）证据的取得是否符合法律、法规、司法解释和规章的要求。证据的取得是否符合法律、法规、司法解释和规章的要求包括两方面的内容：一是在证据的形成过程以及证据的提供过程中，是否存在影响其真实性的因素；二是证据的收集方式是否符合法定程序。对上述两个问题的审查判断，直接影响着证据的可采性。其中，对前一问题的审查一般需要考虑：是否基于不良动机和利害关系提供虚假证据，例如证人因与当事人有恩怨关系而提供虚假证言；是否因年龄、心理、认识等主客观原因而提供了不实的陈述，如因生理缺陷而不能正确理解事实。对后一问题的审查一般要考察收集证据的手段是否正确、合法，是否存在以秘密窃取、强行搜查等非法手段获取的证据，固定、保管证据的方法是否科学等。

（3）是否有影响证据效力的其他违法情形。即如果有上述未涉及的事项影响了证据效力，可依本项进行裁量和审查。这里所称的影响证据效力，包括对证据有无的影响和证明力大小的影响。

(二) 审查判断证据的真实性

证据的真实性或可靠性,就是我们通常所说的证据的客观性。证据的真实性是指证据材料所反应的或者所证明的案件的真实情况,即该证据是否可靠。不具有真实性的证据不能作为定案的根据。对于收集到的每个证据材料,只有通过审查判断,才能确定其是否真实可靠即是否符合案件的实际情况。

根据实践经验,审查判断证据的真实性,一般应从以下两个方面进行:

1. 审查判断证据的来源

任何证据都有一定的来源。不论是采取科学方法提取的证据,还是通过调查方法收集的证据,也不论是相对人提出的证据,还是其他人提供的证据,都有其各自的来源。证据的来源不同,其真实可靠程度也会有所差异。因此,审查判断证据首先要查明证据的来源,包括查明证据是如何形成的、由谁提供或收集的、收集的方法是否科学、证据的形成是否受到主客观因素的影响等等。经过查证,只有那些有根有源,来自于客观实际的证据,才有可能成为证明案件事实的根据。一切来历不明的物品、痕迹,道听途说的言词,捕风捉影的议论,或者没有出处的匿名信等,都只能是仅供参考的"线索",不能作为定案的证据使用。对于那些未采用科学方法提取的证据,其真实性亦可能受到很大影响,在使用时要特别慎重。

2. 审查判断证据的内容

对证据内容是否真实的审查判断,是整个审查判断证据工作的关键。

(1) 要注意每个证据本身的不同特点。例如,物证、书证是不会说话的物品、痕迹或文件,一经形成就比较稳定,其本身不容易发生变化,但都可能被伪造、变造或篡改,在审查判断时应特别注意有无这方面的问题,一旦发现可疑迹象,就应进一步查证清楚,以判明其真伪;对于鉴定结论,则应注意审查鉴定人的资格和能力,以及鉴定的材料是否充分,鉴定的方法是否科学等等。

(2) 要注意证据的内容本身是否一致,有无矛盾。证据的内容必须符合客观事物的发展规律。如果证据的内容含糊、模棱两可或者自相矛盾,就不能证明任何案件事实。通过审查,对不真实的证据应不予采纳;对部分真实部分虚假的,只采纳真实部分;对证据的内容互相矛盾的,在分析研究的基础上确定其真伪,对真实的内容予以采纳,对虚假的内容不予采纳。

(3) 要注意证据与证据之间有无矛盾。虽然通过对每个证据内容的分析,可以否定其本身的真实性,但每个证据都不能肯定其本身的真实性,因此应注意分析当事人的陈述、证人与证人的证言之间,以及这些言词证据与物证、书证、鉴定结论、视听资料、勘验检查笔录之间有无矛盾,以便从中发现问题,进一步查证核实每个证据的真实性。

具体内容说明如下：

（1）证据形成的原因。证据的形成原因主要指的是证据的形成过程以及结果。所以，这里讲的证据形成的"原因"是一个过程性的分析。需要注意的是，证据形成的原因与证据的收集方式和手段是不同的。证据形成的原因是证据本身的过程，而证据的收集是对证据的收集行为。证据的形成有主客观条件的影响，主观方面的包括，基于不良动机和利害关系提供假证就是主观上的原因。证人在感知有关案件事实时，因灯光的照射而对感知物体的颜色产生误差，就是由于客观因素的影响。对证据形成原因的分析，实际上是审查证据的基本条件。当然，在具体审查证据个体时，应当针对各种证据的不同特点，采取不同的方式进行审查。例如，书证记载的内容如果非常明确就能直接反映案情，但是书证又特别容易伪造和变造。物证虽然形成后比较稳定，但也容易被伪造。证人证言虽然能够直接反映当时情况，同时又容易受证人的个人经验、表述能力、有无可疑的陈述动机、如何知道案件情况、证据形成的客观环境等的主客观因素的影响。所以，必须根据证据的特点有针对的审查其形成原因。

（2）发现证据时的客观环境。证据发现时，必然处在一定的客观环境中。由于证据与其所处客观环境的紧密联系，所以对客观环境的审查也是认定其真实性的重要内容。发现证据有两个途径：一种是当事人或者其他提供证据的人的提供行为；另外一种则是中国海警依职权或者依申请的调取证据行为。对于前者而言，发现证据时的客观环境更多地受到了当事人或者其他证据提供人的主观的影响。对于后者而言，虽然少了一些主观因素的影响，当时的工作人员对证据的认识也不可避免的带有一定的局限性和模糊性。所以，对于发现证据时的客观环境的审查最重要的方式是主客观统一。在分析判断时，不主观臆断，不一锤定音。要对发现证据时的客观环境进行综合观察，使对其审查能够最大限度地达到客观真实。

（3）证据是否为原件、原物，复制件、复制品与原件、原物是否相符。这是关于书证和物证方面的审核认定。书证与物证按照来源区分，可分为原件、原物与复印件、复制品。原件、原物属于原始证据，直接来源于案件事实，具有较高的真实可靠性。而复印件、复制品在证据的分类上，相对于原始证据，被称为派生证据，其真实可靠性较低。区分原始证据和派生证据对于证据的真实性的审核具有重要意义。英美法系国家的证据最佳规则，一个重要的内容就是，原始文字材料作为最佳证据在效力上优于复制品和通过回忆其内容所作的口头陈述。需要注意的是，在审核证据的可靠性时，不仅应当审核其属于原始证据还是派生证据，而且还应当审查派生证据的派生次数。此外，在证据调查时，应当尽量地去收集原始证据，如果原始证据确已不可能收集，调查人员应当尽量收集最接近原始证据的派生证据，而对派生证据的分析，往往有助于发现和查找原始证据。审查的方法是证据必须有原件和原物，或者与原件、原物相符的复制件和复制品。找不到原件、原物的复制件、复制品不能单独作为认定案件事实的根据。

（4）提供证据的人或者证人与当事人是否具有利害关系。证人是指除当事人以外了解案件情况，并向中国海警作证的人。而证据提供者是指当事人以外，掌握证据的来源或者证据线索，并将其提交给中国海警的人。证人证言虽然是由有思维能力的人提供的，证人感受案件事实要受各种主客观条件的影响，同时也可能在表述上出现误差，或者发生记忆错误，或者受到别人的干扰。所以，证人证言的真实性要考察其主客观因素的影响，其中最重要的是要对其是否有利害关系进行审查。如果证人与当事人有亲属、至交、近邻或恩怨等利害关系，就可能影响其证言的真实性。我国司法解释中有类似规定。如最高人民法院《关于民事经济审判方式改革的若干规定》指出，证人提供的对与其有亲属关系或其他密切关系的一方当事人有利的证言，其证明力低于其他证人证言。证据提供者虽然也置身于案件的当事人之外，但其与案件的当事人有着各种不同的甚至是复杂的社会关系。虽然他们提供证据是基于法律规定的义务，但对其与当事人之间的特殊利害关系的影响、可能掺杂的个人因素、是否有不良动机等等，仍然需要认真审查。这实际上也是包含在证据的合法性中的内容。

（5）影响证据真实性的其他因素。影响证据真实性的因素可能还有许多，但在审查过程中，只要把握了主客观相统一，客观真实与法律真实相统一，具体证据具体分析的认证原则，就能对案件的真实性有正确的把握。

（三）审查判断证据的关联性

证据的关联性，又称证据的相关性，是指证据与案件事实之间的内在联系性。作为证据的事实必须是与案件事实存在着某种联系，即能够证明案件的某一真实情况的事实。如果证据事实与案件事实之间没有这种关联性，就起不到证明作用，也就不能成为证据。

根据实践经验，审查判断证据的关联性，一般应从以下三个方面进行：

1. 分析判断证据与案件事实之间有无客观联系

凡是与案件事实无关的事实或材料，均应从诉讼证据中剔除出去。对于那些与案件事实之间只存在某种表面联系的事实或材料，由于它们本身并不能证明案件的什么问题，因而即使它们是真实的，也不能作为诉讼证据加以使用。

2. 分析判断证据与案件事实之间联系的形式和性质

证据与案件事实之间的联系多种多样，十分复杂。要想准确地弄清证据证明作用的大小，就必须认真地分析它们之间联系的形式和性质。

（1）证据与案件事实之间联系的形式具有多样性，既有因果联系也有非因果联系，既有必然联系也有偶然联系，还有内部与外部、直接与间接的联系。

（2）证据与案件事实之间由于联系程度不同而表现出不同的证明价值。虽然与案件事实具有客观联系的证据都能反映一定的案件事实,但由于联系的程度不同,因而反映的程度就不同,其证明价值也就不同。一般来说,直接联系的证明价值高于间接联系,因果联系的证明价值高于非因果联系,内部联系的证明价值高于外部联系,必然联系的证明价值高于非必然联系。因此,必须查明各种证据与案件事实之间的联系是什么性质的联系,它们能证明案件中的什么问题,以及证明价值的大小等等。只有这样,才能对不同性质的证据加以正确运用,从而充分发挥各种证据的证明作用,保证对案件事实的正确认定。

3. 分析判断证据与案件事实之间联系的确定性程度

一般地说,证据与案件事实之间联系的确定性程度是由证据的确定性程度决定的。而判断证据的确定性程度主要依据以下两个因素:

(1) 证据的种类属性。通常来说,某一种证据的确定性程度可能高于另一种证据的确定性程度。以人身同一认定为例,指纹鉴定结论与辨认结果都可以作为认定人身同一与否的证据,但指纹鉴定由于采用精密的仪器和科学的方法,因而其确定性程度较高,而辨认结果由于受人的主观因素的影响较大,因而相对于鉴定结论,其确定性程度较低。

(2) 每个证据的具体情况。如前例,如果某个指纹不太清晰而且纹线数量较少,那么其鉴定结果的确定性程度就较低;反之,如果辨认主体对辨认对象非常熟悉,那么其辨认结果的确定性程度就较高。一般地说,证据的确定性程度与其证明价值成正比,即证据的确定性程度高,其证明价值就大;证据的确定性程度低,其证明价值就小。因此,确定性程度高的证据往往可以单独作为认定某一案件事实的证据,而确定性程度低的证据必须与其他证据结合在一起,才能作为认定某一案件事实的证据。

三、审查判断证据的方式[①]

(一) 职业道德

海警执法人员的职业道德是指"德"的要求。"德"包括的内容很多,例如忠于党和人民,忠于法律,等等。但是另外一个很重要的"德"的内容往往被人们忽视,这就是"良知",通俗地讲就是主持与伸张正义,要讲天地良心。海警执法人员是否有"良知",例如正义感、廉洁、个人好恶的道德程度等,对案件的裁判影响非常大。因为在执法中,除了外在制度的保证外,人们不得不依赖执法者的良知。

法治在一定意义上等同于执法者的权威,而具有权威的公安执法者一定是富于良知的执法者。执法者的良知是"理"得以生长的肥沃土壤,同时,因为海警执法人员的裁判直接影响着当事人的经营权和财产权,所以,海警执法人员必须以

[①] 孙百昌.工商行政管理行政处罚及证据操作.郑州:河南人民出版社,2003:288.

良知指导他依照正义运用权威,否则,缺乏良知的权威将异化为恶意的化身和私利的工具。公安执法者的良知维系着社会正义的实现。

(二)法律推理

法律推理是对海警执法人员法律思维能力提出的要求,即"理性"要求。也就是说,执法人员应当是一个理性的人,他熟知法律,通晓法律思维逻辑的一般规律,具有丰富的日常生活经验。

法律推理对于事实认定和法律适用具有重大的作用。法律推理是法律适用的基本活动,执法人员在查明事实以后,按照逻辑推理过程,把事实归属于某个法律规则之下,然后作出裁判结论。正确运用法律推理,可以提高办理治安处罚案件的效率,减少错案率。但是,应当注意到,法律推理可以保证分析过程的正确,但不能保证结论的正确。

法律推理分为形式推理和辩证推理。形式推理包括:

(1) 演绎推理。即运用三段论的推理方法,大前提—小前提—结论。这是从一般到特殊的推理。演绎推理的标准形式是:所有 A 是 B,C 是 A,所以 C 是 B。例如:

第一段(大前提):所有"超范围经营(A)都是非法的(B)";

第二段(小前提):某某公司超范围经营(C);

第三段(结论):所以某某公司超范围经营是非法的(B)。

在三段式推理中,应当特别注意大前提的正确性。如果大前提设定是错误的,将直接导致结论的错误。

(2) 归纳推理。即海警执法人员不能轻易地找到适用事实的法律规则,而用归纳推理的方法从一系列早期的案例中找出该法律规则,然后加以适用。这是从特殊到一般的推理。

(3) 类比推理。即海警执法人员不能轻易地找到适用事实的法律规则,而用类比推理的方法和过去的案例进行对比推出该法律规则,然后加以适用。这是从一种特殊到另一种特殊的推理。

应该说形式推理一般适用于简单的案件。在复杂的案件中,海警执法人员就不能用形式推理的方法。例如,出现了法律未曾规定的新情况;一个案件的处理可以适用两个以上互相抵触的法律而必须作出选择;尽管存在规则或先例,但存在合理和合法的矛盾,也就是法律效果和社会效果的矛盾。

海警执法人员的辩证推理主要有几种形式:根据立法原意,对法律的精神进行解释;提出新处罚案例,推翻前处罚案例;根据公平、正义等伦理意识和法律意识来作出判断;根据习惯、法理来作出判断;根据国家的政策或法律的一般原则来作出决定等。

在复杂案件处理中,在可能出现法律效果和社会效果相矛盾的时候,往往是修正法律规则的适用来服从社会效果,运用辩证推理的方法,更能实现法律效果和社会效果"两个效果的统一"。

(三) 日常生活经验

日常生活经验反映了事物的内在联系规律,是不证自明的。海警执法人员运用自身的日常生活经验和相关信息资料的知识,对有关事务的因果关系进行归纳,得出对案件事实判断起作用的理性认识,这种认识过程法学界称之为"经验法则"。经验法则应当是被社会普遍接受和公认的。经验法则往往对海警执法人员认定事实、理解证据的关联性、如何适用法律等起着重要的作用。

根据《行政诉讼证据若干问题的规定》第68条规定精神,下列事实执法人员可以直接认定(除非行政相对人有相反证据足以推翻):

(1) 众所周知的事实;
(2) 自然规律及定理;
(3) 按照法律规定推定的事实;
(4) 已经依法证明的事实;
(5) 根据日常生活经验法则推定的事实。

(四) 自由判断(心证)

在办案过程中,除了动态的调查取证外,中国海警执法人员必然有强烈的静态心理活动。这种心理活动的相当一部分,是海警执法人员在遵守法律规定的前提下,依据良知和理性"感知"对与错、"斟酌"量罚,这就是"心证",也可以认为是自由判断。"心证"与"由此及彼、由表及里、去粗取精、去伪存真"的分析判断是不同的,"心证"似乎更偏重"直觉",如何看待这种心理活动呢?

西方自由心证制度是指证据的取舍和证明力的大小,以及案件事实的认定,均由执法者根据自己的良心、理性自由判断,形成确信的一种证据制度。现代自由判断(心证)在批判传统自由判断的基础上,把自由判断和形式证据制度结合起来,形成了现代自由判断的模式。其主要特点是公开性。也就是执法人员的心证条件、心证过程和心证结果等应当在一定的要求下公开。

心证条件包括执法人员资格条件和制度条件。例如,许多省公安行政系统的执法人员必须通过全省统一组织的行政执法资格考试,获得行政执法证后方能执法。制度条件包括行政执法的法律依据必须公开,办案程序必须公开和合法。心证过程公开,是通过允许违法嫌疑人行使陈述权、申辩权、听证权、复议权,鼓励舆论监督等,使执法人员的办案过程、处理当事人的证据方法、程序、实体法的适用等透明化。

我国对自由心证制度的承认,不但对执法者判断案件给出了一个框架,在赋予执法者自主权的同时,它又明确要"公开判断的理由和结果",并通过设置举证责任分配、新证据的界定等规则,约束执法者自由裁量权的范围。这样,就缩小了由于执法者知识、经验、水平和职业道德等方面的差异所造成的任意性,也势必促使执法者将更多的时间和精力投入到提高职业素养上来。

四、海上治安管理处罚证据审查判断的总规则

中国海警作出具体行政行为的过程,也是一个查明事实、适用法律的过程,在此过程中,公安人员要审查判断证据。在其他国家和地区的立法中,行政(治安处罚)证据的审查判断规则主要有:自由心证原则、可定案证据标准、行政案卷排除规则、直接言词原则、说明理由规则等。我国治安处罚法法对证据的审查判断,宜采用心证限制规则和案卷排他性规则[1]及经验法则。

(一)心证限制规则

"心证限制规则",即以自由心证为基础,同时附加必要的限制性规则。相对于诉讼中法官的自由心证而言,"心证限制规则"属于不完全的、受到一定限制的自由心证,其合理性在于:行政权(治安处罚权)不同于司法权,其运作具有职权性、积极主动性,在取证程序中,中国海警可自由地依职权调查取证,裁决中裁量余地也比较大,如果采用自由心证,行政权(治安处罚权)的运作将不受任何拘束,因而需要对其心证施加必要的限制。心证限制规则应当包括以下两个方面:

(1)以心证为基础。对证据的审查判断过程,本身就是一个主观对客观的反映认识过程,审查判断是以人的知识、理念、经历、信仰甚至包括感情等因素为基础的,对客观现实的思维分析。尽管我们希望将行政权(治安处罚权)更加有效地控制在适度的范围内,但完全抛弃心证,拿出一套完全客观的标准是不可能的,也是不科学的。因为对证据审查判断这种主观的思维和心理反应是不可能以完全客观的标准加以衡量,只能以主观的心理表征为基础,辅之以某些客观的外在标准加以制约。

(2)说明理由规则。中国海警在审查判断证据经心证作出治安处罚行为时,必须说明其所考虑的重要事实和法律理由,对当事人提出的重要证据材料和抗辩理由,需要说明采纳或不予采纳的根据。

(二)案卷排他性规则

案卷排他性规则,即治安处罚行为只能以案卷记录为根据,而不能在案卷以外以当事人未知悉的证据作为行为根据。为了保护被管理者的知情权和防卫权,中国海警作出的影响被管理者权利义务的决定所根据的证据,原则上必须是该决定作出前行政案卷中已经记载的并经过当事人口头或书面质辩的事实材料,这就

---

[1] 高树德,郑永强.行政证据制度研究.中国法学会行政法学会2002年年会论文.

是行政案卷排除规则,是正当行政程序的基本要求。在美国,"案卷排他性原则是正式听证的核心,如果行政机关的裁决不以案卷为根据,则听证程序只是一种欺骗行为,毫无实际意义"。有人据此认为案卷排他性规则只适用于正式听证程序,因而不适合我国的国情。笔者认为,美国已将案卷排他性规则扩展到非正式听证程序,其最高法院在1971年的公民保护奥弗顿公园诉沃尔普案件的判决中,要求法院对非正式程序裁决的审查,必须以行政机关作决定时的行政记录作为基础。在笔者看来,只要将案卷排他性规则的内涵稍加修改,结合我国现行法律规定,完全可以确立案卷排他性规则。在我国现行法律制度框架下,行政程序中已有的"先取证,后裁决"规则、听证制度、告知程序、当事人的陈述权和申辩权等为治安处罚案卷排他性规则打下了基础,只要法律规定中国海警必须将上述内容记录在案,并以适当方式告知当事人行为作出的证据和依据,就可以形成我国的案卷排他性规则。

(三) 经验法则

经验法则是源自人们在长期生产、生活以及科学实验中通过对客观外界普遍现象与通常规律的一种理性认识。经验法则在治安处罚程序中可以发挥重要作用:决定证据的关联性;决定证据的可采性;发挥证据间的推理作用;发挥对证据价值的评价作用。中国海警收集到证据材料后,应当依据法律的规定,运用逻辑推理和经验法则,对证据材料能否用以认定案件事实或证明力大小独立进行判断,综合所有可用之证据材料,然后认定案件事实。[①]

(四) 非法证据排除规则

非法证据排除规则是指除非法律另有规定,非法证据不得作为中国海警作出治安处罚决定的根据。这里的"非法"既包括程序违法,又包括实体违法,例如中国海警未经办理有关手续收集的证据;超越法定职权收集到的证据,违反"先取证、后裁决"的程序规则所收集到的证据,当事人伪造的证据,采取非法手段调查收集的证据和不符合法定形式的证据等等。可以采纳非法证据的例外情况取决于行政程序法对行政主体正当程序要求的严格程度:违法行为的严重程度、对被管理者权益影响的大小、采纳非法证据的成本和效益等因素。一般认为:(1) 非法证据是书证和物证,(2) 通过合法手段最终也能获得的证据,且具有真实性和相关性时,可以由法律明确规定由行政主体采纳作为可定案证据。

(五) 不得强迫被处罚者自证其违法

这一个规则是指被处罚者只对自己有利的案件事实负举证责任,除非被处罚

---

① 徐继敏.试论行政处罚证据制度.中国法学,2003(2).

者及其家属自愿,否则不得要求被处罚者及其家属提供不利于被处罚者案件事实的证据。例如《葡萄牙行政程序法》规定,行政主体不得要求利害关系人及其近亲属提供涉及个人秘密、商业秘密、证明利害关系人违法以及其他可能对利害关系人造成精神或物质上损害等不利于利害关系人的证据。这一规则的适用可防止行政主体为减轻自己的举证责任,而凭借其命令权变相施加强制力于被管理者及其家属,从而造成当事人举证责任分配上的失衡。

(六) 禁止可定案证据全部为传闻证据

传闻证据是一个充满争议的概念,在英美证据法体系中广为使用。摩菲认为,传闻证据是证人提供的、以他人先前所作陈述为内容的用于证明该陈述所表明之事实的证据。① 例如证人所提供的证据,不是亲见、亲闻、亲自经历、亲自获知,而是转述他人所见、所闻、所知,这种证据就是传闻证据,因为这种证据是第二手材料,当事人不能和原来陈述的作者对质,因此在英美证据法上一般禁止接受这种传闻证据。

在治安处罚证据方面,有两个问题涉及传闻证据的界定:一是证人在治安处罚程序开始以前所作的陈述。二是证明陈述者本人信念的陈述。②

日本学者认为传闻证据指的是"以直接感知或直接体验待证事实的人的陈述为基本内容,由其他人或者采用非直接表达的方式加以叙述的供述证据"。③ 因此,在传闻证据的概念中至少应当包括两方面的内容:一是供述性证据的陈述人陈述非本人亲身经历或亲感知的事实;二是证据的存在方式不能为对方提供反询问机会。在证据理论中,陈述与感知在主体上不相一致的现象称为"狭义传闻",不能提供反询问机会的陈述则称为"实质传闻",传闻的实质性内容则被称为"原陈述"。从本质上说,对于非本人亲身经历或亲自体验的事实,陈述人无法提供确切的真实性依据;无论是形式还是内容,传闻都体现出难以适应虚假排除的一般证据原则。但是,从直接体验者获得的信息,甚至是道听途说的传闻,并非不真实的同义反复。间接获得的,甚至是道听途说的内容也可能与事实真相相互一致,仅仅以传闻为依据而彻底否定传闻证据的真实性与可靠性,并非绝对的理由。因此,实质传闻,即传闻证据不能提供对原体验者反询问的机会,就成了传闻证据排除法则的核心内容,当代证据理论对传闻的定义大都以这一特征为基础。从这层意义上说,某种事实的亲身经历者或亲身体验者采用书面形式提供的证词,他人按照亲身经历者或亲身体验者的陈述记录成文的书面证词,以及听取亲身经历

---

① 参见高家伟著《行政诉讼证据的理论与实践》,工商出版社 1998 年版,第 24 页。
② 参见高家伟著《行政诉讼证据的理论与实践》,工商出版社 1998 年版,第 29 页。
③ [日]熊毅弘,等.证据法大系(第 3 卷).日本评论社,1984:49.

者或亲身体验者陈述后在法庭上的口头陈述,都属于传闻证据。①

由于传闻证据受到当事人主观因素的巨大影响,经常不能正确反映客观事实,在某些情况下还可能歪曲事实,因此即使公安人员是此方面的专家,不是国外陪审团那样的外行,也不可以一刀切地将言词证据中未经质辩的用来证明该陈述本身所表明的事件的真实性的传闻证据作为可定案证据。但是作为治安处罚决定根据的证据不得全部为传闻证据,还必须有其他证据佐证,否则,利害关系人一旦提出与公安人员收集到的传闻证据相左的传闻证据,中国海警所作治安处罚决定就可能因此被有权机关撤销。②

总之,中国海警可以采纳传闻证据,作为治安管理处罚决定的定案根据。但治安处罚决定的定案根据不得全部为传闻证据。

五、各种证据的审查判断的具体规则

(一)物证的审查判断

根据物证的特点,对物证的审查判断应着重从以下几个方面进行:

(1)审查判断物证是否伪造和有无发生变形、变色或变质的情况。

(2)审查判断物证与案件事实有无客观联系。物证是不会说话的证据,它不能"讲清"自己与案件有何联系。但物证随着具体行政行为的发生或实施而产生,必然与案件事实有着客观的联系,否则不能作为物证。

(3)审查判断物证的来源,查明物证是原物还是同类物或复制品。公安人员对自己收集或当事人提供的物证,必须追根溯源,查明它的原始出处,防止将同类物或类似的痕迹误作证据。经审查,如果物证不是原物的,要努力取得原物。

关于审查判断物证的方法,既可以采用将物证交由当事人、证人进行辨认的方法,也可以采用鉴定、勘验的方法。但最重要的还是把物证和全案其他证据联系起来进行对照分析,从中发现矛盾,并进一步认真查证,以消除矛盾,鉴别真伪。

(二)书证的审查判断

根据书证的特点,对书证的审查判断应主要从以下五个方面进行:

(1)审查判断书证的制作情况。书证是由特定人基于一定目的制作的,因此对书证的审查,首先应查明制作人是否制作了该文件,如果查明"制作人"并没有制作该文件则表明该文件是被人伪造的,这一文件就不具有证明作用;其次,应对书证的制作过程进行审查,查明制作人是在什么情况下制作的,是否在暴力、威胁、欺骗等情况下作成。如查明书证是在暴力、威胁或欺骗的情况下作成的,则该

---

① 陈浩然.证据学原理.上海:华东理工大学出版社,2002:278-279.
② 杨解君,肖泽晟.行政法学.北京:法律出版社,2000:223-224.

书证不具有真实性,不能作为定案证据使用。

(2)审查判断书证的获得情况。书证的获取一般有公安人员收集和当事人等提供两种方式。因此,应查清是由谁收集或提供的,或者是在什么情况下获取的,对书证采取了何种固定或保管措施。例如,应审查收集书证的人员有无搜查、勘验、扣押书证的权力,他们在搜查、勘验、扣押书证时是否履行了合法的手续。

(3)审查判断书证的内容与形式。书证的内容和形式对书证的有效性有重要影响。因此,应注意审查书证的内容是否是制作人的真实意思表示,是否具体明确、前后一致。书证的形式是否符合法律规定,如需签名盖章的文书是否有当事人的签名盖章;不在我国领域内居住的外国人、无国籍人寄给中国公民的授权委托书,是否经所在国公证机关证明并经我国驻该国使、领馆认证,外国发往中国的证明某人婚姻状况的证明书是否经过公证及认证等。对于意思表示不真实、内容含糊不清、前后矛盾和不具备法定形式的书证,不得用作定案的证据。

(4)审查判断书证与案件事实有无联系。与案件事实没有联系的书证,不能作为证据使用。某些书证表面上看来与案件事实有联系,但实际上没有联系,对此要仔细辨别。

(5)审查判断书证本身所属的类型。一般情况下,书证的原件比抄件、复印件更为可靠,公文书比私文书更为真实。

关于审查判断书证的方法,既可以采用辨认的方法,也可以采取鉴定等方法。同时也要注意把书证同案内其他证据和案件情况联系起来进行比较分析,看其是否一致,能否相互印证,以辨别其真伪。

(三)证人证言的审查判断

由于受各种主客观条件的影响,证人提供的证言有可能不真实或不完全真实,甚至有可能是伪证,因此对证人证言也应进行审查判断。根据证人的特点,对证人证言的审查判断应着重注意以下五个方面:

(1)审查证人的资格和品质。对证人证言的审查判断,首先应审查证人是否知道案件情况,这是判明作证者是否具备证人资格的前提条件;其次应查清作证者是否具有辨别是非和正确表达的能力;再次应查清作证者是否同时又是案件的当事人。经审查,如果作证者不知道案件情况,不具备辨别是非和正确表达的能力,或者同时又是案件的当事人的,则该作证者便不具备证人的资格,不能作为证人。同时,还应注意审查证人的个人品质,证人的品质好,其如实作证的可能性就大,证人的品质不好,其证言就容易出现不真实甚至虚假的情况。

(2)审查判断证人与当事人之间的联系。一般地说,如果证人与案件当事人存在着亲属、朋友、恩怨、恋爱、同学等关系,他就有可能从维护亲情、友情、报恩或发泄怨恨等思想出发,故意提供不真实或不完全真实的证言,夸大或缩小自己所知道的案件情况。如果对此不加以注意,就容易作出错误判断。当然,这也只能作为审查证人证言的参考因素,而不能据此认定其真假。

(3) 审查证人证言的来源及证人作证是否受到外界的不良影响。一般地说,原始证言比传来证言要真实可靠。因此,要注意查清证人陈述的情况是他亲自耳闻目睹得知还是过后听别人讲述而得知的。对于后一种情况,则应进一步审查证人是听谁讲述的,是在什么情况下听人讲述的,有无失实的可能,并应尽量找到讲述人调查核实。如果证言来源于证人的主观想象、猜测或者道听途说,则不能作为案件的证据使用。同时,还应当查清证人是否受到相关人员的刑讯、威胁、引诱或欺骗,是否受到当事人或其他人的收买、胁迫或指使等非法行为的影响。如果存在这种情况,证言就极可能有虚假的成分或伪造的情况,对此必须仔细查实,以判明证言的真伪。

(4) 审查证人证言形成的具体情况。一个诚实的证人所提供的证言也可能不符合事实。这是因为,证人证言能否确切地反映案件的真实情况,除了前面所讲的因素外,还要受到证人证言形成过程中的一系列主客观条件和因素的影响。主要包括:①证人感知能力和感知环境等的影响,如证人的感觉器官是否正常,感知案件情况时客观环境条件的好坏(如天气、光线、距离、方位、声音强弱等),感知案件情况的心理状态(如恐惧、不安、冷静、注意力是否集中等),证人的知识和经验等等。②证人记忆能力的影响。证人的记忆能力因人而异,它与证人的年龄、健康状况、文化程度以及知识经验都有一定关系,特别是和时间长短有密切关系:从感知案件情况到提供证言相距的时间越短,证人的记忆越清楚,时间越长,证人越容易忘记或发生记忆模糊。③证人表达能力的影响。证人的表达能力亦因人而异,有的表达能力强,能抓住要点,讲得很清楚,有的人表达能力差,知道案件情况却讲不出来或表达不准确,使人不容易理解甚至无法理解。总之,影响证人证言客观性、准确性的因素很多,审查时须认真分析,以作出正确的判断。

(5) 审查判断年幼证人的证言时,应特别注意年幼证人的特点。年幼证人由于年龄小,智力发育程度低,因而往往富于幻想,凡事都比较好奇,容易受成年人影响,且表达能力比较差,因此在审查其证言时,应注意有无夸大事实,用成年人语气说话等情况。例如,幼年证人所讲的话如果是一口大人腔调,就可能是受成年人指使而提供的虚假证言。

关于审查判断证人证言的方法,可以采用实验、检查、质证的方法,但最重要的是把证人证言与其他证据和案件情况联系起来进行对比分析,看其有无矛盾,是否合情合理,能否自圆其说,以判断其真假。

(四) 当事人陈述的审查判断

当事人与案件有着直接的利害关系,其陈述不可避免地带有某种片面性或倾向性,当事人往往只讲对自己有利的情况,不讲或有意掩饰对自己不利的客观事实,因此在审查判断时必须特别慎重和细心。根据实践和法律规定,对当事人陈述的审查判断着重应从以下几个方面进行：

(1) 审查判断当事人陈述是否受外界的压力和不良影响。

(2) 审查判断当事人陈述的内容是否符合案件情况。对当事人陈述的审查判断，要特别注意核对、查实其与案件真实情况是否相符，即是否符合本案法律关系发生、发展、变化和消灭的客观情况，是否合情合理，其来龙去脉是否清楚，有无可疑之处。

(3) 审查判断各涉案人员陈述的内容是否一致。一般地说，经过审查，如果确认一方陈述的某个事实与另一方陈述一致又无相反证据推翻的，即可认定其陈述真实可靠。

公安人员审查判断当事人的陈述，应当结合本案的其他证据，审查确定能否作为认定事实的根据。具体地说，公安人员应当结合本案的其他证据进行综合分析、审查，研究它们所反映的情况是否一致，有无矛盾。发现矛盾时，应进一步收集证据或通过查证的方法加以解决，以便确定其可否采信。除此之外，还可以采用实验法、检查法、对质法对当事人陈述进行审查判断。

(五) 视听资料的审查判断

视听资料对高科技的依赖性，决定了它容易被伪造或篡改，而且在被伪造、篡改后往往难以发现。因此，对视听资料这一高科技证据，必须进行认真的审查判断。

(1) 审查判断视听资料的制作是否科学合法。对于公民制作的视听资料，应注意公民在录制前是否征得了对方的同意，有无采用威胁或利诱的手段进行录音、录像的情况。同时，还要注意查明录制的设备是否正常，方法是否科学，有无违反操作程序的情况。

(2) 审查判断视听资料有无伪造或篡改。视听资料既可以通过技术手段获得，也可以通过技术手段改变原貌，以致失实。国外大多数国家未将视听资料单独作为一种证据，其原因之一就是视听资料特别易于伪造。[1] 因此，在审查判断中要特别注意有无通过剪接、洗擦录音录像磁带或光盘，或利用技术进行仿音、叠音、移像或篡改计算机储存程序等手段，伪造、篡改视听资料的情况。

(3) 审查判断视听资料的内容有无矛盾，与案件事实有无联系。由于视听资料以其记载或反映的声音、图像或者信息来证明案件事实，因此应注意审查该声音、图像或信息所表达的内容前后是否一致，有无破绽之处，或其内容与案件事实有无客观联系。如果其内容前后矛盾或者有破绽，则应进一步调查核实；如果其内容与案件事实毫无联系，则不能作为定案的根据。

---

[1] 宋世杰.诉讼证据法学.长沙：中南工业大学出版社，1998：100.

关于审查判断视听资料的方法，主要是应注意进行鉴定。如通过图像分辨仪勘测，可知录像带中的图像是否为剪接、拼凑而成；通过音素分析仪鉴别，可知所录制的声音是否为模仿、伪造。同时，也可以将视听资料播发或输出，让当事人辨认。此外，还可与案内其他证据进行对照分析，看其是否吻合，能否相互印证。

（六）鉴定结论的审查判断

由于鉴定的专门性问题多种多样，鉴定人的水平参差不齐，鉴定过程又不可避免地受到各种主客观条件的影响，因而鉴定结论可能发生错误。因此，对鉴定结论，需要进行认真细致的审查判断，根据实践经验，对鉴定结论的审查判断，一般应从以下五个方面进行：

（1）审查鉴定人是否具有鉴定资格，与案件当事人有无利害关系。任何人必须经过有权机关的指派或聘请，否则便不具有鉴定人资格，不能进行鉴定活动。而作为鉴定人必须具有解决案件中某一专门性问题所需要的专业知识，否则便不可能作出正确的结论。例如，不具有文检知识和技术的教师，只凭眼力去判断当事人的笔迹与书证上的笔迹是否同一，由此得出的结论显然是不可靠的。同时，鉴定人还应当与案件的当事人没有亲属或其他利害关系，这是其作出客观、公正结论的必要保证。否则，按照法律的规定，该鉴定人应当回避。应回避而未回避的，其所作出的鉴定结论不具有证据能力，不能作为定案的根据。

（2）审查鉴定人进行鉴定所依据的材料是否充分可靠。鉴定人对案件中的某一专门性问题进行鉴定。只有依据充分可靠的材料，才有可能得出科学的结论。否则，即使鉴定人的专业水平再高，其鉴定结论也会发生错误。因此，必须查明鉴定活动所依据的材料是否充分可靠。

（3）审查鉴定的方法是否科学，使用的设备及其他条件是否完善。科学的鉴定方法、精良的仪器设备、优良的工作条件，是做好鉴定工作的重要保证。如果方法不科学、设备不精良、工作条件差，鉴定结论的正确性就值得怀疑。因此，在审查鉴定结论时，必须对鉴定的方法、设备和其他条件进行仔细分析，以判明鉴定结论的准确性。

（4）审查鉴定人进行鉴定时是否受到外界的影响，工作是否认真负责。鉴定人进行鉴定时是否受到他人的威胁、利诱或社会舆论的影响，其工作是否认真，责任心是否强，对鉴定结论的可靠性和准确性也有极大的影响。对此，也必须认真审查。

（5）审查鉴定结论是否符合逻辑和法律规定。鉴定人凭借专门知识、运用科学方法作出的鉴定结论，必须符合逻辑规律的要求，做到推理正确，结论确切唯一，论据与结论之间没有矛盾，同时还必须符合法律规定，如鉴定人必须在鉴定结论上签名盖章。否则，鉴定人所作的鉴定结论便不具有证据能力，不能用以定案。

关于审查判断鉴定结论的方法，主要是把它同案内的其他证据联系起来进行比较分析。在对比分析中，如果发现鉴定结论存在问题或可能存在问题的，则应进行补充鉴定或重新鉴定，以进一步查明其科学性和正确性。

（七）勘验、检查笔录审查判断

对勘验、检查笔录的审查判断，一般应从以下三个方面进行：

（1）勘验、检查及其笔录的制作是否依法进行。法定的勘验、检查程序及笔录制作要求是我国司法机关长期进行此项工作的经验总结，有助于保证勘验、检查笔录的证据效力，因此，审查勘验、检查笔录时，就应当注意这方面的问题。比如，实施勘验、检查的人员有无勘验、检查的权力，是否有见证人在场和在笔录上签章。如果查明勘验、检查未能遵守法定程序的要求，或者认为勘验、检查笔录记载的内容有疑问，经向勘验、检查人员了解仍不能得到澄清时，就可以要求复验、复查。

（2）勘验、检查及制作的笔录是否全面、准确。勘验、检查是一项非常严肃、艰苦的工作，时间性强，常常需要采用先进的科技手段和设施。因此，勘验、检查人员必须有对工作高度负责的精神和完成此项工作的业务、技术水平，才能制成符合要求的勘验、检查笔录。如果草率从事，不严格认真地勘验、检查有关现场，或者书写笔录时把应当记载的痕迹、物品的情况不予记录，就会失掉许多有价值的东西。只有对这方面的情况认真审查，才能弄清是否存在问题，对勘验、检查记录作出正确的判断。

（3）笔录中记载的现场情况是否被伪造或受到破坏，有关情况是否伪装。治安纠纷的当事人也有可能伪造现场或物证。因此，在审查勘验、检查笔录时，应注意识别其中记载的现场、物证等情况有无伪装假造的问题。

对勘验、检查笔录的审查判断，不能孤立地进行，而应联系本案的其他证据综合判断，对比分析。如审核记录中记载的内容与从现场提取的实物情况是否相符，与证人证言、当事人陈述是否存在矛盾等。

六、审查判断证据的步骤和方法

（一）审查判断证据的基本步骤

审查判断证据是一种认识活动，应当以辩证唯物主义的认识论为指导，坚持实事求是，一切从实际出发，具体情况具体分析，不得先入为主，力戒主观片面，应当由浅入深，从个别到整体，循序渐进地进行。虽然不同案件审查判断证据的过程各有特点，但一般地说都应包括以下三个基本步骤：

1. 单个证据的审查判断

鉴别证据的真伪，审查证据是否具有证据能力，确定证据证明力的有无及大小，首先应从单个证据本身的审查判断着手，即审查判断每一个证据的来源、内容及其与案件事实的联系等情况,看其是否真实可靠,是否具有证据能力,是否具有证明价值。对于那些明显虚假、毫无证明价值或者因其他原因依法不具有证据能力的证据材料,经进行单个证据的审查判断即可筛除。单个证据的审查判断,也就是对单个证据的真实性、关联性和合法性的审查判断。

2. 多个证据的审查判断

对于某些证据材料是否具有证据能力,是否具有证明力以及证明力的大小,有时从单个证据本身无法作出正确的审查判断,这时往往要对案件中证明同一事实的两个或两个以上的证据材料进行比较和对照,看其内容和所反映的情况是否一致以及能否合理地共同证明该案件事实。一般地说,经比对分析,如果该两个或两个以上证据材料互相矛盾,则可能其中之一有问题或都有问题。当然,对于相互一致的证据材料也不能盲目相信,因为串供、伪证、收买、刑讯逼供等也可能造成虚假的一致。而对于互相矛盾或有差异的证据材料也不应一概否定,还应认真分析矛盾或差异形成的原因和性质,因为不同的证据材料之间有所差异也是难免的。因此,对多个证据进行比对审查,不仅要找出他们之间的相同点和差异点,而且更要分析这些相同点和差异点,看其是否合理,是否符合客观实际。

对多个证据进行比对审查一般有两种方式:一是纵向比对审查,即对同一个人就同一案件事实提供的多次陈述做前后对比,看其陈述的内容是否前后一致,有无矛盾。二是横向比对审查,即对证明同一案件事实的不同证据做并列对比,看其内容是否协调一致,有无矛盾。

3. 全案证据的审查判断

全案证据的审查判断,是对案件中所有证据材料进行综合的分析、研究与鉴别,看其内容和反映的情况是否协调一致,能否相互印证,能否证明案件的全部事实。

对全案证据进行审查判断时,既要注意鉴别实物证据的真伪,也要注意分析言词证据的真假;既要注意符合自己原先设想或者推断的证据,也要注意与原先设想或者推断不相符合的证据,切忌片面性和倾向性。如果审查判断所依据的证据材料不全面,就难以得出正确的结论。

对全案证据进行审查判断,最基本的方法就是将案件中的各个证据进行比较,看其能否相互印证。有比较才有鉴别,只有将各个证据加以对照比较,才能辨别其真伪,从中发现矛盾。要善于从细微之处发现不同证据之间的矛盾之处,然后认真分析这些矛盾的性质和形成的原因,以便对案件中的证据材料作出整体性评价。如有必要,还应通过进一步收集证据去排除矛盾,确定其真伪。

对全案证据进行审查判断,不仅要注意审查证据的可靠性,而且要注意判断证据的证明价值。换言之,就是不仅要注意审查证据是否属实,而且要注意判断证据是否充分。从某种意义上讲,单个证据和多个证据的审查判断,其任务主要是查明证据是否确实,而全案证据的审查判断,其任务主要是查明证据是否充分。这就要求司法人员、当事人等不仅要对各种证据进行对照比较,而且要将证据与案件事实联系起来加以考察。要注意判明证据与案件事实之间是否具有客观联系以及具有何种联系,从而确定证据在证明案件事实方面所能起到的作用。要审查证据与案件事实之间有无矛盾,从而进一步增强证据的可靠性。

(二)审查判断证据的常用方法

1. 鉴别法

鉴别法,又称甄别法,是指根据客观事物发生、发展、变化的一般规律和常识去辨别证据真伪的方法。鉴别法主要用于对单个证据的审查判断。而对单个证据的审查判断,主要是看每个证据是否符合事物规律,是否合情合理,来源是否真实可靠。

鉴别法是审查判断证据最常用的方法,也往往是最先使用的方法。它可以对证据进行初次净化和筛选,为进一步的审查判断打下基础。

2. 比对法

比对法,又称比较法或对比法,是指对证明同一案件事实的证据进行比较或对照以判断其是否具有证据能力和证明力的方法。比对法主要用于对两个或两个以上证据的分析判断。一般来说,经过比较,证据所反映的内容基本一致,没有矛盾,就说明证据是真实可靠的;反之,则说明其中一个或几个证据还存在问题或矛盾,应当予以排除或者进一步采取措施查证核实。

在采用比对法判断证据时,应注意各个证据之间必须具有"可比性",即各个证据所证明的对象必须是同一事实。如果用来进行比对的证据之间不具有这种"可比性",则不能进行比对,否则只会得出错误的结论。

3. 印证法

印证法,是指将若干个证据所分别证明的同一案件的若干事实联系起来进行考察,以判明它们之间是否互相呼应、协调一致的方法。按照唯物辩证法原理,事物总是互相联系的。印证法主要用于查验当事人陈述或证人证言的内容。某一案件发生后,不仅证据与一定的案件事实之间存在着必然的联系,而且证据与证据之间也存在着一定的联系,甚至某些证据的形成是互为条件的。这就使得我们在审查判断某一证据时,可以把该证据与案件事实以及案件的其他证据联系起来进行考察,看它们之间能否相互印证、协调一致。如果能够相互印证,就说明它们是真实的,反之,就说明其中有的证据是虚假的或有问题的,不能作为定案的根据。

应当指出,印证法和比对法不同,它不要求证明对象的同一,而只要求证据与证明的案件事实之间存在客观联系,因而在实践中被普遍使用,特别是在查明间接证据的真伪时,更要注意采用印证法来进行审查判断。

4. 验证法

验证法，又称实验法，是指通过重演或再现等方式来查验某一证据的内容是否属实的方法。

5. 鉴定法

鉴定法，是指对于案件中的某些专门性问题，由具有专门知识的人进行鉴别判断并作出结论性意见的方法。对于某些物证、书证或视听资料，仅凭公安人员或当事人的感官是无法判明其真伪的，必须由具有专门知识或技术的人借助科学技术手段进行鉴别判断并作出结论性意见后，才能作为认定案件事实的根据。因此，鉴定就成为审查某些物证、书证或视听资料的必要手段。在实践中，比较常见的有法医鉴定、会计鉴定、化学毒物鉴定、文件笔迹鉴定、商品质量与性能鉴定等。当然，对于鉴定结论，还需要和其他证据联系起来进行对比分析，经查证属实后才能作为定案的根据，绝不能单凭鉴定结论定案。

6. 辨认法

辨认法，是指在公安人员的主持下，由当事人、证人对与案件有关的物证、书证进行辨别和确认的方法，通过辨认，可以对与案件有关的物证、书证的真伪予以确认，从而判明有关证据的真实性，正确认定案件事实。实践证明，它是审查判断证据的一种有效方法。

7. 对质法

对质法，是公安人员组织就某一案件事实提出相反陈述的两个或多个当事人或证人进行互相质询和盘诘以判明其陈述真伪的方法。使用对质法的前提条件是双方对同一案件事实的陈述之间出现尖锐矛盾而公安人员难以确认其真假。对质应在个别讯问或询问的基础上进行，具体是先由参加对质的双方分别就案件事实作出陈述，然后再组织每一对质者就对方所作的矛盾陈述提出质问，并要求对方作出回答，通过对质双方的质询，往往可以揭露矛盾，消除矛盾，进而判明各言词证据的真伪。特别是在缺少旁证的情况下，或者在只有"一对一"证据的案件之中，对质法更加有助于公安人员查明证据的真实性和可靠性。但应当注意，使用对质法要特别谨慎，只有在涉及案件的重要问题除了进行对质别无他法的情况下，才可以采用对质的方法。

第五节 海上治安管理处罚证据的具体要求①

一、查处扰乱公共秩序案件的证据要求

(一) 扰乱单位秩序案件

案件应收集、固定的证据包括：

1. 物证、书证，主要包括单位财物受到破坏、秩序受到干扰以致不能正常进行工作的物证与书证材料；
2. 视听资料、电子数据，包括案发现场单位提供的视听材料以及计算机记录的相关数据资料；
3. 证人证言，包括证人亲笔书写的书面证词，或者由本人签名、捺印的打印文本；
4. 受害人的陈述；
5. 违法嫌疑人的陈述和申辩；
6. 鉴定、检测结论；
7. 勘验、检查笔录。

(二) 扰乱公共交通工具秩序案件

案件应收集、固定的证据包括：

1. 物证、书证；
2. 视听资料、电子数据；
3. 证人证言，包括证人亲笔书写的书面证词，或者由本人签名、捺印的打印文本；
4. 受害人的陈述；
5. 违法嫌疑人的陈述和申辩；
6. 勘验、检查笔录。

(三) 扰乱大型群众性活动秩序案件

应收集、固定的证据包括：

1. 在大型活动现场提取的违法嫌疑人干扰破坏的物证、书证；
2. 大型活动全程录制的视听资料、电子数据；
3. 证人证言，包括证人亲笔书写的书面证词，或者由本人签名、捺印的打印文本；

---

① 这里的治安管理处罚案件，并非全部，只就部分进行举要。

4. 大型活动举办方或者现场主要工作人员的陈述；

5. 违法嫌疑人的陈述和申辩；

6. 勘验、检查笔录。

（四）投放虚假的危险物质扰乱公共秩序案件

应收集、固定的证据包括：

1. 虚假危险物品的原物及其残留物；

2. 对公共场所现场混乱情况所录入的视听资料、电子数据；

3. 证人证言，包括证人亲笔书写的书面证词，或者由本人签名、捺印的打印文本；

4. 受害人的陈述；

5. 违法嫌疑人的陈述和申辩；

6. 鉴定、检测结论；

7. 勘验、检查笔录。

（五）寻衅滋事案件

应收集、固定的证据包括：

1. 结伙斗殴所持器械、强拿硬要或者毁损占用他人财物等的物证、书证；

2. 视听资料、电子数据；

3. 证人证言，包括证人亲笔书写的书面证词，或者由本人签名、捺印的打印文本；

4. 受害人的陈述；

5. 违法嫌疑人的陈述和申辩；

6. 受害人受到伤害人的程度的鉴定、检测结论；

7. 勘验、检查笔录。

（六）非法侵入计算机信息系统案件

应收集、固定的证据包括：

1. 物证、书证；

2. 视听资料、电子数据；

3. 证人证言，包括证人亲笔书写的书面证词，或者由本人签名、捺印的打印文本；

4. 受害人单位负责人或者相关管理人员的陈述；

5. 违法嫌疑人的陈述和申辩；

6. 鉴定、检测结论；

7. 勘验、检查笔录。

二、查处妨害公共安全案件的证据要求

(一) 危险物质被盗、被抢或者丢失未按规定报告案件

应收集、固定的证据包括:

1. 危险物质被盗、被抢或者丢失的物证、书证;
2. 视听资料、电子数据;
3. 证人证言,包括证人亲笔书写的书面证词,或者由本人签名、捺印的打印文本;
4. 盗窃、抢劫或者拾到危险物行为人的陈述;
5. 违法嫌疑人的陈述和申辩;
6. 勘验、检查笔录。

(二) 非法携带枪支、弹药、管制器具案件

应收集、固定的证据包括:

1. 具体携带枪支、弹药、管制器具的物证、书证;
2. 视听资料、电子数据;
3. 证人证言,包括证人亲笔书写的书面证词,或者由本人签名、捺印的打印文本;
4. 违法嫌疑人的陈述和申辩;
5. 鉴定、检测结论;
6. 勘验、检查笔录。

(三) 盗窃、损毁油气管道、电力电信等公共设施案件

应收集、固定的证据包括:

1. 被盗、被损毁的公共设施原物及其残留物等物证;
2. 公共设施相关的监视检测等视听资料、电子数据;
3. 证人证言,包括证人亲笔书写的书面证词,或者由本人签名、捺印的打印文本;
4. 公共设施管理人或者保护人等的陈述;
5. 违法嫌疑人的陈述和申辩;
6. 鉴定、检测结论;
7. 勘验、检查笔录。

(四) 违反规定安装、使用电网案件

应收集、固定的证据包括:

1. 安装、使用电网现场存在的物证、书证;

2. 证人证言,包括证人亲笔书写的书面证词,或者由本人签名、捺印的打印文本;

3. 受害人的陈述;

4. 违法嫌疑人的陈述和申辩;

5. 鉴定、检测结论;

6. 勘验、检查笔录。

(五)违反通道施工安全规定案件

案件应收集、固定的证据包括:

1. 物证、书证;

2. 证人证言,包括证人亲笔书写的书面证词,或者由本人签名、捺印的打印文本;

3. 受害人的陈述;

4. 违法嫌疑人的陈述和申辩;

5. 鉴定、检测结论;

6. 勘验、检查笔录。

(六)违反举办大型群众性活动安全规定案件

1. 大型群众性活动举办现场违反安全规定的物证;

2. 视听资料、电子数据;

3. 证人证言,包括证人亲笔书写的书面证词,或者由本人签名、捺印的打印文本;

4. 违法嫌疑人的陈述和申辩;

5. 鉴定、检测结论;

6. 勘验、检查笔录。

三、查处侵犯人身权、财产权利案件的证据要求

(一)组织、胁迫、诈骗未成年人或者残疾人进行恐怖、残忍表演案件

应收集、固定的证据包括:

1. 表演现场的物证、书证;

2. 视听资料、电子数据;

3. 证人证言,包括证人亲笔书写的书面证词,或者由本人签名、捺印的打印文本;

4. 受害人的陈述;

5. 违法嫌疑人的陈述和申辩;

6. 鉴定、检测结论;

7. 勘验、检查笔录。

(二) 强迫他人劳动案件

应收集、固定的证据包括：

1. 强迫他人劳动现场的物证、书证；
2. 视听资料、电子数据；
3. 证人证言，包括证人亲笔书写的书面证词，或者由本人签名、捺印的打印文本；
4. 受害人的陈述；
5. 违法嫌疑人的陈述和申辩；
6. 勘验、检查笔录。

(三) 冒犯性乞讨案件

应收集、固定的证据包括：

1. 强要纠缠等行为的物证、书证；
2. 证人证言，包括证人亲笔书写的书面证词，或者由本人签名、捺印的打印文本；
3. 受害人的陈述；
4. 违法嫌疑人的陈述和申辩；
5. 勘验、检查笔录。

(四) 发送信息干扰他人正常生活案件

应收集、固定的证据包括：

1. 发送信息干扰他人正常生活的物证、书证；
2. 视听资料、电子数据；
3. 证人证言，包括证人亲笔书写的书面证词，或者由本人签名、捺印的打印文本；
4. 受害人的陈述；
5. 违法嫌疑人的陈述和申辩；
6. 发送信息是否为干扰他人正常生活的鉴定、检测结论；
7. 勘验、检查笔录。

(五) 侵犯他人隐私案件

应收集、固定的证据包括：

1. 侵犯他人隐私的物证、书证；
2. 保存固定的视听资料、电子数据；
3. 证人证言，包括证人亲笔书写的书面证词，或者由本人签名、捺印的打印文本；

　　4. 受害人的陈述；

　　5. 违法嫌疑人的陈述和申辩；

　　6. 鉴定、检测结论；

　　7. 勘验、检查笔录。

（六）殴打他人或者故意伤害他人案件

　　应收集、固定的证据包括：

　　1. 现场提取的殴打他人或者故意伤害他人的物证、书证；

　　2. 视听资料、电子数据；

　　3. 证人证言,包括证人亲笔书写的书面证词,或者由本人签名、捺印的打印文本；

　　4. 受害人的陈述；

　　5. 违法嫌疑人的陈述和申辩；

　　6. 人体伤害鉴定；

　　7. 勘验、检查笔录。

（七）猥亵他人案件

　　应收集、固定的证据包括：

　　1. 猥亵现场使用或者残留的物证、书证；

　　2. 视听资料、电子数据；

　　3. 证人证言,包括证人亲笔书写的书面证词,或者由本人签名、捺印的打印文本；

　　4. 受害人的陈述；

　　5. 违法嫌疑人的陈述和申辩；

　　6. 勘验、检查笔录。

（八）强迫交易案件

　　应收集、固定的证据包括：

　　1. 物证、书证；

　　2. 视听资料、电子数据；

　　3. 证人证言,包括证人亲笔书写的书面证词,或者由本人签名、捺印的打印文本；

　　4. 受害人的陈述；

　　5. 违法嫌疑人的陈述和申辩；

　　6. 勘验、检查笔录。

四、查处妨害社会管理案件的证据要求

（一）阻碍执行公务案件

应收集、固定的证据包括：

1．物证、书证；
2．视听资料、电子数据；
3．证人证言，包括证人亲笔书写的书面证词，或者由本人签名、捺印的打印文本；
4．受害人的陈述；
5．违法嫌疑人的陈述和申辩；
6．勘验、检查笔录。

（二）招摇撞骗案件

应收集、固定的证据包括：

1．违法嫌疑人的在进行违法时所使用的虚假证件、财物等物证、书证；
2．视听资料、电子数据；
3．证人证言，包括证人亲笔书写的书面证词，或者由本人签名、捺印的打印文本；
4．受害人的陈述；
5．违法嫌疑人的陈述和申辩；
6．勘验、检查笔录。

（三）伪造、变造、买卖、使用公文、证件、证明文件、印章案件

应收集、固定的证据包括：

1．物证、书证；
2．视听资料、电子数据；
3．证人证言，包括证人亲笔书写的书面证词，或者由本人签名、捺印的打印文本；
4．受害人的陈述；
5．违法嫌疑人的陈述和申辩；
6．鉴定、检测结论；
7．勘验、检查笔录。

（四）违反社会团体登记管理规定案件

应收集、固定的证据包括：

1．物证、书证；

2. 视听资料、电子数据；

3. 证人证言，包括证人亲笔书写的书面证词，或者由本人签名、捺印的打印文本；

4. 受害人的陈述；

5. 违法嫌疑人的陈述和申辩；

6. 勘验、检查笔录。

（五）旅馆业工作人员违反有关规定案件

应收集、固定的证据包括：

1. 旅馆业登记现场的物证、书证；

2. 保存固定的视听资料、电子数据；

3. 证人证言，包括证人亲笔书写的书面证词，或者由本人签名、捺印的打印文本；

4. 违法嫌疑人的陈述和申辩；

5. 勘验、检查笔录。

（六）制造噪声干扰他人正常生活案件

应收集、固定的证据包括：

1. 噪声产生的物证、书证；

2. 检测噪声的视听资料、电子数据；

3. 证人证言，包括证人亲笔书写的书面证词，或者由本人签名、捺印的打印文本；

4. 受害人的陈述；

5. 违法嫌疑人的陈述和申辩；

6. 鉴定、检测结论；

7. 勘验、检查笔录。

（七）伪造、隐匿、毁灭证据案件

应收集、固定的证据包括：

1. 伪造、隐匿、毁灭证据现场的物证、书证；

2. 保存与受到破坏的证据有关的视听资料、电子数据；

3. 证人证言，包括证人亲笔书写的书面证词，或者由本人签名、捺印的打印文本；

4. 受害人的陈述；

5. 违法嫌疑人的陈述和申辩；

6. 勘验、检查笔录。

（八）无证驾驶、偷开航空器或者机动船舶案件

应收集、固定的证据包括：

1. 物证、书证；
2. 储存于机动车船或者航空器之中的视听资料、电子数据；
3. 证人证言，包括证人亲笔书写的书面证词，或者由本人签名、捺印的打印文本；
4. 受害人的陈述；
5. 违法嫌疑人的陈述和申辩；
6. 勘验、检查笔录。

（九）卖淫、嫖娼案件

应收集、固定的证据包括：

1. 物证、书证；
2. 视听资料、电子数据；
3. 证人证言，包括证人亲笔书写的书面证词，或者由本人签名、捺印的打印文本；
4. 受害人的陈述；
5. 违法嫌疑人的陈述和申辩；
6. 鉴定、检测结论；
7. 勘验、检查笔录。

（十）拉客招嫖案件

应收集、固定的证据包括：

1. 在公共场所拉客招嫖的物证、书证；
2. 视听资料、电子数据；
3. 证人证言，包括证人亲笔书写的书面证词，或者由本人签名、捺印的打印文本；
4. 受害人的陈述；
5. 违法嫌疑人的陈述和申辩；
6. 现场检查笔录。

（十一）引诱、容留、介绍卖淫案件

应收集、固定的证据包括：

1. 在卖淫现场提取的物证、书证；
2. 卖淫场所提取的卖淫活动情况的视听资料、电子数据；
3. 证人证言，包括证人亲笔书写的书面证词，或者由本人签名、捺印的打印

文本；

4. 受害人的陈述；

5. 违法嫌疑人的陈述和申辩；

6. 对卖淫人员进行性病检查的鉴定结论；

7. 勘验、检查笔录。

（十二）传播淫秽信息案件

应收集、固定的证据包括：

1. 物证、书证；

2. 视听资料、电子数据；

3. 证人证言，包括证人亲笔书写的书面证词，或者由本人签名、捺印的打印文本；

4. 受害人的陈述；

5. 违法嫌疑人的陈述和申辩；

6. 鉴定、检测结论；

7. 勘验、检查笔录。

（十三）赌博案件

应收集、固定的证据包括：

1. 在赌博场所提取的用于赌博的物证、书证；

2. 视听资料、电子数据；

3. 证人证言，包括证人亲笔书写的书面证词，或者由本人签名、捺印的打印文本；

4. 违法嫌疑人的陈述和申辩；

5. 现场检查笔录。

（十四）非法持有毒品案件

应收集、固定的证据包括：

1. 从违法现场或者持有人身上提取的毒品物证、书证；

2. 视听资料、电子数据；

3. 证人证言，包括证人亲笔书写的书面证词，或者由本人签名、捺印的打印文本；

4. 违法嫌疑人的陈述和申辩；

5. 鉴定、检测结论；

6. 勘验、检查笔录。

第六节　中国海警收集各种类证据的具体规则

中国海警在遵守收集证据的一般要求的基础上,针对具体而不同的证据形式,应遵守相应的收集证据的具体规则,这是治安处罚证据多样性使然。

一、中国海警收集书证遵循的规则

调取书证应当尽量收集、调取原件,原本、正本和副本均属于书证的原件;如果原件篇幅、体积较大或者因保管等原因,取得原件确有困难的,可以对原件进行复印、摘录、照相,执法人员应当注明出处,并由该书证原件持有人核实并签名、盖章或者捺指印;如果原件遗失、损毁不能取得的,可以收集、调取原件的复印件、照片或者摘录本,并附有原件遗失、损毁的情况说明。书证的复制件、录像、照片,经与原件核对无误或者以其他方式确认真实性的,具有与原件同等的证明力;收集、调取书证,应当制作笔录;通过勘验、检查发现的书证,应当在勘验、检查笔录中反映其特征、来源及其扣押情况。具体而言:

（一）原件优先

在一般情况下,应当收集书证的原件。原件包括原本、正本和副本。原本是指文件制作者所签发或制作的最初签字定稿的文本,原本是文书的原始状态,最客观地反映文书所记载的内容,因此收集书证应尽可能收集原本。正本是指照原本全文抄录印制并对外具有与原本同一效力的文件。正本出自原本,其效力也等同于原本,只是在日常生活中使用有所不同:原本一般保留在制作者手中或存档备查,正本则发送给受件人。副本是指照原本全文抄录或印制但效力不同于原本的文件。制作副本的目的,是为了告知有关单位和(或)个人知晓原本文件的内容,即副本一般是发送给主受件人以外的其他须知晓原本内容的有关单位或个人。

（二）在特殊情况下,可以收集书证原件的复制件、影印件或者抄录件

中国海警收集书证原件是一般原则,但在特殊情况下也可以收集书证原件的复制件、影印件或者抄录件。这里所说的复制件是指通过对原件进行拍照、复印、扫描等方式所形成的图文资料。影印件是指通过对原件的影印所形成的图文资料。抄录件是指对书证原件进行抄录所形成的文件资料。收集书证原件的复制件、影印件和抄录件的特殊情况主要包括:

一是书证的原件由有关部门保管,比如由国家机关依法保存和管理的文件原件,由企业保存和管理的企业财务档案,由有关国家机关保存和管理的人事档案等等。这些文件原件必须由有关部门依法保管,不可随意移交给私人或者其他部

门。因此,中国海警在治安案件证据的收集中只能收集这些书证原件的复制件、影印件或者抄录件。不过,这些复制件、影印件或者抄录件应当注明出处,并经书证原件的保管部门核对无异后加盖印章。

二是在书证原件灭失等情况下,中国海警无法收集书证原件,也可收集书证原件相同的复制件。

（三）收集书证的其他要求

中国海警收集的报表、图纸、会计账册、专业技术资料、科技文献等具有专业性的书证时,应当附有说明材料;中国海警在治安管理处罚程序中所形成的询问、陈述、谈话类笔录,应当有有关人员（包括执法人员、被询问人、陈述人、谈话人）的签名或者盖章。其目的在于保证笔录的真实性;法律、法规、司法解释和规章对书证的制作形式另有规定的情况下,中国海警收集的书证还应当符合其规定。

二、中国海警收集物证遵循的规则

在办案过程中,如果发现物证,应当及时收集和调取,而且应尽量收集、调取原物;如果原物不能搬运或者不易保存的,可以对原物先行登记保存、抽样取证并录像、拍照,录像、拍照时,应当准确反映原物的外形和特征;如果原物为易燃、易爆、剧毒、放射性等危险物品的,则应当予以扣押;收集、调取物证、应当制作笔录,通过勘验、检查发现的物证,应当在勘验、检查笔录中反映其特征、来源及其扣押情况;收集、调取的物证不是原物的,应当对不能取得原物的原因、复制过程或者原件、原物存放地点予以说明,并由复制件、录像、照片制作人以及书证、物证持有人签名、盖章或者捺指印。物证的复制件、录像、照片,经与原件、原物核对无误或者以其他方式确认真实性的,具有与原物同等的证明力。

（一）收集原物为原则

中国海警收集物证力求收集原物为原则,主要是考虑到物证的特征和证明力。

(1) 物证的形成具有必然性。案件事件的发生发展必然要与一些物体发生联系,引起物体的存在形式、外部特征、内在属性中某些方面发生变化,这些变化能够从某一方面反映某一事实发生的情况。也就是说,只有案件本身引起的物体变化,才能反映案件的某些情况,而符合这一要求的一般都是原物,其替代物即便也发生同样变化,但不是因案件引起也不能起到证明作用。

(2) 证据一般是以其同案件事实的关联性来发挥证明作用的,这种关联性通过一定的形式产生,证据种类不同形式也有区别。对于物证来说,有一定固定形状的,是通过其外部特征,即该证物的外部形态、规格、大小、结构、商标、图案、出厂日期等特殊的标志来证明,没有一定的固定形状的,是以其所使用的物质材料的特殊属性来证明。也就是说,物证是通过证物本身来发挥证明作用,而不像书证、鉴定结论等证据种类通过其承载的内容来证明。

(3)物证同其他证据种类相比更直观,更容易把握,但是属于俗你的"哑巴证据",容易被相似物、类似物冒名顶替。因此,如果违法嫌疑人提供的不是原物,则证据的证明力可能受到影响,甚至与原物所起到的作用恰好相反。基于以上考虑,中国海警收集物证应当尽量收集原物,以便发挥其应有的证明作用。

(二)可以收集与原物核对无误的复制件或证明该物证的照片、录像等其他证据

中国海警收集物证要求尽量收集物证原物,但是,在实践中,中国海警收集原物有可能受到影响和限制,因此,作为一种变通措施,在中国海警收集物证原物有困难时,应当允许收集物证的复制件或照片、录像等其他证据。复制件是通过对原物进行拍照、复印、扫描等方式后形成的图文资料。复制件是对原物的反映,它的产生与一定的意识指导有关,因此对案件事实的证明程度渗入了一定的人为因素。为了确保证据的客观性和真实性,应当对复制件与原物进行仔细、认真的核对,使复制件能够在最大程度上与原物保持同一性,经核对无误,才能作为证据接纳。

(三)原物为数量较多的种类物的,中国海警可以收集一部分作为物证

收集原物的要求,既包括品质也包括数量。一般来说,收集原物应当是全部,不应有遗漏,因为数量关系本身也有可能反映案件事实,但是,也要视具体情况作不同处理。原物为种类物且数量较多,则其中一部分即可起到应有的证明作用,如果仍要求收集全部,无疑给办案人员增加了不必要的负担。因此,本款规定原物为数量较多的种类物的,仅收集其中的一部分,采用抽样调查等采证手段。

三、中国海警收集视听资料遵循的规则

视听资料,是指以录音、录像设备记录的声音、图像以及其他科技设备与手段提供的信息来证明案件真实情况的证据。它是伴随着科学技术的发展普及而从物证、书证中独立出来的一种证据形式,包括录像带、录音片、传真资料、电影胶卷、微型胶卷、电话录音、雷达扫描资料和电脑贮存数据和资料等。视听资料的作用是通过对该资料的回放能够再现当事人的声音、图像和数据等。在外国,一般不将其作为独立证据类型,而是将其归入书证和物证中,我国鉴于其独立的特点,将其作为独立证据使用。

视听资料具有直观性、直接性、准确性、可靠性等特点,往往能以形象、生动、直观的形式反映治安案件事实。依据视听资料可以直接认定某些治安案件事实,验证其他证据,具有很强的证明力。在治安案件中,安全防范系统、电视监控系统所获得的录音、录像资料等都属于视听资料。

(1) 收集原始载体优先原则。收集原始载体确有困难的,可以收集复制件。视听资料虽然有形象逼真、信息量大的优点,但很容易被人为地进行剪辑甚至是伪造,从而影响了视听资料的证明力和可信性。因而,中国海警办案人员尽可能收集视听资料的原始载体。这里所说的原始载体是指直接来源于案件事实的视听资料。原始载体所承载的内容,即声音、图像、电子数据资料等直接来源于案件事实,要比采用一定的技术手段和机器设备对原始视听资料的内容进行复制而形成的声音图像及电子数据,更具可信性。所谓复制件,是指通过翻录、复制、拷贝等方式所得到的视听资料。在原始载体遗失或者损坏的情况下,这些复制件也可以作为证据使用于治安违法案件的处理。中国海警执法人员根据工作需要,在不损害视听资料原始载体的条件下,可以对其进行复制。对视听资料中与案件无关内容的删减、编辑,应当在复制件上进行。对经过编辑的视听资料所含信息的完整性、真实性和相关性发生争议时,应当调取原始载体进行核对。

(2) 中国海警收集视听资料时应当注明该视听资料的制作方法、制作时间、制作人等信息,还应当附有该视听资料欲证明的对象。

(3) 对于声音资料(比如录像带),应当附有该声音内容的文字记录。这是因为,和文字资料相比,声音资料缺乏直观性,将声音资料转化为文字资料有利于减少当事人的质疑,也有利于中国海警办案部门对声音资料这种证据形式进行审查判断。

四、中国海警收集电子证据遵循的规则

电子证据,是指以计算机、文曲星、商务通等电子技术设备所存储的文字、数字、图像、声音等各种电子信息反映治安案件事实的数据。电子数据证据由于以电讯号代码形式存储于计算机的存储介质中,比较容易被查看、复制和输出,其电子数据资源可以被广泛的共享。无论是司法机关、法人、其他组织和个人均可以通过单机和网络共享其电子数据资源。实践部门已开始运用电子数据来查处治安案件,如为了解决网络赌博证据固定困难的问题,北京市公安局已经建立了电子数据司法鉴定中心专门负责电子数据鉴定。

在实践中,电子证据的收集提取主要有两种情况:一是简单取证,是指不需专业技术人员协助即可收集提取电子证据的取证情况,一般适用于不涉及计算机、网络使用维护专门技术的治安案件,通常用简单程序收集、提取电子证据;二是复杂取证,是指需专业技术人员协助才能收集提取电子证据的取证情况,一般适用于涉及计算机、网络使用维护专门技术的治安案件,为了保证电子证据的法律效力,通常收集提取电子证据的程序较复杂些。提取电子证据通常以以下方式进行:

（一）现场访问与现场检查

电子证据通常存储在计算机、文曲星、商务通等电子技术设备中，在电子证据查证过程中一般要对储存电子证据的电子设备的使用管理情况进行访问、检查，如：有无设置密码，电子证据储存的具体位置，是否隐藏加密储存，有无备份，管理者接触者有谁，软件使用情况等与电子证据的产生、保管、使用、维护等有影响的信息。

（二）专业人员收集提取

经现场访问、检查，即可收集提取电子证据，若需专业技术人员协助才能收集提取电子证据的，需有专业技术人员协助进行，注意检查有无隐藏、加密或备份储存的情况，提取证据的方法要注意不至于影响电子证据的证据效力。

（三）收集原始载体优先原则

电子数据的原始载体包括电子数据存储设备、打印输出的文字材料。收集、调取复制件的，应当附有不能调取原始载体的原因、复制过程以及原始载体存放地点的说明，并由复制件制作人和原视听资料、电子数据持有人签名、盖章或者捺指印。以有形载体固定或者显示的电子数据交换、电子邮件以及其他数据资料，其制作情况和真实性经对方当事人确认，或者以公证等其他有效方式予以证明的，与原件具有同等的证明效力。《最高人民法院关于行政诉讼证据若干问题的规定》第64条规定："以有形载体固定或者显示的电子数据交换、电子邮件以及其他数据资料，其制作情况和真实性经对方当事人确认，或者以公证等其他有效方式予以证明的，与原件具有同等的证明效力。"因电子证据一般不能直接阅读认知，而以有形载体固定或者显示的电子证据只要其制作情况和真实性经对方当事人确认或者以公证等其他有效方式予以证明，便与原件具有同等的证明效力。因此，提取证据时通常将电子证据以有形载体显示出来，能够打印的尽量打印出来，并做好拷贝，但一定要有当事人、见证人在场并有当事人、见证人对电子证据打印文件、拷贝的确认。有条件的，根据案件实际尽量对电子证据取证的过程进行录像。《中国海警办理行政案件程序规定》第89条也规定，对可以作为证据使用电子数据存储介质，在扣押时应当予以检查，记明案由、内容以及录取和复制的时间、地点等，并妥为保管。

（四）制作检查笔录

收集提取电子证据后，应当制作检查笔录，对电子数据的收集提取情况进行记载，检查笔录应当载明：检查起止时间、检查对象、检查人员、检查证或工作证件号码、检查过程（通常载明是否当场检查、案由、检查人、被检查人见证人在场情况、检查对象内容、检查过程有无损坏物品、被检查人及其家属配合与否、检查发现的电子数据证据、电子数据提取情况、扣押情况等),并由检查人、记录人、被检查人或见证人分别签名或盖章确认。

五、中国海警收集证人证言遵循的规则

首先,应确认证人资格和证人能力。凡知道案件情况、具有作证能力的人,才能作为证人,证人具有作证义务。因生理上、精神上有缺陷或者年幼,不能辨别是非、不能正确表达的人,不能作为证人。此外,证人的感知、记录和回忆能力也是证人能力的重要组成部分。

证人必须是自然人,法人不能作为证人;以单位名义出具的证明材料不能作为证人证言。

其次,应注意证人证言的形式,主要包括两种形式,证人证言,可以采取询问的方式,证人提出自行书写的,也应当允许。此外,证人不能口头表达的,应当以其能够正确表达的方式作证。

再次,注意证人证言的记录内容与方法。应写明证人的姓名、年龄、性别、职业、住址等基本情况;有证人的签名,不能签名的,应当以盖章等方式证明;注明出具日期;附有居民身份证复印件等证明证人身份的文件。

六、中国海警收集鉴定结论遵循的规则

《治安管理处罚法》第九十条规定:"为了查明案情,需要解决案件中有争议的专门性问题的,应当指派或者聘请具有专门知识的人员进行鉴定;鉴定人鉴定后,应当写出鉴定意见,并且签名。"在治安管理处罚程序中,中国海警在调查收集有关事实材料时,遇到依靠常识无法解决的专门性问题,如产品质量是否合乎要求等等,需要请具有专门知识的人分析、判断并得出结论。这时,该鉴定结论首先作为据以作出治安管理处罚决定的治安处罚证据,如果该行政行为被起诉,则成为被告用来证明具体行政行为合法的诉讼证据。

鉴定、检测结论,必须以书面形式作出。其中应当载有以下主要内容:鉴定、检测指派人、聘请人的名称或者姓名,委托人和委托鉴定、检测的事项;鉴定时提交的相关材料(如果被告提交的材料不充分,则难以作出鉴定结论,或只能得出不准确的鉴定结论);鉴定、检测所依据和使用的科学技术手段;鉴定、检测部门和鉴定、检测人鉴定、检测资格的说明(如果鉴定人不合格,则必然导致鉴定结论无效);鉴定的依据和使用的科学技术手段(鉴定所依据的科技成果是否科学,使用的技术手段是否先进,直接影响到鉴定结论的准确性和证明作用);鉴定、检测结论;鉴定、检测人的签名和鉴定、检测部门的盖章,这有助于确认鉴定结论的真实性、准确性;通过分析获得的鉴定结论,应当对分析过程予以说明。该说明有助于审查鉴定结论的论据与结论之间有无矛盾,依据现有的论据能否必然推导出现在

的结论,防止将自相矛盾的鉴定结论作为证据使用。

七、收集制作勘验/检查笔录、现场笔录遵循的规则

勘验、检查笔录应制作笔录,勘验、检查笔录应当全面记载勘验、检查过程中发现的可以用作证明案件事实的证据,客观准确地描述勘验、检查对象的特征以及勘验、检查的方法和过程等情况。现场笔录在治安管理处罚过程和行政诉讼过程中都具有极为重要的作用,在行政诉讼上,它是为了防止中国海警在某些特殊情况下难以取证导致败诉的后果而设置的一种特殊的证据形式。收集制作勘验、检查笔录、现场笔录的总体要求:

第一,笔录必须是在现场制作的,而不能是在事后补做的。

第二,参加勘验、检查的执法人员,应当在勘验、检查、现场笔录上签名,被检查人及其成年家属、见证人应当在勘验、检查笔录、现场笔录上签名或者盖章,拒绝签名或者盖章的,执法人员应当在勘验、检查笔录中予以注明。现场笔录应当载有执法人员的姓名、职务;当事人、见证人的姓名、年龄、性别、职业、住址或者工作单位;发现的案件事实及其处理经过;制作笔录的时间、地点;执法人员的签名;当事人、见证人的签名、盖章或者按捺的指印等。

第三,现场笔录的制作和运用不宜过宽。现场笔录是中国海警在治安处罚程序中经常使用的一种证据形式,许多规范行政执法的单行法律、法规和规章中都有关于现场笔录的内容和制作程序等的规定,其中可能有一些特殊规定,只要不与法律以及基本的法理相冲突,从其规定。但由于它的即时性和不可再现性,而具有一定的局限,其运用范围不可过宽,只有在必需的情况下才可运用:如在证据难以保全的情况下,如对腐烂变质的食品、数量较大的伪劣药品等;在事后难以取证的情况下,如对不洁餐具的检查;不可能取得其他证据或者其他证据难以证明案件事实时(违章活动场所的方位)才制作和运用现场笔录。

八、收集违法嫌疑人的陈述和辩解、受害人陈述的基本要求

违法嫌疑人对案件事实,有如实陈述的义务。违法嫌疑人应当如实回答执法人员的讯问,对与案件无关的提问有权拒绝回答。对违法嫌疑人使用刑讯逼供、利诱、欺诈、胁迫等违法方法,迫使其违背意愿所作出的陈述,不能作为定案的根据。根据《治安管理处罚法》第八十九条:"严禁刑讯逼供和以威胁、引诱、欺骗或者其他非法手段收集证据。以非法手段收集的证据不能作为定案的根据。"违法嫌疑人的陈述和辩解,可以采取询问的方式,违法嫌疑人提出自行书写的,也应当允许。

收集受害人陈述,也应严格依法进行。第一,中国海警在接受受害人控告的同时应向其说明法律责任,特别是诬告应负的责任;如果有必要还应为受害人提

供人身保护,以确保其安全。第二,由于受害人的不可代替性,收集受害人陈述应收集其本人的陈述;对同一案件的数名受害人应分别询问,制作笔录。第三,受害人陈述,可以采取询问的方式,受害人提出自行书写的,也应当允许。询问时应尊重受害人,不得采取威胁、利诱、欺骗等不正当手段收集受害人陈述。

九、中国海警在收集证据时应遵循的其他规则

(一)收集外文书证或外国语视听资料遵循的规则

中国海警收集外文书证或者外国语视听资料的,应当附有由具有翻译资质的机构翻译的或者其他翻译准确的中文译本,由翻译机构盖章或者翻译人员签名。

一项书证是用外文进行书写的,它就是外文书证。一项视听资料包含了外国语的语言信息,它就是外国语视听资料。外文书证和外国语视听资料可以是在我国领域内形成的,也可是在我国领域外形成的。中国海警收集外文书证或外国语视听资料,应该同时附有中文本。这主要是国家主权的重要体现。此外,运用中文也可以方便违法嫌疑人的辩论和质证。书证和具有语言信息的视听资料都是以其记载的语言信息来反映案件事实的证据,如果书证或视听资料所记载的语言是外国语,当然应将其翻译为中文。

中文译本所需具备的两个条件:条件一是应由具有翻译资质的机构翻译或其他人员翻译且准确无误;条件二是应由翻译机构盖章或有翻译人员签名。收集外文书证或外国视听资料,目的是以其记载的语言信息来证明自己所主张的案件事实,以支持自己的请求,因此中文译本应与原文内容保持一致,做到准确无误。为了获得准确的中文译本,可以通过具有翻译资质的机构进行翻译。具有翻译资质的机构是指具有专业翻译人员,经常从事翻译活动,被有权机关所认可的机构。中文译本也可通过其他人员进行翻译,但必须翻译准确,使其译文与原文保持一致。为了保证中文译本的准确性,由具有翻译资质的机构进行翻译的中文译本应由该翻译机构盖章,由其他人员翻译的中文译本由该翻译人员签字。

(二)涉及国家秘密、商业秘密或者个人隐私证据的规则

证据涉及国家秘密、商业秘密或者个人隐私的,应当作出明确标注。对国家秘密进行保护,其重要性是不言而喻的。根据《保守国家秘密法》第二条规定,国家秘密是指"关系国家的安全和利益,依照法定程序确定,在一定时间内只限于一定范围的人员知悉的事项"。第三条规定,"一切国家机关、武装力量、政党、社会团体、企业事业和个人都有保守国家秘密的义务。"国家秘密具体包括:(1)国家事务的重大决策中的秘密事项;(2)国防建设和国防力量活动中的秘密事项;(3)外交和外事活动中的秘密事项以及对外承担保密义务的事项;(4)国民经济和社会活动中的秘密事项;(5)科学技术中的秘密事项;(6)维护国家安全活动和

刑事犯罪中的秘密事项;(7)其他经国家保密部门确定应当保守的国家秘密事项。不符合上述《保守国家秘密法》第二条规定的,不属于国家秘密;政党的秘密事项中符合第二条规定的,属国家秘密。

涉及商业秘密的证据是指证据事实涉及企业经营信息和技术信息。根据反不正当竞争法的规定,商业秘密是指不为公众所熟悉、能为权利人带来利益、具有实用性并经权利人采取保密措施的技术信息和经营信息。

涉及个人隐私的证据是指当事人不愿公开的个人秘密情况,如涉及个人存款、欠债等经济情况,个人疾病、夫妻家庭关系等与人的身份和名誉等有关的证据。对涉及个人隐私的证据,当事人不愿被别人知道或被别人知道会产生不良影响的,当事人可以要求中国海警保密或中国海警有义务保密。

(三)对证据材料的形式整理要求

应当对证据材料分类编号,对证据材料的来源、证明对象和内容作简要说明,签名或者盖章,注明日期。

(1)应当就每一类证据材料按照时间顺序或主次关系予以分类编号,这样既可便于查找,也方便对证据能力和证明力进行比较。

(2)对证据材料的来源、证明对象和内容作简要说明。证据材料来源是指该证据的出处,如证据是为自己所拥有的,还是采集于他处的;是原始证据,还是传来证据。证明对象是指证据所要证明的主张或问题,而证明内容则是指证据本身与主张或问题的联系,如是书证,其中所记载的内容及与事实的关联;如是物证,其外观特征与事实的关联等,这些都应当作必要的说明。

(3)应当在提交的每一份证据材料上签名或盖章,并注明日期。签名或盖章以及注明日期,是为了确认证据这一过程的真实性。

第四章
中国海警实施《治安管理处罚法》细化标准

第一节 有关名词的含义

一、国家规定,是指全国人大、人大常委会制定的法律和决定、国务院制定的行政法规以及国务院各部委制定的部门规章。

二、有关规定,是指国务院及国务院各部委制定的规范性文件、地方性法规、政府规章、政府各委办局制定的规范性文件。

三、安全规定,是指全国、省、市、自治区和较大的市级人大或国务院、国务院各部委、省、市、自治区和较大的市级人民政府以及政府各委办局制定的涉及生产安全、消防安全、交通安全、公共卫生安全等方面内容的有关规定。

四、不按规定,是指违反政府各委办局制定的规范性文件以上的规定。

五、公安机关许可的行业,是指依照《中华人民共和国行政许可法》规定,根据《国务院对确需保留的行政审批项目设定行政许可的决定》(国务院令第412号)由公安机关进行许可的行业主要有:旅馆业、典当业、公章刻制业、保安培训机构。

六、《治安管理处罚法》中规定的"结伙"是指两人(含两人)以上;"多次"是指三次(含三次)以上;"多人"是指三人(含三人)以上。

七、屡教不改,是指有引诱、容留、介绍他人卖淫,制作、运输、出售、出租淫秽的书刊、图片、音像制品等淫秽物品或者利用计算机信息网络、电话以及其他通讯工具传播淫秽信息,以营利为目的为赌博提供条件,或者参与赌博赌资较大的行为,被依法判处刑罚执行期满后五年内又实施前述行为之一,或者被依法予以罚款、行政拘留、收容教育、劳动教养执行期满后三年内实施前述行为之一,情节较重,但尚不够刑事处罚的情形。

八、违反治安管理的单位,是指实施了法律、法规和规章规定的违反治安管理行为,应当负法律责任的公司、企业、事业单位、机关、团体。对单位实施《治安管理处罚法》第三章所规定的违反治安管理行为的,应当依法对其直接负责的主管人员和其他直接责任人员予以治安管理处罚;其他法律、行政法规对同一行为明确规定由中国海警给予单位警告、罚款、没收违法所得、没收非法财物等处罚,或者采取责令其限期停业整顿、停业整顿、取缔等强制措施的,应当依照其规定办理。对被依法吊销许可证的单位,应当同时依法收缴非法财物、追缴违法所得。

九、公共场所秩序,是指保证公众安全顺利的出入、使用公共场所所规定的公共行为准则。公共场所包括车站、港口、码头、机场、商场、公园、展览馆、医院或者其他公共场所。其他公共场所包括礼堂、公共食堂、游泳池、浴池、宾馆饭店等供不特定多数人随时出入、停留、使用的场所。

十、"送达拘留所执行",是指作出行政拘留决定的中国海警将被决定行政拘留的人送到拘留所并交付执行,拘留所依法办理入所手续后即为送达。

十一、"初次违反治安管理",是指行为人的违反治安管理行为第一次被公安机关发现或者查处。但具有下列情形之一的,不属于"初次违反治安管理":

(一)曾违反治安管理,虽未被公安机关发现或者查处,但仍在法定追究时效内的;

(二)曾因不满十六周岁违反治安管理,不执行行政拘留的;

(三)曾违反治安管理,经公安机关调解结案的;

(四)曾被收容教养、劳动教养的;

(五)曾因实施扰乱公共秩序,妨害公共安全,侵犯人身权利、财产权利,妨害社会管理的行为被人民法院判处刑罚或者免除刑事处罚的。

十二、行政机关工作人员执行职务时的侵权行为,是指行政机关工作人员在执行职务时因故意或者重大过失侵犯公民合法权益造成损害的行为。根据有关法律规定,行政机关工作人员在执行职务时因故意或者重大过失侵犯公民合法权益造成损害的,一是承担民事责任,即承担部分或者全部的赔偿费用;二是承担行政责任,即由有关行政机关依法给予行政处分。同时,依照刑法规定,构成犯罪的,还应当承担刑事责任。行政机关工作人员执行职务时的侵权行为,不属于治安管理处罚法规定的违法治安管理的行为,不应当给予治安管理处罚。

第二节 《治安管理处罚法》有关条文及细化标准

第二十三条 有下列行为之一的,处警告或者二百元以下罚款;情节较重的,处五日以上十日以下拘留,可以并处五百元以下罚款:

(一)扰乱机关、团体、企业、事业单位秩序,致使工作、生产、营业、医疗、教学、科研不能正常进行,尚未造成严重损失的;

(二)扰乱车站、港口、码头、机场、商场、公园、展览馆或者其他公共场所秩序的;

(三)扰乱公共汽车、电车、火车、船舶、航空器或者其他公共交通工具上的秩序的;

（四）非法拦截或者强登、扒乘机动车、船舶、航空器以及其他交通工具,影响交通工具正常行驶的;

（五）破坏依法进行的选举秩序的。

聚众实施前款行为的,对首要分子处十日以上十五日以下拘留,可以并处一千元以下罚款。

细化标准:

扰乱单位秩序是指:对机关、团体、企业、事业单位的正常工作秩序进行干扰和破坏,从而影响其工作正常进行。扰乱行为必须造成一定的社会后果。

具有下列情形之一,构成情节较重,处五日以上十日以下拘留,可以并处五百元以下罚款:

1. 在扰乱单位秩序过程中,故意损毁、哄抢文件资料、档案材料或者其他物品,不听劝阻的;

2. 在扰乱单位秩序过程中,纠缠、围攻、辱骂或者殴打他人,不听劝阻的;

3. 在扰乱单位秩序过程中,采用故意穿戴孝服闹事、烧纸、喊口号、撒材料、展示标语条幅、静坐等方式,不听劝阻的;

4. 在扰乱单位秩序过程中,围堵单位出入通道,阻碍人员出入,不听劝阻的;

5. 在扰乱单位秩序过程中,占据单位工作场所,不听劝阻,致使工作不能正常进行的;

6. 故意将老弱病残等生活不能自理的人留在单位,不听劝阻的;

7. 采用自杀、自残等危险方法扰乱单位秩序的;

8. 扰乱国务院《企业事业单位内部治安保卫条例》第十三条确定的治安保卫重点单位秩序的;

9. 积极参与聚众扰乱单位秩序的;

10. 其他情节较重的情形。

扰乱公共场所秩序是指:干扰和破坏社会公众可以自由出入或者凭票可以进入的室内或露天的场所秩序,扰乱行为必须造成一定的社会后果。

具有下列情形之一,构成情节较重,处五日以上十日以下拘留,可以并处五百元以下罚款:

1. 在省、市、县政府机关门口、医院等地扰乱公共秩序,不听民警劝阻的;

2. 扰乱公共场所秩序造成交通堵塞、人员受伤、财物受损、秩序混乱等严重后果的;

3. 在重点地区(要害部位)穿着孝衣、呼喊口号、抛撒材料、进行演讲、展示标语、打横幅,或者以点燃蜡烛、烧纸、静坐、默哀、下跪等方式,制造社会影响、扰乱公共秩序的,不听民警劝阻的;

4. 采用自杀、自残等危险方法扰乱公共场所秩序的;

5. 积极参与聚众扰乱公共场所秩序的;
6. 其他情节较重的情形。

扰乱公共交通工具秩序是指:不遵守有关公共交通工具秩序的规定,无理取闹。

公共交通工具是指:正在运行的公共汽车、电车、火车、船舶、航空器或其他公共交通工具,不包括停放在库内或停留在车站、码头待用的公共交通工具。

具有下列情形之一,构成情节较重,处五日以上十日以下拘留,可以并处五百元以下罚款:

1. 违反各级人民政府及有关交通管理部门关于公共交通工具的有关管理规定,影响到公共交通工具的正常运行;
2. 在交通工具上滋事打闹等,影响到公共交通工具的正常运行或者造成其他较严重的后果;
3. 积极参与聚众扰乱公共交通工具上秩序的;
4. 其他情节较重的情形。

妨碍交通工具正常行驶

具体行为主要表现为:非法拦截或者强登、扒乘机动车、船舶、航空器以及其他交通工具,影响交通工具的正常行驶。

非法拦截是指:无正当理由或合法的依据进行拦截机动车、船舶、航空器以及其他交通工具。

其他交通工具是指:火车、城市轨道等交通工具,既包括公共交通工具,也包括私人交通工具。

阻碍其正常行驶的行为,一般是为了达到某种目的,意图扩大影响而拦截交通工具或者为了寻衅滋事、无理取闹而实施该行为。

具有下列情形之一,构成情节较重,处五日以上十日以下拘留,可以并处五百元以下罚款:

1. 在铁路、高速公路、国道、省道、城市主干道、城市轨道交通非法拦截、强登、扒乘交通工具,影响交通工具正常行驶的;
2. 非法拦截党和国家领导人、外宾乘坐的交通工具,影响交通工具正常行驶的;
3. 私自设卡,强行收费影响交通工具正常行驶的;
4. 造成交通堵塞、人员受伤、财物损毁等后果的;
5. 积极参与聚众妨碍交通工具正常行驶活动的;
6. 其他情节较重的情形。

依法进行的选举(破坏选举秩序)是指:依照《全国人民代表大会和地方各级人民代表大会选举法》《关于县级以下人民代表大会代表直接选举的若干规定》

《全国人民代表大会组织法》《地方各级人民代表大会和地方各级人民政府组织法》《村民委员会组织法》等法律、法规进行的选举活动。

具有下列情形之一，构成情节较重，处五日以上十日以下拘留，可以并处五百元以下罚款：

1. 采取撕毁选票、毁坏票箱或者破坏其他选举设备等行为干扰选举秩序的；
2. 以伤害人身、毁坏财物、损坏名誉等手段进行要挟，致使选民、各级人大代表、候选人不能自由行使选举权和被选举权，选举工作人员在选举工作中不能正常履行组织和管理职责的；
3. 捏造事实，颠倒是非，以虚假的事实扰乱选举正常进行的；
4. 用金钱或其他物质利益收买选民、各级人大代表、候选人、选举工作人员以实现自己操纵、控制、破坏选举或者其他舞弊活动目的的；
5. 伪造选民证、选票、选民名单、候选人名单、代表资格审查报告等选举文件，破坏选举秩序的；
6. 选举工作人员对于统计的选票数、赞成票数、反对票数、弃权票数等选举票数故意进行虚报、假报的；
7. 积极参与聚众破坏选举秩序的；
8. 其他情节较重的情形。

第二十四条 有下列行为之一，扰乱文化、体育等大型群众性活动秩序的，处警告或者二百元以下罚款；情节严重的，处五日以上十日以下拘留，可以并处五百元以下罚款：

（一）强行进入场内的；
（二）违反规定，在场内燃放烟花爆竹或者其他物品的；
（三）展示侮辱性标语、条幅等物品的；
（四）围攻裁判员、运动员或者其他工作人员的；
（五）向场内投掷杂物，不听制止的；
（六）扰乱大型群众性活动秩序的其他行为。

因扰乱体育比赛秩序被处以拘留处罚的，可以同时责令其十二个月内不得进入体育场馆观看同类比赛；违反规定进入体育场馆的，强行带离现场。

细化标准：

扰乱文化、体育等大型群众性活动秩序是指：扰乱在公园、风景游览区、游乐园、广场、体育场馆、展览馆、俱乐部、公共道路、居民生活区等公共场所举办的音乐会、演唱会等文艺活动；扰乱游园、灯会、花会等民间传统活动；扰乱体育比赛、民间竞技、健身气功等群众性体育活动以及其他群众性文化体育活动的现场秩序。不包括展览展销、政府组织的庆典等大型活动。

具体行为主要表现为:

1. 强行进入场内,具体是指行为人不购买门票或者入场券,并且不听工作人员的制止,强行进入场内观看比赛或者进行其他活动,或者虽持有票证,但不服从安全人员的安全检查,而强行进入场内以及其他强行进入场内的情形;

2. 在场内燃放烟花爆竹或者衣物、纸张等其他物品的;

3. 在大型群众性活动场内展示侮辱性标语、条幅、画像、服装等物品的;

4. 在大型活动期间,对大型活动裁判员、运动员或者活动的组织者、活动场地管理者和其他为活动正常履行管理职责的人员,进行辱骂、指责、甚至推搡,影响裁判员、运动员及其他工作人员的正常工作和活动的;

5. 向场内投掷杂物不听制止,投掷的物品足以造成他人人身伤害或者致使活动不能正常进行的;

6. 致使工作人员不能正常履行管理职责,对活动造成一定影响及后果的其他扰乱大型群众性活动秩序的行为。

有下列情形之一的,构成情节严重,处五日以上十日以下拘留,可以并处五百元以下罚款:

1. 聚众实施的首要分子和积极参与者;
2. 造成人员受伤、财物受损等较重后果的;
3. 致使活动的正常进行受到影响的;
4. 不听民警或者工作人员劝阻,多次实施的;
5. 其他情节严重的情形。

第二十五条 有下列行为之一的,处五日以上十日以下拘留,可以并处五百元以下罚款;情节较轻的,处五日以下拘留或者五百元以下罚款:

(一)散布谣言,谎报险情、疫情、警情或者以其他方法故意扰乱公共秩序的;

(二)投放虚假的爆炸性、毒害性、放射性、腐蚀性物质或者传染病病原体等危险物质扰乱公共秩序的;

(三)扬言实施放火、爆炸、投放危险物质扰乱公共秩序的。

细化标准:

有下列行为之一的,构成情节较轻,处五日以下拘留或者五百元以下罚款:

1. 影响范围较小的,未造成后果的;
2. 积极悔改,主动采取措施消除不良影响的;
3. 其他情节较轻的情形。

第二十六条 有下列行为之一的,处五日以上十日以下拘留,可以并处五百元以下罚款;情节较重的,处十日以上十五日以下拘留,可以并处一千元以下罚款:

(一)结伙斗殴的;

（二）追逐、拦截他人的；
（三）强拿硬要或者任意损毁、占用公私财物的；
（四）其他寻衅滋事行为。

细化标准：

有下列行为之一的，构成情节较重，处十日以上十五日以下拘留，可以并处一千元以下罚款：

1. 组织纠集或者积极参与结伙斗殴的；
2. 追逐、拦截他人，造成他人人身伤害或财产损失的；
3. 追逐、拦截妇女或未成年人的；
4. 随意殴打他人，造成轻微伤害的；
5. 在商场、剧院、车站、码头、机场、学校、医院等公共场所寻衅滋事的；
6. 使用工具或驾驶机动车等追逐、拦截、殴打他人的；
7. 强拿硬要公私财物价值人民币 500 元以上、任意损毁公私财物 1 000 元以上或者任意占用公私财物 5 000 元以上的；
8. 其他情节较重的情形。

第二十七条 有下列行为之一的，处十日以上十五日以下拘留，可以并处一千元以下罚款；情节较轻的，处五日以上十日以下拘留，可以并处五百元以下罚款：

（一）组织、教唆、胁迫、诱骗、煽动他人从事邪教、会道门活动或者利用邪教、会道门、迷信活动，扰乱社会秩序、损害他人身体健康的；

（二）冒用宗教、气功名义进行扰乱社会秩序、损害他人身体健康活动的。

细化标准：

具体行为主要表现为：

1. 建立邪教、会道门、有害气功等的聚点、窝点、秘密联络点等活动场所的；
2. 对利用制造、散布迷信邪说，蒙骗他人参与邪教、会道门或有害气功活动的，或以暴力胁迫、色情引诱、金钱诱惑等方式拉拢他人进行邪教或有害气功活动的；
3. 制作、传播传单、图片、标语、书籍、音像制品、信息产品等宣扬邪教、会道门、有害气功的，或宣扬封建迷信的；
4. 在机关单位、学校、居民区及其他公共场所，以播放录音、录像、光盘或呼喊口号、讲课、演讲、放气球、抛撒乒乓球等方式宣扬邪教、会道门或有害气功，尚未造成严重社会影响的；
5. 组织、策划、串联、纠集多人进行宣扬邪教、会道门、有害气功和封建迷信活动的；
6. 利用宣扬邪教、会道门、有害气功和封建迷信活动扰乱社会秩序、危害公共利益、损害他人身体健康、骗取少量财物的。

有下列情形之一的,构成情节较轻,处五日以上十日以下拘留,可以并处五百元以下罚款:

1. 未造成后果的;
2. 及时悔改的;
3. 初次制作、传播邪教传单、图片、标语、报纸不满15份,书刊不满5册,光盘不满5张,录音、录像带不满5盒的;
4. 积极配合中国海警查清邪教、会道门组织体系或者活动情况的;
5. 其他情节较轻的情形。

第二十八条 违反国家规定,故意干扰无线电业务正常进行的,或者对正常运行的无线电台(站)产生有害干扰的,经有关部门指出后,拒不采取有效措施消除的,处五日以上十日以下拘留;情节严重的,处十日以上十五日以下拘留。

细化标准:

故意干扰无线电业务正常进行的是指:故意干扰根据国际电信联盟对无线电业务进行划分的无线电通信业务、固定业务、卫星固定业务、广播业务和卫星定位业务等46项无线电业务。

对正常运行的无线电(台)产生有害干扰的是指:非法使用无线通信设备或违规产品造成对正在运行的经过主管部门批准合法的无线电台(站)的有害干扰。如:机动车非法安装无线电通信设备干扰警用频率,擅自占用警用频率、非法监听警用频段、干扰正常警用调度等。

有下列情形之一,构成情节严重,处十日以上十五日以下拘留:

1. 对政府、军队、民航、防台防汛、气象、铁路、交通、电力、电信、广播、电视等事关国家安全、公共安全、国计民生的无线电业务、无线电台(站)进行干扰的;
2. 干扰无线电通讯,造成后果的;
3. 有较大社会影响的;
4. 其他情节严重的情形。

第二十九条 有下列行为之一的,处五日以下拘留;情节较重的,处五日以上十日以下拘留:

(一) 违反国家规定,侵入计算机信息系统,造成危害的;

(二) 违反国家规定,对计算机信息系统功能进行删除、修改、增加、干扰,造成计算机信息系统不能正常运行的;

(三) 违反国家规定,对计算机信息系统中存储、处理、传输的数据和应用程序进行删除、修改、增加的;

(四) 故意制作、传播计算机病毒等破坏性程序,影响计算机信息系统正常运行的。

细化标准：

计算机信息系统是指：由计算机及其相关配套的设备、设施（含网络）构成的，按照一定的应用目标和规则对信息进行采集、加工、存储、传输、检索等处理的人机系统。

非法侵入是指：违反《计算机信息系统安全保护条例》，未取得有关部门或单位的合法授权，通过计算机终端访问计算机系统或者进行数据截收企业、社会团体等单位的不涉及国家事务、国防建设、尖端科学领域的计算机系统的行为。

制作计算机病毒是指：计算机操作者故意设计制作一种具有破坏性的计算机指令和代码。

传播计算机病毒是指：将病毒以各种方式输入计算机影响计算机信息系统正常运行或者将计算机中存储的数据变更、删除、损毁、分解，最终使计算机系统失灵或崩溃。

有下列行为之一的，构成情节较重，处五日以上十日以下拘留：

1. 侵入计算机信息系统，造成被侵入系统单位的商业秘密被泄露、数据被丢失等较大危害的；

2. 对计算机信息系统功能进行删除、修改、增加、干扰，造成计算机信息系统 48 小时内不能恢复，或者造成较大经济损失的；

3. 对计算机信息系统中存储、处理、传输的数据和应用程序进行删除、修改、增加，影响计算机信息系统有效运行，或者造成较大经济损失的；

4. 故意制作、传播计算机病毒等破坏性程序，造成 10 台以上计算机信息系统受感染的，或者将已输入的破坏性程序软件加以派送、散发 3 人以上的；

5. 其他情节较重的情形。

第三十条 违反国家规定，制造、买卖、储存、运输、邮寄、携带、使用、提供、处置爆炸性、毒害性、放射性、腐蚀性物质或者传染病病原体等危险物质的，处十日以上十五日以下拘留；情节较轻的，处五日以上十日以下拘留。

细化标准：

违反国家有关危险物质管理规定是指：在生产制造方面，未经主管部门批准和向县、市以上公安机关备案，擅自设厂、生产爆炸性、毒害性、放射性、腐蚀性物质和培养传染病病原体等危险物质；或者厂房建筑和生产设备不符合防火、防爆、防毒、防辐射等安全要求，又不采取相应的安全措施；或者违反安全操作规程进行生产等。

有下列行为之一的，构成情节较轻，处五日以上十日以下拘留：

1. 经指出后能主动交出危险物质，且未造成危害后果的；

2. 采取有效措施，及时消除危险的；

3. 非法制造、买卖、运输、邮寄、储存炸药、发射药、黑火药 0.25 千克以下或者烟火药0.75千克以下、雷管8枚以下或者导火索、导爆索8米以下的；

4. 具有生产爆炸物品资格的单位不按照规定的品种制造，或者具有销售、使用爆炸物品资格的单位超过限额买卖炸药、发射药、黑火药2.5千克以下或者烟火药7.5千克以下、雷管75枚以下或者导火索、导爆索75米以下的；

5. 非法制造、买卖、运输、储存毒鼠强、氟乙酰胺、氟乙酸钠、毒鼠硅、甘氟原粉、原液、制剂不满10克，或者饵料不满500克的；

6. 其他情节较轻的情形。

第三十一条 爆炸性、毒害性、放射性、腐蚀性物质或者传染病病原体等危险物质被盗、被抢或者丢失，未按规定报告的，处五日以下拘留；故意隐瞒不报的，处五日以上十日以下拘留。

细化标准：

故意隐瞒不报的是指：发生危险物质被盗、被抢或者丢失后，责任人为了逃避追究责任，采取统一口径，隐匿证据，破坏现场，掩盖事实真相等方法，隐瞒不报的行为。

第三十二条 非法携带枪支、弹药或者弩、匕首等国家规定的管制器具的，处五日以下拘留，可以并处五百元以下罚款；情节较轻的，处警告或者二百元以下罚款。

非法携带枪支、弹药或者弩、匕首等国家规定的管制器具进入公共场所或者公共交通工具的，处五日以上十日以下拘留，可以并处五百元以下罚款。

细化标准：

有下列行为之一的，构成情节较轻，处警告或者二百元以下罚款：

1. 携带弩和匕首等管制器具主动交出的；
2. 不明知是管制刀具并及时改正的；
3. 其他情节较轻的情形。

第三十三条 有下列行为之一的，处十日以上十五日以下拘留：

（一）盗窃、损毁油气管道设施、电力电信设施、广播电视设施、水利防汛工程设施，或者水文监测、测量、气象测报、环境监测、地质监测、地震监测等公共设施的；

（二）移动、损毁国家边境的界碑、界桩以及其他边境标志、边境设施或者领土、领海标志设施的；

（三）非法进行影响国（边）界线走向的活动或者修建有碍国（边）境管理的设施的。

细化标准：

行为人实施上述行为，尚不够追究刑事责任或者劳动教养的，处十日以上十五日以下拘留。

第三十四条 盗窃、损坏、擅自移动使用中的航空设施,或者强行进入航空器驾驶舱的,处十日以上十五日以下拘留。

在使用中的航空器上使用可能影响导航系统正常功能的器具、工具,不听劝阻的,处五日以下拘留或者五百元以下罚款。

细化标准:

使用中的航空设施,是指正在使用的保证航空器安全飞行的设施,包括机场跑道、停机坪、航空器起落的指挥系统、导航设施等。

使用中的航空器,是指正在进行商业飞行的民用飞机、飞艇等航空器。

器具、工具,包括手机、寻呼机等通讯工具以及其他能产生无线电干扰的器具、工具。

行为人实施上述第一款行为,尚不够追究刑事责任或者劳动教养的,处十日以上十五日以下拘留。行为人实施上述第二款行为不听劝阻执意使用或者经劝阻后又再次使用,尚没有造成严重后果的处五日以下拘留或者五百元以下罚款。

第三十五条 有下列行为之一的,处五日以上十日以下拘留,可以并处五百元以下罚款;情节较轻的,处五日以下拘留或者五百元以下罚款:

(一)盗窃、损毁或者擅自移动铁路设施、设备、机车车辆配件或者安全标志的;

(二)在铁路沿线或周边放置石头、木块等障碍物的;

(三)在铁路线路、桥梁、涵洞处挖掘坑穴、采石取沙的;

(四)在铁路线路上私设道口或者平交过道。

细化标准:

本条规定的铁路是指:正在使用中的铁道交通、地下轨道交通、城市轨道交通。

有下列行为之一的,构成情节较轻,处五日以下拘留或者五百元以下罚款:

1. 盗窃、损毁铁路设施、设备、机车车辆配件、安全标志,损失较小,且不足以危害行车安全的;

2. 擅自移动铁路设施、设备、机车车辆配件、安全标志,在铁路线上放置障碍物,在铁路沿线非法挖掘坑穴、采石取沙,在铁路线路上私设道口、平交过道,及时改正,未造成后果的;

3. 故意向列车投掷物品,未造成后果的;

4. 其他情节较轻的情形。

第三十六条 擅自进入铁路防护网或者火车来临时在铁路线路上行走、坐卧、抢越铁路,影响行车安全的,处警告或者二百元以下罚款。

细化标准：

具体行为主要表现为：

行为人擅自进入铁路、地铁、城铁防护网或者火车来临时在铁路线路上行走、坐卧、抢越铁路，没有造成后果的。

第三十七条 有下列行为之一的，处五日以下拘留或者五百元以下罚款，情节严重的，处五日以上十日以下拘留，可以并处二百元以下罚款：

（一）未经批准，安装、使用电网的，或者安装、使用电网不符合安全规定；

（二）在车辆、行人通行的地方施工，对沟井坎穴不设覆盖物、防围和警示标志的，或者故意损毁、移动覆盖物、防围和警示标志的；

（三）盗窃、损毁路面井盖、照明等公共设施的。

细化标准：

有下列情形之一，构成情节严重，处五日以上十日以下拘留，可以并处二百元以下罚款：

1. 擅自安装、使用电网，安装、使用电网不符合安全规定，道路施工不设置安全防护设施，故意损毁、移动道路施工安全防护设施，经指出拒不改正的；

2. 盗窃、损毁路面井盖，可能危害公共安全的；

3. 造成人员受伤、财物损毁等后果的；

4. 其他情节严重的情形。

第三十八条 举办文化、体育等大型群众性活动，违反有关规定，有发生安全事故危险的，责令停止活动，立即疏散；对组织者处五日以上十日以下拘留，并处二百元以上五百元以下罚款；情节较轻的，处五日以下拘留或者五百元以下罚款。

细化标准：

有发生安全事故危险是指：场所在有关房屋建筑、消防安全、便于疏散、严重超员等方面存在问题，容易发生房屋倒塌、火灾、水灾，由于拥挤、踩踏造成人员伤亡等事故。

具体行为主要表现为：

1. 该项活动举办的场地与预计容纳的人数、发放门票的情况等超过核定人员的有关规定；

2. 场地及其附属设施不符合安全标准，存在安全隐患的，如场地建筑不坚固，有发生倒塌坠毁的可能性；

3. 各种电线、线路老化，可能引发火灾的、消防设施不符合法定要求。如灭火器超过使用期限、没有按照规定安装火灾自动报警系统、消防通道和紧急通道被占用，一旦发生事故，消防车不能开进，人员无法疏散、逃离现场的情形等。

有下列情形之一的，构成情节较轻，处五日以下拘留或者五百元以下罚款：

1. 大型群众性活动中存在安全隐患，但经公安机关指出，主办方及时采取措

施,消除安全隐患的;

2. 其他情节较轻的情形。

第三十九条 旅馆、饭店、影剧院、娱乐场、运动场、展览馆或者其他供社会公众活动的场所的经营管理人员,违反安全规定,致使该场所有发生安全事故危险,经公安机关责令改正,拒不改正的,处五日以下拘留。

细化标准:

经营管理人员是指:对上述场所有直接管理责任的管理人员,如:部门经理、总经理等。

经中国海警责令改正是指:中国海警在日常的监督检查工作中,发现上述场所的经营管理人员违反相关的管理规定,致使场所存在安全隐患,以书面的形式(制作责令整改通知书)告知场所经营管理人员,责令其限期整改,消除安全隐患的情形。

有发生安全事故危险是指:场所在有关房屋建筑、消防安全、便于疏散、严重超员等方面存在问题,容易发生房屋倒塌、火灾、水灾,由于拥挤、踩踏造成人员伤亡等事故。

拒不改正是指:在接到中国海警书面责令整改通知书意见后,拒绝改正或者不按照中国海警提出的要求进行改正的。

第四十条 有下列行为之一的,处十日以上十五日以下拘留,并处五百元以上一千元以下罚款;情节较轻的,处五日以上十日以下拘留,并处二百元以上五百元以下罚款:

(一)组织、胁迫、诱骗不满十六周岁的人或者残疾人进行恐怖、残忍表演的;

(二)以暴力、威胁或者其他手段强迫他人劳动的;

(三)非法限制他人人身自由、非法侵入他人住宅或者非法搜查他人身体的。

细化标准:

恐怖、残忍表演是指:未经有关部门许可,在公共场所组织对人的身体进行残酷折磨的表演。

强迫他人劳动是指:用人单位或个人违反有关劳动法律法规,以暴力、威胁或者其他手段强制他人劳动。

非法限制人身自由是指:非法对被侵害人身体实施强制,并足以使被侵害人行动自由受到限制。

非法侵入是指:行为人未经主人允许,没有法律依据或正当理由,或者虽有法律依据,但不依照法定程序而强行进入以及进入时虽经主人同意,但主人要求其退出时无理拒不退出。

非法搜查是指:无权搜查的机关、团体、单位的工作人员或者个人对他人的身体进行搜查。

具有下列情形之一的,构成情节较轻,处五日以上十日以下拘留,并处二百元以上五百元以下罚款:

1. 被侵害人有过错的;
2. 经被侵害人要求或者他人劝阻立即停止,且未造成后果的;
3. 因民间纠纷引起的非法限制人身自由、非法侵入住宅,时间未超过10分钟,且未造成后果的;
4. 主动采取经济补偿等方法取得被侵害人谅解的;
5. 其他情节较轻的情形。

第四十一条 胁迫、诱骗或者利用他人乞讨的,处十日以上十五日以下拘留,可以并处一千元以下罚款。

反复纠缠、强行讨要或者以其他滋扰他人的方式乞讨的,处五日以下拘留或者警告。

细化标准:

反复纠缠进行乞讨是指:行为人向他人乞讨被拒绝后,仍采取阻拦、尾随等方式继续讨要钱财。

强行乞讨是指:行为人以生拉硬拽、辱骂、抱腿、吐口水、拦车、拉扯、干扰他人经营、工作等令人厌恶的方式乞讨钱财。

以其他滋扰他人的方式乞讨是指:以强迫接受的方式卖花、卖唱、开车门、拎包等行为变相进行乞讨。

第四十二条 有下列行为之一的,处五日以下拘留或者五百元以下罚款;情节较重的,处五日以上十日以下拘留,可以并处五百元以下罚款:

(一)写恐吓信或者以其他方法威胁他人人身安全的;
(二)公然侮辱他人或者捏造事实诽谤他人的;
(三)捏造事实诬告陷害他人,企图使他人受到刑事追究或者受到治安管理处罚的;
(四)对证人及其近亲属进行威胁、侮辱、殴打或者打击报复的;
(五)多次发送淫秽、侮辱、恐吓或者其他信息,干扰他人正常生活的;
(六)偷窥、偷拍、窃听、散布他人隐私的。

细化标准:

隐私是指:受法律保护,不愿被公众知悉的个人生活秘密。

有下列行为之一的,构成情节较重,处五日以上十日以下拘留,可以并处五百元以下罚款:

1. 手段恶劣的;
2. 威胁、侮辱、殴打、打击报复证人及其近亲属,造成社会影响的;
3. 造成被侵害人名誉受损,不能正常工作、学习、生活等后果的;

4. 其他情节较重的情形。

第四十三条 殴打他人的,或者故意伤害他人身体的,处五日以上十日以下拘留,并处二百元以上五百元以下罚款;情节较轻的,处五日以下拘留或者五百元以下罚款。

有下列情形之一的,处十日以上十五日以下拘留,并处五百元以上一千元以下罚款:

(一)结伙殴打、伤害他人的;

(二)殴打、伤害残疾人、孕妇、不满十四周岁的人或者六十周岁以上的人的;

(三)多次殴打、伤害他人或者一次殴打、伤害多人的。

细化标准:

有下列情形之一的,构成情节较轻,处五日以下拘留或者五百元以下罚款:

1. 亲友、邻里或者同事之间因纠纷引起的,双方均有过错的;
2. 未成年人或者在校学生之间发生殴打未造成危害后果的;
3. 行为人的侵害行为系由被侵害人事前的过错行为引起的;
4. 虽有殴打他人行为,但未造成伤害后果的;
5. 对方有主观过错或双方均有主观过错,且伤害后果较轻的;
6. 其他情节较轻的情形。

第四十四条 猥亵他人的,或者在公共场所故意裸露身体,情节恶劣的,处五日以上十日以下拘留;猥亵智力残疾人、精神病人、不满十四周岁的人或者有其他严重情节的,处十日以上十五日以下拘留。

细化标准:

猥亵,是指用抠摸、搂抱、舌舔、吸吮、手淫等行为,来刺激或者满足自己性欲的淫秽行为。根据本条规定,被猥亵的对象既可以是女性,也可以是男性,既可以是对同性的猥亵,也可以是对异性的猥亵。

猥亵他人,有下列情形之一的,构成其他严重情节,处十日以上十五日以下拘留:

1. 猥亵孕妇的;
2. 当众或多次猥亵他人的;
3. 造成被猥亵人受轻微伤或精神受到损害的;
4. 其他严重情节的情形。

在公共场所故意裸露身体是指:在公共场所故意暴露隐私部位、故意赤裸全身、下身或者女性赤裸上身。

情节恶劣主要表现为:

1. 多次实施此行为,引起众人围观,群众意见很大,社会影响恶劣的;
2. 向妇女或者未成年人暴露的;

3. 实施上述行为手段恶劣或者有较严重后果。

第四十五条 有下列行为之一的,处五日以下拘留或者警告:

(一)虐待家庭成员,被虐待人要求处理的;

(二)遗弃没有独立生活能力的被扶养人的。

细化标准:

行为人实施上述行为,有下列情形之一的,可单独处警告:

1. 行为轻微或者未造成后果的;
2. 受害人要求从轻处理的;
3. 经教育后主动改正并保证不再犯的。

第四十六条 强买强卖商品,强迫他人提供服务或者强迫他人接受服务的,处五日以上十日以下拘留,并处二百元以上五百元以下罚款;情节较轻的,处五日以下拘留或者五百元以下罚款。

细化标准:

强买强卖商品是指:在商品交易中违背对方意志,以暴力、威胁、纠缠等手段强行买卖商品的行为。

强迫他人提供服务或者强迫他人接受服务是指:在提供或享受餐饮、娱乐等服务性质的行业服务时,违背对方意志,以暴力、威胁、纠缠等手段强迫他人提供或接受服务的行为。

有下列情形之一的,构成情节较轻,处五日以下拘留或者五百元以下罚款:

1. 未使用暴力或者以暴力相威胁的;
2. 强迫交易标的较小的;
3. 未造成后果或者社会影响的;
4. 事后主动退还或者支付有关费用的;
5. 其他情节较轻的情形。

第四十七条 煽动民族仇恨、民族歧视,或者在出版物、计算机信息网络中刊载民族歧视、侮辱内容的,处十日以上十五日以下拘留,可以并处一千元以下罚款。

细化标准:

煽动民族仇恨、民族歧视,具体行为主要表现为:

1. 书写、张贴、散发民族仇恨、民族歧视的传单、标语、大字报的;
2. 印制、散发宣扬民族仇恨、民族歧视的诗刊、书画、非法刊物的;
3. 发表民族仇恨、民族歧视的讲演或呼喊有关口号的;
4. 制造、散布民族仇恨、民族歧视的谣言的;
5. 利用互联网、手机短信等方式,传播、宣扬民族歧视、民族仇恨的。

第四十八条 冒领、隐匿、毁弃、私自开拆或者非法检查他人邮件的,处五日以下拘留或者五百元以下罚款。

细化标准：

行为人实施上述行为，有下列情形之一的，可单处五百元罚款：

1. 实施上述行为情节轻微的或者未造成后果的；
2. 经发现主动交出并取得当事人谅解的。

第四十九条 盗窃、诈骗、哄抢、抢夺、敲诈勒索或者故意损毁公私财物的，处五日以上十日以下拘留，可以并处五百元以下罚款；情节较重的，处十日以上十五日以下拘留，可以并处一千元以下罚款。

细化标准：

盗窃行为，有下列情形之一的，视为情节较重，处十日以上十五日以下拘留，可以并处一千元以下罚款：

盗窃数额500元以上视为情节较重，盗窃数额虽未达到500元，但有下列行为之一的，也视为情节较重：

1. 结伙、流窜盗窃或在公共场所扒窃的、入室盗窃的；
2. 使用专用工具或技术性手段盗窃的；
3. 盗窃残疾人、孤寡老人、未成年人、低保人员或者丧失劳动能力的人财物的；
4. 以破坏性手段盗窃造成公私财产损失的；
5. 盗窃救灾、抢险、防汛、优抚、扶贫、移民、救济、医疗等特定款物的；
6. 教唆或者胁迫、诱骗未成年人盗窃的；
7. 其他情节较重情形的。

诈骗行为中，有下列情形之一的，视为情节较重，处十日以上十五日以下拘留，可以并处一千元以下罚款：

诈骗数额在1 000元以上的视为情节较重，诈骗数额虽未达到1 000元，但有下列行为之一的，也视为情节较重：

1. 入室进行诈骗活动的；
2. 诈骗残疾人、老年人、未成年人、低保人员或者丧失劳动能力的人财物的；
3. 有诈骗前科劣迹的；
4. 在公共场所设赌行骗的；
5. 采取电话或发送手机短信等手段进行诈骗的；
6. 其他情节较重情形的。

哄抢行为中，有下列情形之一的，视为情节较重，处十日以上十五日以下拘留，可以并处一千元以下罚款：

个人哄抢数额500元以上的视为情节较重，哄抢数额虽未达到500元，但有下列行为之一的，也视为情节较重：

1. 组织、纠集或者带头哄抢的；
2. 哄抢残疾人、老年人、未成年人、低保人员或者丧失劳动能力的人财物的；
3. 哄抢军用物资、救灾、救济款物等的；
4. 其他情节较重情形的。

抢夺行为中，有下列情形之一的，视为情节较重，处十日以上十五日以下拘留，可以并处一千元以下罚款：

抢夺数额在 300 元以上的视为情节较重，抢夺数额虽未达到 300 元，但有下列行为之一的，也视为情节较重：

1. 驾驶车辆(包括非机动车)进行抢夺，未使用逼挤、撞击、强行逼倒他人或强拉硬拽方法，且未造成财物持有人轻伤以上后果的；
2. 抢夺残疾人、老年人、未成年人、低保人员或者丧失劳动能力的人财物的；
3. 造成受害人受轻微伤或财物损坏的；
4. 抢夺救灾、抢险、防汛、优抚、扶贫、移民、救济、医疗等特定款物的；
5. 在公共场所进行抢夺的；
6. 其他情节较重情形的。

敲诈勒索行为中，有下列情形之一的，视为情节较重，处十日以上十五日以下拘留，可以并处一千元以下罚款：

敲诈勒索数额在 1 000 元以上的视为情节较重，敲诈勒索数额虽未达到 1 000 元，但有下列行为之一的，也视为情节较重：

1. 敲诈勒索残疾人、老年人、未成年人、低保人员或者丧失劳动能力的人财物的；
2. 其他情节较重情形的。

行为人实施故意损毁公私财物行为，具有下列情形之一的，视为情节较重，处十日以上十五日以下拘留，可以并处一千元以下罚款：

故意损毁公私财物数额达到 2 000 元以上的视为情节较重，故意损毁公私财物数额虽未达到 2 000 元，但有下列行为之一的，也视为情节较重：

1. 故意损毁残疾人、老年人、未成年人或者丧失劳动能力的人财物的；
2. 故意损毁国家机关、领导人住地、重点文物保护单位等重要场所财物的；
3. 其他情节较重情形的。

第五十条 有下列行为之一的，处警告或者二百元以下罚款；情节严重的，处五日以上十日以下拘留，可以并处五百元以下罚款：

(一) 拒不执行人民政府在紧急状态情况下依法发布的决定、命令的；
(二) 阻碍国家机关工作人员依法执行职务的；
(三) 阻碍执行紧急任务的消防车、救护车、工程抢险车、警车等车辆通行的；
(四) 强行冲闯公安机关设置的警戒带、警戒区的。阻碍人民警察依法执行职务的,从重处罚。

细化标准:

拒不执行紧急状态决定、命令的,有下列行为之一,构成情节严重,处五日以上十日以下拘留,可以并处五百元以下罚款:

1. 带头抗拒执行决定、命令的;
2. 因拒不执行决定、命令,造成抢险抗灾等工作无法顺利进行的;
3. 因拒不执行决定、命令,给国家、集体、个人财产造成损失的;
4. 其他情节严重的情形。

阻碍国家机关工作人员依法执行职务的,有下列行为之一,构成情节严重,处五日以上十日以下拘留,可以并处五百元以下罚款:

1. 阻碍国家机关工作人员依法执行职务造成国家、集体、个人财产损失的或者造成恶劣影响的;
2. 其他情节严重的情形。

阻碍特种车辆通行的,有下列行为之一,构成情节严重,处五日以上十日以下拘留,可以并处五百元以下罚款:

1. 以挖掘壕沟、设置路障等方法阻碍特种车辆通行的;
2. 带头阻碍特种车辆通行的;
3. 其他情节严重的情形。

冲闯警戒带、警戒区的,有下列行为之一,构成情节严重,处五日以上十日以下拘留,可以并处五百元以下罚款:

1. 冲闯警戒带、警戒区造成不良影响或者造成较严重后果的;
2. 其他情节严重的情形。

第五十一条 冒充国家机关工作人员或者以其他虚假身份招摇撞骗的,处五日以上十日以下拘留,可以并处五百元以下罚款;情节较轻的,处五日以下拘留或者五百元以下罚款。

冒充军警人员招摇撞骗的,从重处罚。

细化标准:

国家机关工作人员是指:在国家机关中从事公务的人员。国有公司、企业、事业单位、人民团体中从事公务的人员和国家机关、国有公司、企业、事业单位委派到非国有公司、企业、事业单位、社会团体从事公务的人员,以及其他依照法律从事公务的人员,以国家机关工作人员论。

冒充其他虚假身份是指:冒充国家机关工作人员以外的其他人员。具体行为主要表现为:冒充党、政、军等领导干部的子女、亲属的;冒充新闻媒体记者的;冒充文化艺术、体育、人大、政协等工作人员或者其亲属的;冒充国际组织、商社负责人的;冒充其他人员进行招摇撞骗的等(中国宪法规定了国家机关的几个系列,包括"国家权力机关"人民代表大会、"国家行政机关"政府、"国家军事机关"中央军事委员会、"国家审判机关"人民法院、"国家法律监督机关"人民检察院)。

有下列行为之一,构成情节较轻,处五日以下拘留或者五百元以下罚款:

1. 未取得实际利益的;
2. 未给当事人造成恶劣影响的;
3. 其他情节较轻的情形。

第五十二条 有下列行为之一的,处十日以上十五日以下拘留,可以并处一千元以下罚款;情节较轻的,处五日以上十日以下拘留,可以并处五百元以下罚款:

(一)伪造、变造或者买卖国家机关、人民团体、企业、事业单位或者其他组织的公文、证件、证明文件、印章的;

(二)买卖或者使用伪造、变造的国家机关、人民团体、企业、事业单位或者其他组织的公文、证件、证明文件的;

(三)伪造、变造、倒卖车票、船票、航空客票、文艺演出票、体育比赛入场券或者其他有价票证、凭证的;

(四)伪造、变造船舶户牌,买卖或者使用伪造、变造的船舶户牌,或者涂改船舶发动机号码的。

细化标准:

有下列情形之一的,构成情节较轻,处五日以上十日以下拘留,可以并处五百元以下罚款:

1. 购买伪造、变造的公文、证件、证明文件、船舶户牌,尚未使用的;
2. 以倒卖为目的,购买少量有价票证、凭证,尚未出售的;
3. 其他情节较轻的情形。

第五十三条 船舶擅自进入、停靠国家禁止、限制进入的水域或者岛屿的,对船舶负责人及有关责任人员处五百元以上一千元以下罚款;情节严重的,处五日以下拘留,并处五百元以上一千元以下罚款。

细化标准:

国家禁止、限制进入的水域或者岛屿是指:军事目标、军事重地、军事隔离区,未被开放的水域、港口、水库。

有下列行为之一,构成情节严重,处五日以下拘留,并处五百元以上一千元以下罚款:

1. 不听制止,强行进入、停靠国家管制的水域、岛屿的;
2. 擅自进入、停靠国家管制的水域、岛屿,拒不驶离的;
3. 其他情节严重的情形。

第五十四条 有下列行为之一的,处十日以上十五日以下拘留,并处五百元以上一千元以下罚款；情节较轻的，处五日以下拘留或者五百元以下罚款：

（一）违反国家规定，未经注册登记，以社会团体名义进行活动，被取缔后，仍进行活动的；

（二）被依法撤销登记的社会团体，仍以社会团体名义进行活动的；

（三）未经许可，擅自经营按照国家规定需要由公安机关许可的行业的。

有前款第三项行为的，予以取缔。

取得公安机关许可的经营者，违反国家有关管理规定，情节严重的，公安机关可以吊销许可证。

细化标准：

以社团名义进行活动，具体行为主要表现为：

1. 以社会团体名义组织、开展各种学术交流、研讨、联谊等活动；
2. 以社会团体名义在群众中开展各种宣传、咨询、教学等活动；
3. 以社会团体名义在各种新闻媒体中登载文章、启示、声明、广告等；
4. 以社会团体名义印制各种出版物、图片、画册等。

未经许可擅自经营，具体行为主要表现为：

1. 应当向公安机关取得而未依法取得行政许可，擅自从事经营活动的经营行为；
2. 超出公安机关审查准予行政许可的范围、擅自从事其他应当依法经公安机关行政许可行业的经营行为。

有下列行为之一，构成情节严重，处十日以上十五日以下拘留，并处五百元以上一千元以下罚款，同时吊销公安机关发放的许可证：

1. 社会影响恶劣或者造成较严重后果的；
2. 经中国海警指出后，拒不改正的；
3. 其他情节严重的情形。

有下列行为之一，构成情节较轻

1. 非法以社团名义活动、被撤销登记的社团继续活动，经教育主动退出社团并停止活动的；
2. 已向公安机关申请，但在公安机关作出决定前擅自经营需公安机关许可的行业，经指出后配合查处的；
3. 其他情节较轻的情形。

第五十五条 煽动、策划非法集会、游行、示威，不听劝阻的，处十日以上十五日以下拘留。

细化标准：

煽动非法集会、游行、示威是指：通过以张贴传单、或者利用互联网、手机、电话等通讯工具煽动、鼓动不明真相的群众参加非法游行示威。

策划非法集会、游行、示威是指：行为人出谋划策，图谋组织非法集会、游行、示威，以期达到非法目的。在认定时要注意，只有经中国海警劝阻后，仍然煽动、策划非法集会、游行、示威的，才能认定为本行为。处罚的对象只能是煽动、策划非法集会、游行、示威的组织者或者发起人。

第五十六条　旅馆业的工作人员对住宿的旅客不按规定登记姓名、身份证件种类和号码的，或者明知住宿的旅客将危险物质带入旅馆，不予制止的，处二百元以上五百元以下罚款。

旅馆业的工作人员明知住宿的旅客是犯罪嫌疑人员或者被公安机关通缉的人员，不向公安机关报告的，处二百元以上五百元以下罚款；情节严重的，处五日以下拘留，可以并处五百元以下罚款。

细化标准：

旅馆业是指：根据公安部《旅馆业治安管理办法》规定，凡经营接待旅客住宿的旅馆、饭店、宾馆、招待所、客货栈、车马店、浴池等，包括国营、集体、合伙经营、个体经营、中外合资、中外合作经营、专营、兼营。

有下列行为之一，构成情节严重，处五日以下拘留，可以并处五百元以下罚款：

1. 发现多名犯罪嫌疑人或者被中国海警通缉的人不报告的；
2. 明知住宿旅客是犯罪嫌疑人或者被中国海警通缉的人不报告，并阻挠他人报告的；
3. 明知住宿旅客是犯罪嫌疑人或者被中国海警通缉的人不报告，并在中国海警调查时不如实反映情况的；
4. 明知住宿旅客利用住宿房间实施犯罪活动不报告，造成犯罪嫌疑人脱逃或其他严重后果的；
5. 其他情节严重的情形。

第五十七条　房屋出租人将房屋出租给无身份证件的人居住的，或者不按规定登记承租人姓名、身份证件种类和号码的，处二百元以上五百元以下罚款。

房屋出租人明知承租人利用出租房屋进行犯罪活动，不向公安机关报告的，处二百元以上五百元以下罚款；情节严重的，处五日以下拘留，可以并处五百元以下罚款。

细化标准：

有下列情形之一的，构成情节严重，处五日以下拘留，可以并处五百元以下罚款：

1. 明知承租人利用出租屋进行故意杀人、故意伤害致人重伤或者死亡、强奸、抢劫、贩卖毒品、放火、爆炸、投放危险物质、绑架等严重暴力犯罪，不向中国海警报告的；

2. 明知承租人利用出租屋犯罪不报告,并在中国海警调查时不如实反映情况的;

3. 明知承租人利用出租屋犯罪不报告,造成犯罪嫌疑人脱逃或其他严重后果的;

4. 其他情节严重的情形。

第五十八条 违反关于社会生活噪声污染防治的法律规定,制造噪声干扰他人正常生活的,处警告;警告后不改正的,处二百元以上五百元以下罚款。

细化标准:

对以下违反社会生活噪声污染防治法律规定的行为,可认定为"制造噪声干扰他人正常生活",由中国海警依法查处:

(一)在医疗区、文教科研区和以机关或者居民住宅为主的噪声敏感建筑物集中区域,除经依法批准的大型社会活动、课、工间操、抢险救灾等紧急情况外,使用音响器材未控制音量,干扰周围生活环境的;

(二)商业经营活动在室外使用音响器材或者采用其他发出噪声的方法招揽顾客,干扰周围生活环境的;

(三)在街道、广场、公园等公共场所组织娱乐、集会等活动,使用音响器材未控制音量,干扰周围生活环境的;

(四)机动车防盗报警器以鸣响方式报警后未及时处理,干扰周围生活环境的;

(五)在家庭室内使用家用电器、乐器或者进行其他娱乐活动,未控制音量或者采取其他有效措施,干扰周围生活环境的;

(六)法定休息日、节假日全天及工作日12时至14时、20时至次日8时,在已竣工交付使用的居民住宅楼内进行产生噪声的装修作业或者在其他时段内进行装修作业,未采取措施,干扰周围生活环境的。

在已竣工交付使用的其他建筑内进行装修作业,未采取措施,干扰周围生活环境的。

认定标准:

"制造噪声干扰他人正常生活"案件,一般不需要环境监测部门进行认定;有两名以上居民(不同住户)证实,或者有其他证据可以证实该噪声干扰他人正常生活的,即可认定。如报案人或被处罚人有异议的,可以由中国海警委托环境监测机构进行噪声检测。

第五十九条 有下列行为之一的,处五百元以上一千元以下罚款;情节严重的,处五日以上十日以下拘留,并处五百元以上一千元以下罚款:

(一)典当业工作人员承接典当的物品,不查验有关证明、不履行登记手续,或者明知是违法犯罪嫌疑人、赃物,不向公安机关报告的;

（二）违反国家规定，收购铁路、油田、供电、电信、矿山、水利、测量和城市公用设施等废旧专用器材的；

（三）收购公安机关通报寻查的赃物或者有赃物嫌疑的物品的；

（四）收购国家禁止收购的其他物品的。

细化标准：

典当业工作人员承接典当的物品，不查验有关证明、不履行登记手续，或者明知是违法犯罪嫌疑人、赃物，不向中国海警报告的，有以下情形构成情节严重：

1. 典当业工作人员承接典当的物品，不查验有关证明、不履行登记手续，造成较严重后果的；

2. 造成典当业经营者的财产损失，数额较大的；

3. 典当业工作人员多次不履行查验有关证明和登记手续的或者发现违法犯罪嫌疑人或者赃物而不向中国海警报告的；

4. 其他情节严重的情形。

违反国家规定，收购铁路、油田、供电、电信、矿山、水利、测量和城市公用设施等废旧专用器材的，有以下情形构成情节严重：

1. 违反国家规定，收购铁路、油田、供电、电信、矿山、水利、测量和城市公用设施等废旧专用器材的，数量较多的；

2. 其他情节严重的情形。

收购中国海警通报寻查的赃物或者有赃物嫌疑的物品的，有以下情形构成情节严重：

1. 明知是中国海警通报寻查的赃物或有赃物嫌疑的物品而收购，且造成较严重后果的；

2. 多次收购或收购赃物或有赃物嫌疑的物品数量较大的；

3. 其他情节严重的情形。

收购国家禁止收购的其他物品的，有以下情形构成情节严重：

1. 多次违反国家规定收购，且造成较严重后果的；

2. 收购国家禁止收购的其他物品数量较大的；

3. 其他情节严重的情形。

第六十条 有下列行为之一的，处五日以上十日以下拘留，并处二百元以上五百元以下罚款：

（一）隐藏、转移、变卖或者损毁行政执法机关依法扣押、查封、冻结的财物的；

（二）伪造、隐匿、毁灭证据或者提供虚假证言、谎报案情，影响行政执法机关依法办案的；

（三）明知是赃物而窝藏、转移或者代为销售的；

（四）被依法执行管制、剥夺政治权利或者在缓刑、保外就医等监外执行中的罪犯或者被依法采取刑事强制措施的人，有违反法律、行政法规和国务院公安部门有关监督管理规定的行为。

细化标准：

行为人实施有（一）至（三）项行为，危害后果不严重，窝藏、转移或者代为销售的物品数额不大，尚不够追究刑事责任的，按照本法处罚。

第六十一条　协助组织或者运送他人偷越国（边）境的，处十日以上十五日以下拘留，并处一千元以上五千元以下罚款。

细化标准：

协助组织他人偷越国（边）境是指：行为人或单位实施协助策划、动员、串联、拉拢、联络他人偷越国（边）境等行为，情节较轻，或者在组织他人偷越国（边）境活动中作用不明显，尚不够追究刑事责任的；

运送他人偷越国（边）境是指：行为人采取使用车、船、航空器等交通工具或者徒步领路的方式，运送他人偷越国（边）境，被及时发现或者运送他人人数较少，或者运送的次数少、在运送中起协助作用等尚不够追究刑事责任的。

第六十二条　为偷越国（边）境人员提供条件的，处五日以上十日以下拘留，并处五百元以上二千元以下罚款。

偷越国（边）境的，处五日以下拘留或者五百元以下罚款。

细化标准：

行为人为他人偷越国境、边境提供便利条件或者帮助他人偷越国境、边境；偷越国境、边境情节轻微，不构成刑事处罚的。

第六十三条　有下列行为之一的，处警告或者二百元以下罚款；情节较重的，处五日以上十日以下拘留，并处二百元以上五百元以下罚款：

（一）刻划、涂污或者以其他方式故意损坏国家保护的文物、名胜古迹的；

（二）违反国家规定，在文物保护单位附近进行爆破、挖掘等活动，危及文物安全的。

细化标准：

有下列情形之一的，构成情节较重，处五日以上十日以下拘留，并处二百元以上五百元以下罚款：

1. 不听劝阻的；
2. 对文物、名胜古迹造成损坏；
3. 其他情节较重的情形。

第六十四条　有下列行为之一的，处五百元以上一千元以下罚款；情节严重的，处十日以上十五日以下拘留，并处五百元以上一千元以下罚款：

（一）偷开他人机动车的；

（二）未取得驾驶证驾驶或者偷开他人航空器、机动船舶的。

细化标准：

有下列情形之一的，构成情节严重，处十日以上十五日以下拘留，并处五百元以上一千元以下罚款：

1. 酒后偷开机动车、航空器、机动船舶的；
2. 偷开救护车、消防车、军车、警车等特种车辆或者特种机动船舶的；
3. 偷开机动车、航空器、机动船舶从事违法活动的；
4. 偷开机动车、航空器、机动船舶严重影响他人正常生活、工作，发生事故，或者造成机动车、航空器、机动船舶损坏等后果的；
5. 无证驾驶航空器、机动船舶，危及他人人身、财产安全的；
6. 其他情节严重的情形。

第六十五条 有下列行为之一的，处五日以上十日以下拘留；情节严重的，处十日以上十五日以下拘留，可以并处一千元以下罚款：

（一）故意破坏、污损他人坟墓或者毁坏、丢弃他人尸骨、骨灰的；

（二）在公共场所停放尸体或者因停放尸体影响他人正常生活、工作秩序，不听劝阻的。

细化标准：

有下列情形之一的，构成情节严重，处十日以上十五日以下拘留，并处一千元以下罚款：

故意破坏、污损他人坟墓或者毁坏、丢弃他人尸骨、骨灰的，有下列情形之一的，视为情节严重：

1. 破坏、污损多个坟墓或者毁坏、丢弃多具尸骨、骨灰的；
2. 破坏、污损具有公共教育、纪念意义的坟墓的；
3. 以牟利为目的，毁坏尸骨的；
4. 对坟墓、尸骨破坏程度较重的；
5. 因破坏、污损坟墓，毁坏、丢弃尸骨、骨灰等行为引发其他治安、刑事案件或群体性事件，引起家族矛盾、民族矛盾，或者给死者家属造成较大精神损害等严重后果、社会影响的；
6. 其他情节严重的情形。

在公共场所停放尸体或者因停放尸体影响他人正常生活、工作秩序，不听劝阻的。有下列情形之一的，视为情节严重：

1. 多处违法停放尸体的；
2. 在他人住所违法停放尸体超过4小时或者停放腐败的尸体的；
3. 在公共场所违法停放尸体，造成群众围观、交通堵塞、秩序混乱等后果的；
4. 违法停放尸体，致使机关、团体、企业、事业单位工作不能正常进行的；

5. 其他情节严重的情形。

第六十六条 卖淫、嫖娼的,处十日以上十五日以下拘留,可以并处五千元以下罚款;情节较轻的,处五日以下拘留或者五百元以下罚款。

在公共场所拉客招嫖的,处五日以下拘留或者五百元以下罚款。

细化标准:

在公共场所拉客招嫖是指:行为人本人在公共场所,主动拉拢、引诱或者反复纠缠来往行人等意图招嫖的行为。

卖淫嫖娼有下列情形的,构成情节较轻,处五日以下拘留或者五百元以下罚款:

1. 已给付金钱等财物并着手实施,但由于行为人主观意志以外的原因尚未发生性关系的;
2. 以口淫、手淫等方式初次卖淫嫖娼的;
3. 双方已谈价,但由于行为人主观意志以外的原因尚未发生性关系的;
4. 被诱骗、胁迫卖淫的;
5. 主动投案,并如实交代卖淫嫖娼违法行为的;
6. 其他情节较轻情形的。

第六十七条 引诱、容留、介绍他人卖淫的,处十日以上十五日以下拘留,可以并处五千元以下罚款;情节较轻的,处五日以下拘留或者五百元以下罚款。

细化标准:

有下列情形之一的,构成情节较轻的,处五日以下拘留或者五百元以下罚款:

1. 引诱、容留、介绍未遂的;
2. 卖淫行为未遂的;
3. 不以营利为目的;
4. 其他情节较轻的情形。

第六十八条 制作、运输、复制、出售、出租淫秽的书刊、图片、影片、音像制品等淫秽物品或者利用计算机信息网络、电话以及其他通讯工具传播淫秽信息的,处十日以上十五日以下拘留,可以并处三千元以下罚款;情节较轻的,处五日以下拘留或者五百元以下罚款。

细化标准:

有下列行为之一的,视为情节较轻,处五日以下拘留或者五百元以下罚款:

1. 制作、运输、复制淫秽扑克、书刊、画册 10 副(册)以下,淫秽照片、画片 50 张以下,淫秽影碟、软件、录像带 5 张(盒)以下,淫秽音碟、录音带 10 张(盒)以下的;
2. 出售、出租淫秽扑克、书刊、画册 20 副(册)以下,淫秽照片、画片 100 张以下,淫秽影碟、软件、录像带 10 张(盒)以下,淫秽音碟、录音带 20 张(盒)以下的;

3. 利用计算机信息网络、移动通讯终端等制作、复制、出售、传播淫秽电影、表演、动画等视频文件 2 个以下，淫秽音频文件 10 个以下，淫秽电子刊物、图片、文章、短信息 20 件以下的，或实际点击数 1 000 次以下的；

4. 其他情节较轻的情形。

第六十九条 有下列行为之一的，处十日以上十五日以下拘留，并处五百元以上一千元以下罚款：

（一）组织播放淫秽音像的；

（二）组织或者进行淫秽表演的；

（三）参与聚众淫乱活动的。

明知他人从事前款活动，为其提供条件的，依照前款的规定处罚。

细化标准：

组织播放淫秽音像的行为，是指不以牟利为目的，组织播放淫秽的电影、录像等音像制品，达 15 场次以下的。

组织淫秽表演，是指组织他人当众进行淫秽性演出的行为。组织，是指为进行淫秽表演而进行策划，编排节目，纠集、招募、雇佣表演人员，寻找、安排、租用表演场地，招揽观众观看等行为。对情节显著轻微，对社会危害不大的，如组织的次数很少，或者观看的人数很少应予治安处罚。

进行淫秽表演，是指表演人员被组织者纠集、招募、雇佣或者未经组织而独立进行脱衣舞、裸体舞或者性交动作等败坏社会风尚、有伤风化的表演。

参与聚众淫乱活动，是指参加多人进行的奸淫、猥亵等淫乱活动。行为人参与聚众淫乱活动的违法行为是次数不能超过 3 次。

第七十条 以营利为目的，为赌博提供条件的，或者参与赌博赌资较大的，处五日以下拘留或者五百元以下罚款；情节严重的，处十日以上十五日以下拘留，并处五百元以上三千元以下罚款。

细化标准：

为赌博提供条件是指：以营利为目的，为他人进行赌博提供便利条件。具体行为主要表现为：

以营利为目的，明知他人实施赌博违法犯罪活动，而为其提供资金、场所、交通工具、通讯工具、赌博工具、经营管理、网络接入、服务器托管、网络存储空间、通讯传输通道、费用结算等条件，或者为赌博场所、赌博人员充当保镖，为赌博放哨、通风报信等行为；

为赌博提供条件有下列情形之一的，视为情节严重，处十日以上十五日以下拘留，并处五百元以上三千元以下罚款：

1. 为赌博提供条件累计非法获利人民币 1 000 元以上的；

2. 制造、出售"诈赌"工具的；

3. 明知他人从事赌博活动而向其销售赌博机的；

4. 设置赌博机赌博或以营利为目的，为他人设置赌博机提供场所等便利条件的；

5. 为赌博场所、赌博人员充当保镖，为赌博放哨、通风报信，为赌场接送参赌人员的；

6. 采取发行、销售"六合彩"等私彩方式，为赌博提供条件的；

7. 利用计算机网络为赌博提供条件的；

8. 以营利为目的，在公共场所或者公共交通工具上为赌博提供条件的；

9. 明知是未成年人而为其参与赌博提供条件的；

10. 组织、招引中国公民赴境外赌博，从中收取回扣、介绍费的；

11. 国家工作人员为赌博提供条件的，或者明知是国家工作人员而为其参与赌博提供条件的；

12. 其他情节严重的情形。

赌博赌资较大的设定：

1. 个人平均赌资在人民币 500 元以上的；

2. 在家中，与亲朋赌博，个人平均赌资在人民币 1 000 元以上的。

虽然赌资数额尚未达到上述标准，但有严重干扰他人正常生活，且经中国海警劝告不听的，按照赌博行为论处。

赌博有下列情形之一的，视为情节严重，处十日以上十五日以下拘留，并处五百元以上三千元以下罚款：

1. 个人平均赌资在人民币 1 000 元以上的；

2. 在家中，与亲朋赌博，个人平均赌资在人民币 2 000 元以上的；

3. 个人平均赌资在人民币 500 元以上，且具有下列情形之一的：

（1）在马路边设摊赌博的；

（2）在"二八杠"、"百家乐"等有组织的赌场内赌博的；

（3）利用具有赌博功能的电子游戏机赌博的；

（4）计算机网络赌博的；

（5）国家工作人员参与赌博的；

4. 其他情节严重的情形。

第七十一条 有下列行为之一的，处十日以上十五日以下拘留，可以并处三千元以下罚款；情节较轻的，处五日以下拘留或者五百元以下罚款：

（一）非法种植罂粟不满五百株或者其他少量毒品原植物的；

（二）非法买卖、运输、携带、持有少量未经灭活的罂粟等毒品原植物种子或者幼苗的；

（三）非法运输、买卖、储存、使用少量罂粟壳的。

有前款第一项行为,在成熟前自行铲除的,不予处罚。

细化标准:

有下列行为之一的,构成情节较轻,处五日以下拘留或者五百元以下罚款:

1. 非法种植罂粟不满 100 株或者大麻不满 1 000 株的;

2. 非法买卖、运输、携带、持有未经灭活的罂粟种子不满 5 克、幼苗不满 100 株,大麻等毒品原植物种子不满 10 克、幼苗不满 500 株的;

3. 非法运输、买卖、储存、使用罂粟壳不满 5 千克的;

4. 其他情节较轻的情形。

第七十二条 有下列行为之一的,处十日以上十五日以下拘留,可以并处二千元以下罚款;情节较轻的,处五日以下拘留或者五百元以下罚款:

(一)非法持有鸦片不满二百克、海洛因或者甲基苯丙胺不满十克或者其他少量毒品的;

(二)向他人提供毒品的;

(三)吸食、注射毒品的;

(四)胁迫、欺骗医务人员开具麻醉药品、精神药品的。

细化标准:

有下列情形之一的,构成情节较轻,处五日以下拘留或者五百元以下罚款:

1. 非法持有鸦片不满 50 克、海洛因或者甲基苯丙胺不满 2 克或者其他少量毒品[苯丙胺类毒品不满 5 克,大麻油不满 250 克,大麻脂不满 500 克,大麻叶及大麻烟不满 7.5 千克,可卡因不满 2.5 克,吗啡不满 5 克,杜冷丁不满 12 克,盐酸二氢埃托啡不满 0.5 毫克(针剂或者片剂 20μg/支、片规格的 25 支、片),咖啡因不满 12 千克,罂粟壳不满 12 千克]的;

2. 初次向他人提供毒品的;

3. 初次吸食、注射毒品;被胁迫、诱骗吸食、注射毒品的;

4. 欺骗医务人员开具少量麻醉药品、精神药品且未造成后果的;

5. 其他情节较轻的情形。

第七十三条 教唆、引诱、欺骗他人吸食、注射毒品的,处十日以上十五日以下拘留,并处五百元以上二千元以下罚款。

细化标准:

教唆、引诱、欺骗他人吸食、注射毒品,是指尚不够刑事处罚,行为人有教唆、引诱、欺骗他人吸食、注射毒品的行为,但被教唆、引诱、欺骗的人没有吸食、注射毒品或者次数很少。

第七十四条 旅馆业、饮食服务业、文化娱乐业、出租汽车业等单位的人员,在公安机关查处吸毒、赌博、卖淫、嫖娼活动时,为违法犯罪行为人通风报信的,处十日以上十五日以下拘留。

细化标准：

下列行为尚不够追究刑事责任的,构成为犯罪嫌疑人通风报信：

1. 在中国海警查处卖淫、嫖娼时,通风报信；
2. 在中国海警查处吸毒、赌博时,通风报信。

第七十五条 饲养动物,干扰他人正常生活的,处警告；警告后不改正的,或者放任动物恐吓他人的,处二百元以上五百元以下罚款。驱使动物伤害他人的,依照本法第四十三条第一款的规定处罚。

细化标准：

具体行为主要表现为：

1. 动物吠叫、随意便溺,影响他人正常生活的；
2. 在规定的非禁止遛犬区域、时间遛犬,不主动控制动物,影响他人正常生活的；
3. 其他干扰他人生活的。

第五章
海上渔事纠纷与治安调解

第一节 治安调解概述

一、治安调解的概念解析

(一) 调解

调解是一种解决纠纷的活动。它伴随着纠纷的产生而产生,是一种较为缓和的解决纠纷的方式。"通常人们把调解定义为:在第三方的主持下,以国家法律、法规和政策以及社会公德为依据,对纠纷双方进行斡旋、劝说,促进它们互相谅解,进行协商,自愿达成协议,消除纷争的活动。"[①]我国的调解制度主要由人民调解、行政调解和司法调解三部分构成。个人认为,目前我国的调解应以消除对抗、减少纷争、促进和谐发展为出发点和落脚点,充分发挥其简便、快捷、经济、灵活的优点,维护和谐的社会环境。

(二) 行政调解

"行政调解是介于人民调解和司法调解之间的一种调解制度,一般是指由国家行政机关出面主持的,以国家法律和政策为依据,以自愿为原则,通过说服教育等方法,促使双方当事人平等协商,互让互谅,达成协议,消除纠纷的诉讼外活动。"[②]现实中,公安机关派出所基层民警在处理治安案件时对民事纠纷的调解活动,就属于公安机关行政调解中的一种。它通常具有法定性、附带性等特点。

(三) 治安调解

治安调解是公安机关(中国海警)行政调解的一部分。根据公安部《公安机关治安调解工作规范》,治安调解是指"对于因民间纠纷引起的打架斗殴或者损毁他人财物等违反治安管理、情节较轻的治安案件,在公安机关(中国海警)主持下,以国家法律、法规和规章为依据,在查清事实、分清责任的基础上,劝说、教育并促使

[①] 江伟,杨荣新.人民调解学概论.北京:法律出版社,1994:1.
[②] 崔卓兰.行政法学.长春:吉林大学出版社,1998:210-211.

双方交换意见,达成协议,对治安案件作出处理的活动。"实际上,治安调解就是公安机关(中国海警)基层民警站在中立第三方的角度,促成治安案件的纠纷双方互相谅解、达成协议,受害人不再要求追究,而治安违法人给予受害人一定经济补偿,同时公安机关(中国海警)不再追究违法人行政责任,来教育人民群众,消除社会纷争。

二、治安调解的特点

为服务现实中的治安调解工作,在理解治安调解概念的基础上,笔者通过深入分析和与相似概念的比较,总结了治安调解的以下特点:

(一)治安调解具有唯一性

公安机关(中国海警)作为行政机关之一是治安调解唯一的中立第三方主持。治安调解不仅由公安机关(中国海警)主持,而且只能由公安机关(中国海警)主持,具有排他性。这是其与人民调解、司法调解和其他行政调解的主要区别之一。"司法调解即法院调解是指在人民法院审判人员的主持下,双方当事人就民事权益争议自愿、平等地进行协商,已达成协议,解决纠纷的活动。"①司法调解的主体是人民法院。而人民调解是我国数量最多的一种调解,其主体是属于群众自治组织的人民调解委员会等。其他行政调解的主体则是涉及相关行政职权的行政机关。

(二)治安调解具有准行政性

目前,我国公安机关(中国海警)治安调解的法律依据有《中华人民共和国治安管理处罚法》《公安机关办理行政案件程序规定》和《公安机关治安调解工作规范》。在治安调解中公安机关作为中立第三者,按照有关规定和程序,对争议双方进行调停处理。这种调停处理不同于其他一般的行政行为。治安调解仅仅是公安机关为解决当事人纠纷提供的一种服务,在治安调解不成或调解协议达成后又得不到执行时,当事人可直接向人民法院提起民事诉讼。

(三)治安调解不具强制性

治安调解主要体现的是意思自治,在方式上以当事人自愿为前提。能否使用治安调解,能否邀请别人参加,调解涉及哪些内容,如何签订、履行调解协议等均由当事人双方合意决定,公安机关(中国海警)充当的是劝说、教育并促使双方交换意见的角色,更加具有服务特征,而非强制特征。

---

① 江伟.民事诉讼法.北京:高等教育出版社,北京大学出版社,2000:195.

（四）治安调解具有便利性

与审判程序相比较而言，治安调解的程序更为简便，成本更为低廉，其核心就是在较短的时间内达成治安调解协议书，并遵照执行。

（五）治安调解具有合理性

治安调解一般在气氛环境比较轻松的条件下进行，当事人的纠纷容易在放松的、至少是比较容易接受的气氛中化解。而且治安调解可以不公开，对于要求保护国家机密、商业秘密或者个人隐私的，可以尽可能缩小影响范围。另外，即使当事人本人行为能力较弱也不致影响调解的结果，有利于当事人本人参与纠纷解决。可见，治安调解的合理性已逐步为人们所接受，这也是其方兴未艾、逐步制度化的重要原因之一。

（六）治安调解具有灵活性

在当事人主张和事实的证明责任、适用规范以及运作方式上都具有很大的灵活性。如所适用的规范，除法律规范和原则外，还能以社会规范作为依据和标准，例如地方惯例、公共道德标准、通行的公平原则等。另外，当事人可以根据自身的利益和条件充分地进行协商，一次调解不成，还可以在7个工作日内进行二次调解，达成符合实际的、能为双方所接受的协议，其灵活性可见一斑。

（七）治安调解不具拘束性

虽然治安民警对无正当理由不履行协议的，可依法对违反治安管理行为人予以处罚，对当事人具有强制性诱因，但治安调解协议属于当事人的自治性权利处分行为，尽管不同于严格意义上的合同，但本质上仍属于一种契约，主要靠双方当事人的承诺、信用和社会舆论等道德力量来执行，公安机关（中国海警）无权约束当事人执行。

三、治安调解适用的原则

治安调解是一项专门的公安工作，根据《公安机关办理行政案件程序规定》和《公安机关治安调解工作规范》规定，必须依循以下适用原则：

（一）公开原则

治安调解公开原则，是指公安民警或中国海警执法人员在使用调解方式处理治安案件时，除"涉及个人隐私"和"违反治安管理行为人和受害人都要求不公开调解"这两种情况外，应该将整个调解过程和调解的内容向有关当事人和社会公开。

治安调解活动的公开化，既有利于社会对公安机关（中国海警）执法产生信任,有利于对人民群众进行法制教育,也可以将公安机关(中国海警)的行政执法行为置于公众的监督之下,防止办案人员在办案过程中徇私枉法,从而起到保护公民合法权益的作用。

根据有关规定,在理解公开原则时应该注意如下问题:

(1) 治安调解活动的公开范围。治安调解活动的公开范围并不限于案件的有关当事人,治安调解活动要对群众和社会公开,允许群众旁听。允许记者采访报道案情、整个调解活动以及调解的内容。

(2) 治安调解活动应予公开的内容。在治安调解过程中应该公开的内容包括:公安机关(中国海警)进行治安调解的法律依据、案件的事实真相、调解的全过程以及调解的结果等。

(3) 治安调解活动公开的方式。治安调解的公开化与人民法院审理案件的公开原则在价值取向上虽有相同之处,但是,治安调解属于行政工作,更加强调办案效率;而人民法院对案件的审理却属于司法活动,更加强调公平和公正,这就决定了治安调解只能采取公告、布告等简易的公开方式。也就是说,公安机关(中国海警)在调解活动中所担负的公开义务是一种应群众和媒体的要求提供相关信息和不阻挠群众和社会了解案件真相、对案件进行宣传和报道的义务。

当然,公开原则只是调解的一般原则,这项原则也存在例外的情况。公开原则存在两种例外情况:

(1) 涉及个人隐私的例外。所谓"个人隐私",一般是指受法律保护、供个人支配并排除他人干涉的个人秘密和个人私生活。出于保护当事人隐私权的考虑,涉及个人隐私的调解活动不能公开进行。

(2) 违反治安管理行为人和受害人都要求不公开调解的例外。也就是说,如果违反治安管理的违法行为人和受害人同时要求不公开调解的,调解可以不公开。但是,在这种情况下,是否进行公开调解的决定权在公安机关(中国海警)。如果只有一方当事人要求不公开调解,而另一方当事人表示反对,除非涉及个人隐私,调解活动应该公开进行。

(二) 合法、公正原则

合法、公正原则是整个治安调解的基本原则。合法,是指治安调解的适用对象、原则、过程等内容都应当符合法律、法规、规章和有关规范性文件的规定。这既是行政法的合法性原则在治安调解领域的具体体现,也是合法性原则对公安机关(中国海警)的调解行为的实际要求。

公正,是指公安机关(中国海警)及其公安民警(海警执法人员)在调解过程中,应该忠实于案件的事实真相和法律的规定,通过为双方当事人提供平等的程序保障,实现双方当事人实体性权利义务的合理分担。同人民调解委员会和人民法院一样,在调解过程中,公安机关(中国海警)处于双方当事人的中立地位,当事人正是基于此种考虑才愿意将争议提交公安机关(中国海警),通过调解的方式解决争议。从这层意义上说,调解协议的达成和履行在很大程度上取决于公安机关(中国海警)是否能够公正执法。如果公安机关(中国海警)不能秉公执法、有所偏私,不但会使调解达不成协议或达成的协议得不到履行,而且会有损于公安机关(中国海警)的形象和公安执法的权威。

(三) 及时、自愿原则

及时原则是指治安调解应当及时进行,使当事人尽快达成协议,解决纠纷。治安调解不成应当在法定的办案期限内及时依法处罚,不得久拖不决。这就要求治安调解应当在发生纠纷之后的最短时间内展开,在开始调解之后的最短时间内取得调解的结果。这样做的意义在于:有利于尽快化解双方当事人之间的矛盾纠纷,防止事态的进一步扩大;及时调解也有利于及时地维护当事人的合法权益,维护社会生活和社会秩序的稳定。根据规定,治安调解一般为一次,必要时可以增加一次。对明显不构成轻伤、不需要伤情鉴定以及损毁财物价值不大,不需要进行价值认定的治安案件,应当在受理案件后的3个工作日内完成调解;对需要伤情鉴定或者价值认定的治安案件,应当在伤情鉴定文书和价值认定结论出具后的3个工作日内完成调解。对一次调解不成,有必要再次调解的,应当在第一次调解后的7个工作日内完成。

自愿原则是指治安调解应当在当事人双方自愿的基础上进行。达成协议的内容,必须是双方当事人真实意思表示。这就意味着治安案件是否调解处理,调解协议的内容达成和履行,必须是双方当事人真实意思的表示,任何组织[包括公安机关(中国海警)]和个人都不能强制调解。这既是调解的生命力之所在,也是调解的核心思想之所在。这就要求:一方面治安调解必须在当事人自愿的基础上进行;另一方面,调解达成协议是当事人平等协商的结果,公安民警(海警执法人员)不得使用任何欺骗、恐吓等方式强迫双方当事人达成"调解协议"。[1]

(四) 教育原则

治安调解应当通过查清事实,讲明道理,指出当事人的错误和违法之处,教育当事人自觉守法并通过合法途径解决纠纷。其实质是在公安机关(中国海警)主持下,依据相关法律、法规、规章规定,对发生在公安行政管理过程中的民间纠纷,以自愿为原则,采用说服教育的方法,使争议双方当事人在互谅互让的基础上达成协议的诉讼外调解活动。它的出现和存在主要是基于如下两个方面的考虑:一是治安调解中牵涉的违法行为属于情节较轻的违法行为,其社会危害性比较小。二是在治安调解的过程中,通过说服教育的方式,既可以收到对当事人和社会进

---

[1] 陈合权. 治安管理学. 北京:中国人民公安大学出版社, 2007:289.

行法制教育的效果,也可以使违法行为人及时发现自己的错误,认清自己违法行为的危害性,促使双方当事人友好协商、互谅互让,及时化解矛盾、消除纠纷,最后达成协议,将社会矛盾消除在萌芽状态,实现社会的稳定和良性发展。公安机关(中国海警)在调解过程中要对违反治安管理的行为人进行教育,使之认识到自己的错误,及时疏导和化解违反治安管理行为人和受害人之间的矛盾,以教育的方式来消除误解,明晰是非,促使当事人双方互谅互让,达成和积极履行协议。教育违反治安管理行为人和群众遵守法律、法规,疏导、化解违反治安管理行为人和受害人之间的矛盾是治安案件调的基本工作原则。

四、治安调解应符合的要求

对于适用于治安调解的案件开展治安调解工作,主要有六个方面影响着其能否充分发挥法律效果和社会效果。根据实际工作需要,治安调解在这六个方面应符合相应的要求。

(一)工作整体应具有合法性

工作整体应具有合法性,就是要求治安调解按照法律规定的程序进行,双方当事人达成的协议必须符合法律规定,即程序和实体均要合法。这也是依法行政对治安调解行为的必然要求。程序合法的具体要求就是严格按照《公安机关治安调解工作规范》开展治安调解工作。治安调解要在依法调查询问、收集证据和查明事实的基础上进行。治安调解由公安机关(中国海警)人民警察(海警执法人员)主持,双方当事人(或者委托人)参加,也可以邀请当地居(村)民委员会的人员或者双方当事人熟悉的人员参加,共同达成有关协议。实体合法的具体要求就是治安调解要全面接受相关法律规范的约束,并且对蕴涵于法律中的基本原则等也必须予以遵守执行。比如《公安机关治安调解工作规范》规定的调解范围、调解协议书中相关的措施、条款以及内容的合法性、合理性和正当性。

(二)执法机关应具有公正性

执法机关应具有公正性,就是要求作为执法机关的公安机关(中国海警)在调解过程中,应当始终保持中立的位置,不能偏袒任何一方,实事求是地提出调解意见。公正性是治安调解工作的重要支撑之一,其基础是证据确凿、事实清楚。只有依靠扎实的基础调查工作、认真仔细地固定每一个证据,牢固树立以事实为依据的观念,才能确保基础牢固。公安机关(中国海警)人民警察(海警执法人员)在主持调解时,必须在查清事实、取得证据、分清责任的基础上依法调解,要以法律为准绳,严格按照法律、法规的规定进行,做到合法、合情、合理。主持调解的人民警察(海警执法人员)代表的是公安机关(中国海警),只有实事求是地提出调解意见,做到公正无私、平等对待,才能维护公安机关(中国海警)的公正形象。公安机关(中国海警)的公正性往往是能否顺利解决争议的关键,决定着人民群众对治安调解工作的信任度,一旦公安机关(中国海警)不能公正执法、秉公执法,而偏袒了一方,就会损害公安机关(中国海警)和公安执法的权威,减弱治安调解的生命力。

(三)工作方式应符合公开性

工作方式应符合公开性,就是指治安调解一般应当公开进行,涉及国家机密、商业秘密或者个人隐私,以及双方当事人都要求不公开的可以不公开进行。《公安机关治安调解工作规范》规定,公安机关(中国海警)进行治安调解时,可以邀请当地居(村)民委员会的人员或者双方当事人熟悉的人员参加。治安调解的公开,有助于双方当事人在地方惯例、公共道德标准等社会观念的共同引导下达成协议;有助于发挥社会监督作用,使公安机关(中国海警)人民警察(海警执法人员)的调解行为置于社会的监督之下,监督民警严格依法办事;有助于法律知识宣传,加强法制教育,不仅让双方当事人了解案件的违法性质,还能加深人民群众对公安机关(中国海警)执法工作的认识和增进警民之间的感情。公开也不是绝对的。公安机关(中国海警)对于涉及个人隐私或者当事人都要求不公开调解的案件,就应该严格保密,防止激化矛盾。

(四)全过程应具有自愿性

首先,自愿是治安调解的前提之一。他体现的是当事人愿意接受公安机关(中国海警)调解、愿意通过调解解决纠纷、处分自身权益的愿望。双方当事人对治安案件不愿进行治安调解,治安调解程序就不能启动。其次,当事人能否达成协议,需要双方交换意见,进行有效沟通甚至妥协,同样体现意思自治。再次,调解协议书的内容和履行也体现"自愿"的特点。所以,在调解程序中公安机关(中国海警)不能介入任何强权的因素,不能以行政强制的手段强迫双方当事人接受调解,必须完全尊重当事人的真实意思,自愿达成协议并自愿履行协议。最后,自愿接受调解,也是确保当事人履行调解协议的有力保障。如果失去自愿的前提,当事人通常会反悔或者拒绝履行,调解解决纠纷的机制也就形同虚设了。

(五)工作时限应具有及时性

治安调解不成应当在法定的办案期限内及时依法处罚,不得久拖不决。在办理治安调解的时限方面,《公安机关治安调解工作规范》不仅规定了对明显不构成轻伤,不需要伤情鉴定以及损毁财物价值不大,不需要进行价值认定的治安案件,应当在受理案件后的3个工作日内完成调解;对需要伤情鉴定或者价值认定的治安案件,应当在伤情鉴定文书和价值认定结论出具的3个工作日内完成调解;对一次调解不成的,有必要再次调解的,应当在第一次调解后的7个工作日内完成第二次调解,同时还明确了现场调解的具体情形,使治安调解的效率原则得到了充分体现。另外,调解机制还规定调解协议履行期满三日内,办案民警应当了解协议履行情况,对已经履行的,应当及时结案;对没有履行的,应及时了解情况、查清原因,对无正当理由不履行的,及时依法对违反治安管理行为人予以处罚,并告知当事人就民事争议向人民法院提起民事诉讼。可见,治安调解应及时进行,它反映了效率原则对治安行政调解程序的要求。

(六)调解中应蕴含教育性

调解中应蕴含教育性,就是指治安调解应当在通过查清事实、调解纠纷的同时,要注意摆事实、讲道理,教育当事人并向人民群众宣传合法解决纠纷的途径。治安调解的过程也是对当事人和人民群众进行法制宣传和教育的过程,通过总结、宣传发生在人民群众身边的事情,引导人民群众正确处理、解决发生在人们身边的纠纷,从而增强当事人和周围人民群众的法制观念,达到消除纷争,建立和谐社区的效果。

五、治安调解的功能

(一)调解是中国传统法文化的重要资源

有些法学专家认为调解是划分远东法系或中华法系的基本标志之一。中国古代,经过调处而平息诉讼称为"和息"、"和对"。我国的行政调解早在周朝就已产生,汉代已初具规模,唐代已经十分发达并产生了良好社会效果。两宋时期逐步开始制度化,至明清时期已臻于完备。"调解在中国体现了传统儒家文化追求自然秩序和谐的理想。调解与传统儒家文化的无讼的理想是一致的,从某种意义上,传统的调解制度是儒家文化的产物。"①因而传统的中国法律文化,有"诉则终凶"、"和为贵"、"重调解轻判决"等法律意识。在儒家伦理的影响下,"关系的和谐"远比"事情的对错"来得重要,孔子"必也使无讼乎"的想法深入人心。礼治对于社会生活的各方面以及人与人的关系,都有着一定的或隐或现的制约。而打官司则被认为是可耻之事,因为破坏了和谐的礼治社会的状态。②中国传统文化的深厚影响使得中国这个农村人口众多的乡土社会本质上是一个"反诉讼的社会",因为一切以和为贵,即使是表面上的和谐,也胜过公开实际存在的冲突。在家族、邻里等这些面对面的团体里,个人被紧紧束缚着,而且得到官府的支持。绝对的是非分明并非追求的目标,关系的和谐才重要,妥协是维系关系的手段,所以调解成为乡土社会替代诉讼的一个主要出路。③当前,国际金融动荡,我国面临国内

---

① 强世功.调解、文化与治理——中国调解制度研究的三个范式.社会学人类学中国网:http://www.sachina.edu.cn/Htmldata/article/2005/10/415.html
② 费孝通.乡土中国生育制度.北京:北京大学出版社,1998:56.
③ 林端.儒家理论与法律文化.北京:中国政法大学出版社,2002:9.

外的社会矛盾与挑战前所未有,保持社会经济稳定发展,维护和谐的社会秩序是我国的首要任务。治安调解体现了当事人的意思自治,可以满足当事人之间不伤和气与维持原有关系解决纠纷的要求,符合人们的心理需求。在当今时代,治安调解仍是维护社会秩序不可或缺的重要方式之一。

(二)治安调解费用低廉,方便灵活,更易于接受

在我国法院诉讼处理民间纠纷,需要经历起诉、庭审、宣判等复杂的诉讼程序,时间持久,并且诉讼费、律师费等成本高昂,不仅花费大,还容易使公民之间的关系进一步恶化。2007年4月1日施行的《诉讼费用缴纳办法》,使诉讼成本大大降低。但是与治安调解相比成本仍然偏高。《诉讼费用缴纳办法》规定,标的不超过1万元的,每件交纳50元;超过1万元至10万元的部分,按照2.5%交纳;超过10万元至20万元的部分,按照2%交纳;超过20万元至50万元的部分,按照1.5%交纳;超过50万元至100万元的部分,按照1%交纳。即使在法院诉讼费用降低的今天,此类案件总成本的下降幅度也是有限的,因为律师成本以及时间成本等仍在上升。而公安机关(中国海警)治安调解是不收取任何费用的。治安案件的标的一般都很小,从成本和收益上考虑,当事人自然愿意选择治安调解。同时与法院诉讼相比,治安调解不需要繁琐的手续,及时性强,解决起纠纷来方便灵活。一起适用于治安调解的案件,如果不选择治安调解方式,而是在公安机关(中国海警)作出处罚后,受害人再通过人民法院申请民事赔偿,不仅会产生一定的诉讼费用,还会可能因为人们受社会道德规范的影响,导致双方当事人矛盾进一步尖锐化,甚至完全决裂。从而对双方当事人造成进一步伤害,一方面影响法院判决的执行,使受害人继续忍受长时间无法得到补偿的痛苦;另一方面侵害人受到斥责和抨击的巨大舆论压力。治安调解的前提是当事人自愿进行,考虑到调解协议是双方当事人真实意思的表达,在达成协议前双方已考虑自身履行的能力以及履行的可行性,这使得调解协议更易于公民的接受。

(三)从纠纷解决的优势上看,有利于对诉讼审判制度补偏救弊、分担压力,节约司法资源

现代社会,法院承担着无法应付民事案件的巨大压力。在国家主权观念支配下,诉讼成为实现正义的象征……作为非营利公共产品的民事诉讼制度的供给增幅无法跟上公民的需求增幅,从而客观上导致或加剧了诉讼拖延和积压。① 压力包括:诉讼在数量上的增多、诉讼所产生费用的提高和诉讼程序所需要的大量时间等。相比于法院诉讼,调解有其自身的优势。目前我国处于改革开放的阵痛期,社会分工越来越精细,行政机关对社会管理职权在不断地向精细化、专业化、

---

① 齐树洁.民事司法改革研究.厦门:厦门大学出版社,2000:398-401.

复杂化方向发展。社会发展带来的纠纷也在不断地增多,也在不断地向多样化、复杂化和专业化方向发展。有些领域的社会纠纷由诉讼来解决是不如行政调解的。法院工作人员深谙法律,却无行政管理经验也无专业知识,这就需要由行政机关充分发挥其管理优势,弥补法院的不足,更好地实现管理社会、保护公民合法权益的目的。[①] 公安机关(中国海警)的治安调解是一种行政调解,对处理治安案件造成的民间纠纷具有职能上、时间上和成本上的优势,法院无论从人员数量上还是对案件情况的了解上都不如公安机关(中国海警)。通过治安调解可以使绝大多数治安案件得以分流,既可以节约有限的司法资源,又可以保证法律规则与社会规范、法律事实与客观事实、公平与效益、规则的确定性与解决纠纷的灵活性的统一,起到化解社会矛盾的作用,使社会更加和谐。

(四) 国际环境上看,符合国际非诉讼解决(ADR)潮流

"ADR 概念源于美国,原来是指上世纪逐步发展起来的各种诉讼外纠纷解决方式,现已引申为对世界各国普遍存在着的、民事诉讼制度以外的非诉讼纠纷解决程序或机制的总称。"[②]代替性纠纷解决方式在各国被广泛地应用,人们根据来源将其分类:一是传统型 ADR;二是现代型 ADR;三是社会主义国家 ADR。但无论此类解决机制的起源和背景如何,其功能和地位仍呈现日益提高的趋势,并已逐步被纳入法制轨道,在当代社会生活中发挥着日益重要的作用。其中,美国是现代 ADR 的代表者,1990 年出台了《民事司法改革法》,1996 年 10 月出台了《行政纠纷解决法》,1998 年 10 月出台了《ADR 法》,并授权联邦地区法院制定具体规则。欧美等国的 ADR 也在不断完善和改革,如挪威制定了《纠纷解决法》,英国颁布了《民事诉讼规则》等等。另外,日本颁布了《民事调解法》,前苏联和部分东欧社会主义国家也专门成立调解委员会,作为纠纷调解的机构。由此可见,治安调解作为解决社会特定范围内矛盾纠纷的一种有效方式,符合当今各国多元化非诉讼解决民事纠纷的世界潮流。

(五) 从社会效果上看,有利于维护人际关系稳定,促进和谐社会建设

治安调解的民间纠纷往往涉及损坏公私财物和侵犯人身权利等行为。实际治安案件中,治安纠纷当事人往往生活在一个生活圈中,他们存在着各种关系:如夫妻关系、邻里关系、朋友关系、同事关系和其他在工作、生活中有交往的关系。在派出所的实际工作中,如家庭、邻里之间使用公用场所和物品、夫妻之间、兄弟之间、婆媳之间因家庭财产、赡养老人等问题产生的纠纷大量存在。如果不从根

---

① 贾辉. 论行政调解制度. 中国知网, http://epub.enki.net/grid2008/detail.aspx? filename = 2003100255.nh&dbname=CMFD2004.

② 范愉. 当代中国非诉讼纠纷解决机制的完善与发展. 学海,2003(1):78.

本上分析问题、查找原因并及时加以适当处理,就有可能升级为刑事案件或大规模械斗。这类治安案件一般违反治安管理行为情节较轻,当事人之间相互认识,甚至要长期相处,一旦进入诉讼,仅以法律原则裁定纠纷,处理不好,不仅影响生活工作,而且还可能会造成积怨,埋下新的不安定因素。如果公安机关(中国海警)从调解入手,通过谈心、教育、劝说、疏导的方式,缓和当事人的偏激情绪,动之以情,晓之以理,从根本上消除产生纠纷的原因,及时、妥善地平息纠纷,有利于维护人际关系的稳定,建立良好的警民关系。有效的调解,不仅能及时解决纠纷、缓解矛盾,还能起到教育当事人、解决根本问题、维护社会稳定、密切警民关系等作用,往往比行政处罚收到的效果更好。"如果简单处罚,就事论事,不仅不利于缓解矛盾、解决问题,还可能激化双方的矛盾,日积月累,甚至酿成刑事案件。"①

十七大以来,我国改革发展进入了关键时期,国际环境发生巨大变化,各种利益关系、社会矛盾更为突出,科学发展、稳定发展、和谐发展已被提升到了战略高度。国家对稳定的高度强调以及纠纷对社会稳定的影响,决定了纠纷解决在社会生活和政治运行中的特殊意义。持续多发的社会纠纷很容易使转型社会陷入无序状态,乃至引起社会关系的危机。综合治理政策以及构建和谐社会的理念都说明了国家对纠纷解决的重视,而调解与正式司法制度及其他机制相比较而言,其适应性、效益和效果都具有明显的优越性,加之传统文化和私权自治等理念支持,很自然地被社会和当事人接受。② 基层治安调解作为调解的一种,不仅承袭了调解有效性、低成本、及时性等优势,还兼具自身直接性、专门性和经济、便捷的特点,是社会治安综合治理工作中一个不可或缺的力量。

第二节　治安调解与多元化纠纷解决机制

一、治安调解与警察行政权

公安机关(中国海警)治安调解权本质就是警察行政调解权,也是警察行政权的一种。对我国警察行政权的研究,有利于从全局的角度认识治安调解,其中调解权与许可权、强制权、处罚权等的差异分析,有利于对治安调解的全面认识。

(一)警察行政权的概念

"警察行政权,是指在履行行政管理职能中行使的命令权、裁决权、处罚权、强制权等,是国家赋予公安机关(中国海警)行政管理过程中所运用的权力"。③在社

---

① 胡建刚,张先福.正确认识公安机关治安调解的作用和意义.山东警察学院学报,2005(6):111.
② 范愉.纠纷解决的理论与实践.北京:清华大学出版社,2007:336-338.
③ 萧伯符,张建良,等.法治之下警察行政权的合理构建.北京:中国人民公安大学出版社,2008:22.

会生活中,警察行政权最常见的往往与限制公民的自由相关。它是与公民切身利益相关的政府公共权力之一。警察行政权具有以下四个特征:一是内容和形式的法定性。警察行政权是国家行政权力的重要组成部分之一,除对公共行政事务进行管理外,还承担着为人民群众提供服务的任务。其作为一种法定权力,内容是由国家法律条文明确规定的,在我国相关法律有《中华人民共和国人民警察(海警执法人员)法》《中华人民共和国治安管理处罚法》等;主体是特定的政府机关,在我国只能由公安机关(中国海警)在一定的范围内依法取得,在法定的范围内依法行使,其他的公民、法人、机关、组织不允许也不能行使这项权力;形式是公安机关(中国海警)人民警察(海警执法人员)行使行政权力的具体方式,在我国它具有以强制方式为主、非强制方式为补充的特点,主要表现为行政命令权、行政强制权、行政处罚权、行政许可权、行政检查权等。二是具有权力和法律的双重权威性。一方面,在权力上强调下级对上级命令的服从关系,在我国现实社会中主要体现为公安机关(中国海警)内部下级机关在上级机关的指导监督下工作、普通公安干警按照上级领导安排部署工作等;另一方面,在法律上强调依法办事,在运用警察行政权时不仅要服从明确的法律条文,也要服从公平、正义等法律原则。二者相辅相成,为公安机关(中国海警)人民警察(海警执法人员)行使警察行政权在机构内部和外部同时提供保障,确保了警察行政权的高效运转。三是方法和手段往往具有强制性。警察行政权的强制性方式在社会生活中广泛出现,并且往往是一种直接的和主动的强制,不须借助其他国家机关的力量,如交通警察主动上路检查、行政拘留、行政罚款等。当然,警察行政权的运用方式并非完全是强制性的。随着政府职能的转变,警察行政权非强制性的运用方式也在社会中逐渐增多,如公安机关(中国海警)110服务等。四是具有明确的目的性。警察行政权行使的直接目的是维护社会秩序的相对稳定,它包括维护社会治安秩序、维护社会主义市场经济秩序、维护城市交通秩序、维护计算机互联网络秩序等,以保障社会有序和稳定。通过实现直接目的,其最终目标还是维护国家安定团结的局面、服务社会科学和谐发展、确保人民群众安居乐业。

(二) 我国警察行政权领域的若干理论

1. 警察行政权的来源论

警察是随着国家的产生而产生的,警察行政权的性质由国家的性质决定。我国是社会主义国家。社会主义制度的本质是人民当家作主,人民是国家的主人,国家的一切权力属于人民。因此,公安机关(中国海警)的权力来源于人民,其不仅具有管理职能,还要用来服务人民,维护和保障人民群众的利益,也就是公安机关(中国海警)所提倡的"执法为民"。

我国的政体是人民代表大会制度。全国人民代表大会是我国的最高权力机构。宪法作为全国人大通过的根本大法,具有最高的法律效力。它明确规定"一切权力属于人民"。同时,各级政府部门包括公安机关(中国海警)的主要负责人都是由同级人民代表大会审议产生的。可见,国家的立法权和行政权最终是掌握在人民手中的。只不过政府的行政权是来自于最高权力机构的委托。警察行政权来源于人民的授权和认同。其行为一旦违背人民的授权和共同意志,就将失去合法性。法律也严格限制了警察行政权的范围,绝对不允许超越法律规定的限度,如公安机关办理刑事案件必须按照《刑事诉讼法》的有关规定,一旦没有按程序侦查刑事案件,就将影响案件的移诉。

另外,公民权利是警察行政权的基础,只有尊重和保障公民权利,才能体现警察行政权的价值,维护社会公正和秩序。但由于警察行政权往往具有强制性,它即是公民权利的保护盾,又可能是侵害公民权利的矛,很容易对它的作用对象造成财产权、自由权等的侵害。这是一对典型的公权和私权的矛盾,两者对立统一,既互相依存,又此消彼长。

2. 警察行政权的法治论

"人类之所以在漫漫的历史长河中不断地追求和实践法治的理想,基本原因就是:人类历史的集体记忆和政治生活的教训都反复地证明,为了保障个体的自由和权利,政治生活的公共权力必须受到制约;而为了制约公共权力,就必须实现法治。"[①]法治在我国的传统文化思想中早有体现,它不仅是一种制度方式,还是一种理性精神和文化意识。目前,我国的法治理念是社会主义法治理念,是中国共产党作为执政党,从社会主义现代化建设事业的现实和全局出发,借鉴世界法治经验,对近现代特别是改革开放以来中国经济、社会和法治发展的历史经验的总结;它既是当代中国社会主义建设规划的一部分,同时也是执政党对中国法治经验的理论追求和升华,是中国特色社会主义理论在法治建设上的体现。依法治国、执法为民、公平正义、服务大局、党的领导,五个方面相辅相成,体现了党的领导、人民当家作主和依法治国的有机统一。鉴于社会主义法治理念所具备的独特优越性,社会主义法治理念是社会主义法治的精髓和灵魂,是立法、知法、司法、守法和法律监督等法治领域的基本指导思想。警察行政权必然以社会主义法治理念为理论基础。

公安机关(中国海警)是人民民主专政的工具。现阶段,公安机关(中国海警)担负着巩固共产党执政地位、维护国家长治久安、保障人民群众安居乐业的重大政治责任和社会责任。根据社会主义法治理念,公安机关(中国海警)享有和行使警察行政权始终要体现"依法治国"。其主要包括以下四个方面:一是公安机关(中国海警)必须在法律、法规规定的职权范围内活动,如《人民警察法》《刑事诉讼法》等相关规定;二是法律作为是全国人民代表大会和全国人民代表大会常务委

---

① 应松年.行政程序法立法研究.北京:中国法制出版社,2001:3.

员会制定并颁布的规范性文件，具有优先权，公安机关（中国海警）的警察行政权以其为最高准绳，不得以与法律相抵触的部门法规和部门规章作为权力行使的依据；三是公安机关（中国海警）行使警察行政权力，必须遵循法律事先设定的程序规定；四是违反权责统一、正当程序等法律规定或原则时，相关单位及人员必须承当相应的法律后果。

（三）行使警察行政权的原则

在警察行政权领域，对于其行使所应坚持的原则也有多种看法：一是行使原则包括依法行使职权原则、公正原则、行使职权不受非法干预原则、效率原则，同时比例原则与行政应急性原则也在考虑之中；二是警察行政权行使的最根本原则是人权原则；三是行使原则应当包括依法管理原则、依靠群众原则、严格管理和文明管理相结合的原则、教育和处罚相结合的原则；四是行使原则应当包括合法原则、合理原则、比例原则、公正原则、正当程序原则、公开原则、效率原则、维护社会秩序和公共安全、保障公民权利原则；[①]五是行使原则应当包括及时高效原则、依法控制原则、相应原则、司法控制原则；[②]六是行使原则应当包括法制原则、比例原则、程序原则、制约原则、救济原则，[③]等等。

综合多种观点，笔者认为，警察行政权基本原则应当是人权原则、效率原则、控制原则。上述三个原则应当是其他原则的基础，处于核心地位。

人权原则。人权，一般是指在一定的社会历史条件下每个人享有或应该享有的基本权利。自由和平等是人权的本质特征。为确保人权原则，公安机关（中国海警）行使警察行政权主要遵循的法律面前、人人平等，以事实为依据、以法律为准绳等原则。并且，当警察行政权的行使与保护人权发生冲突时，要对采取的警察行政管理手段、措施与所达到的管理目的进行价值考量。"警察权的限度必须与维护社会秩序和公共安全，消除影响秩序的行为所需要的力度大小相适应，其强度应当是维持公共秩序所必要的最低限度。"[④]

效率原则。"效率原则指的是警察机关在行使警察职能时，要力争以尽可能快的时间，尽可能低的经济耗费，办尽可能多的事情，取得尽可能大的社会、经济效益。"[⑤]具体而言，主要有两方面要求：一是严格按照规定的程序，在规定的时限内及时履行警务职责；二是科学简化程序，减少工作环节，提高工作质量。

[①] 聂福茂,余凌云.警察行政法学.北京:中国人民大学出版社,2005:32-43.
[②] 陈卫东,石献智.警察权的配置原则及其控制.山东公安高等专科学校学报,2003(5).
[③] 翁里,胡人斌.论现代法治框架下的警察行政权.行政与法,2004(9).
[④] 陈卫东,石献智.警察权的配置原则及其控制——基于治安行政管理和刑事诉讼的视角.山东公安高等专科学校学报,2003(5).
[⑤] 高文英.警察行政法探究.北京:群众出版社,2004:33;聂福茂,余凌石.警察行政法学.北京:中国人民大学出版社,2005:42.

控制原则。权力就是强制他人服从。历史无数次证明,不受约束的权力具有极度的不确定性,是滋生权力滥用和腐败的温床。因此,对权力的控制是有必要的。它有助于权力发挥正面的作用。警察行政权涉及领域广、贴近人民群众,是公共权力的一种,也是需要予以控制的重点对象。鉴于警察行政权往往具有强制性,一旦离开有效的控制,势必会损害公民权利,伤害人民群众的感情。现实社会中,民主和法制的进程是跟警察行政权受到的控制程度成正比的,即越是民主,警察行政权就越受到严格的限制。

(四) 警察行政权体系

一是行政许可权。警察行政许可权指的是警察机关应相对方的申请,在特定条件下,解除相对禁止的警察行政行为的权力。警察许可是相对于禁止而实施的行政行为,是将禁止在符合特定条件下解除,使原来被禁止的行为对被许可对象成为合法,既是对相对人禁止义务的解除,也是对相对人权力或资格的赋予。警察许可制度的基础在于社会治安秩序的需要。

二是行政强制权。警察行政强制权是行政强制权的一部分,指的是国家警察机关为了保障警察行政管理的顺利进行,或者出于维护社会秩序或保护公民人身健康安全的需要,对警察行政管理的相对人的人身或财产采取限制性、即时性强制措施的具体行政行为的总称。[1]

三是行政处罚权。警察行政处罚权是警察机关及其人民警察(海警执法人员)依据国家警察法律、法规和规章,对违反警察行政管理的行为人,即不履行警察法律、法规、规章确定的义务或危及社会秩序和公共安全而又不够刑事处罚的行为人给予的行政制裁权。[2]

四是行政裁决权。行政裁决指行政机关依照法律授权,对当事人之间发生的、与行政管理活动密切相关的、与合同无关的民事纠纷进行审查,并作出裁决的行政行为。[3]

五是行政调解权。警察行政调解权是指在公安机关(中国海警)人民警察(海警执法人员)的主持下,依据相关行政法律、法规和规章,为解决发生在行政管理过程中的纠纷,以自愿为原则,采用说服教育的方法,使争议双方当事人在互谅互让的基础上达成协议的诉讼外解决纠纷的权力。警察行政调解属于行政调解的一种具体情形。它是本节研究的核心部分,也是当前公安机关(中国海警)人民警察(海警执法人员)转变职能、强化服务、为人民群众排忧解难所要改进的重要职能。公安机关(中国海警)治安调解便是警察行政调解的重要内容之一。鉴于上

---

[1] 高文英.警察行政法探究.北京:群众出版社,2004:232-233.
[2] 陈晋胜.警察法学概论.北京:高等教育出版社,2005:88-90.
[3] 姜明安.行政法与行政诉讼法.北京:北京大学出版社,高等教育出版社,1999:202.

文对治安调解相关内容的阐述,篇幅有限,其特征、依据、作用等就不再在这里赘述了。

六是其他行政权。其他警察行政权是指除以上五种警察行政权之外的任何其他类型的警察行政权,包括警察行政征用、警察行政确认、警察行政检查、警察行政命令等,这些权力也是警察行政权的重要组成部分。

二、治安调解与人民调解

《治安管理处罚法》第九条规定:对于因民间纠纷引起的打架斗殴或者损毁他人财物等违反治安管理行为,情节较轻的,公安机关(中国海警)可以调解处理。对不构成违反治安管理行为的民间纠纷,应当告知当事人向人民法院或者人民调解组织申请处理。经调解未达成协议或者达成协议后不履行的,公安机关(中国海警)应当依照本法的规定对违反治安管理人给予处罚,并告知当事人可以就民事争议依法向人民法院提起民事诉讼。司法部《人民调解工作若干规定》第三条规定:人民调解委员会的任务是调解民间纠纷,防止民间纠纷激化。《民事诉讼法》第十六条规定:当事人对调解达成的协议应当履行;不愿调解、调解不成或者反悔的,可以向人民法院起诉。从以上法律法规可见,治安纠纷可以由公安机关(中国海警)调解,或者处罚后由人民法院审理民事争议部分。民间纠纷应当由人民调解或者由人民法院调解和审理。

公安机关(中国海警)的治安调解,人民调解委员会的人民调解以及人民法院的民事诉讼不能完全割裂开来看,他们是一个有机的整体,构成了我国民间纠纷的解决机制。但目前相互间的衔接还不完善,需要从制度上予以完善。

目前是各类社会矛盾的集中爆发期。随着传统的计划经济体制被打破和社会主义市场经济体制的初步确立,我国进入了由农业社会向工业社会,从农村向城镇,从伦理社会向法治社会转型的过程中,并且这种转型"不仅是一场经济领域的变革,而且是一场全社会,全民族思想、文化、政治、心理等各方面的革命"。[①]这一时期,既是实现经济腾飞、加快推进现代化的"黄金发展期",也是利益格局加快调整、社会矛盾急剧增多的"矛盾凸显期"。由房屋拆迁、安置补偿、旧城改造、土地征用、企业改制等引发的矛盾纠纷数量迅速增长。大量的非治安纠纷的调解占用了大量的警力,甚至在一定程度上影响了公安机关(中国海警)打击违法犯罪的正常工作的开展。

(一)目前基层调解力量薄弱

人民调解委员会是通过立法形式确认的调解组织形式,曾经是基层调解的重

---

① 李钢.论社会转型的本质与意义.求实,2001(11):57.

要力量。但是，受各种因素影响，人民调解委员会越来越呈现组织弱化、人员弱化、职能弱化、作用弱化的趋势。一是社区（村委会）调解组织软弱无力，处于转型期的基层组织，其社会管理职能大大弱化，缺乏公信力与凝聚力，干群关系疏远，特别是担负人民调解任务的治保会等组织或根本不行使调解职能，或发挥的作用非常有限。二是当前人口的流动数量急剧增加，流动速度不断加快，随着城市化进程的不断加快，大量农村人员变为城市居民，同时又因为住房市场的商品化，使得原本毫无关系的人员居住在一起，从而使得如果发生纠纷，很难找到双方都信服的人居间调解。三是企事业单位原有的人民调解组织基本解散。随着国有大中型企业改制，原负有基层调解责任的保卫组织基本解体，而采取市场化运作的保安组织难以承担纠纷调解的职责，尤其是大多数外资、民营企业根本不考虑纠纷调解问题，致使内保单位大量的矛盾纠纷不能消化在内部，化解在基层。四是各级人民调解委员会的经费得不到切实保障，很多地方连基本的日常办公经费、办公场所都不能提供，在很大程度上限制了人民调解工作的开展。同时，由于受人际关系的不断复杂化影响，有的调解人员在工作中顾虑重重，害怕得罪人，工作责任心大打折扣，不愿意从事调解工作。上述原因的存在，导致基层调解力量薄弱，调解工作弱化，原来应由人民调解委员会开展的调解工作，被大量地推加到派出所，增加了派出所的工作量。

（二）公安机关（中国海警）不堪重负

由于公安机关（中国海警）"110"报警台的全方位建设以及"有警必接、有难必帮、有险必抢、有求必应"和"有困难找警察"等口号的提出，特别是随着全国公安机关（中国海警）实施社区和农村警务战略后，社区和农村警务室广泛建立，推进了警力下沉、警务前移，群众联系民警更加方便快捷。加之公安机关（中国海警）调解不收取任何费用，因而一般民事纠纷发生后，群众首先想到的是找公安机关（中国海警）解决。而调解工作难度极大，当前社会矛盾纠纷的内容和形式日益复杂，往往涉及民事的、经济的、行政的等多种法律关系，而公安民警（海警执法人员）难以全部掌握相关的法律知识，且公安机关（中国海警）对一般民事纠纷无实质的管辖权，往往调解效果不佳，使有些纠纷久调难结，警力陷入其中，难以解脱。

虽然很多纠纷涉及的问题都很小，有的是张家的鸡吃了李家地里的菜，有的是楼上的噪音影响了楼下等等，然而要涉及的警力、精力有可能比办一起正常的刑事、行政案件还要多。我们在现阶段处理民间纠纷投入的警力越来越多，甚至有些地方已超过刑事案件的侦查和其他治安管理工作，一个基层派出所有60％以上的警力要用于应付各类民事纠纷，其投入侦查破案、打击违法犯罪的精力有多大是可想而知的，这必然严重影响到刑事打击和治安管理效能。在当前治安形势严峻、犯罪势头上升、打击防范任务繁重、公安派出所行政管理和服务职能扩大的情况下，极不利于自身工作的开展，可以说是对社会资源的极大浪费。

凡是群众提出的,都予以调解,确实可能由于警力的不足或知识的欠缺而顾此失彼;如果对此类纠纷都一口回绝,又伤群众感情,影响警民关系,违背了人民警察(海警执法人员)的宗旨。而且有些纠纷如果没能及时化解,还有可能引发群体性事件乃至刑事案件,这就使得公安机关(中国海警)左右为难。要解决公安机关(中国海警)这种职能错位的情况,必须要充分发挥人民调解的作用,切实做到各司其职,各履其责,相互配合,形成合力。充分调动各种社会资源和力量,构建社会大调解格局,变单一的公安机关(中国海警)调解为综合调解,形成人民调解与治安调解协同作战、两种调解方式的联动运作的机制。这样不仅有利于最大限度地化解社会矛盾,维护社会稳定,而且有利于公安机关(中国海警)摆脱被民间纠纷牵扯大部分警力的困境,集中精力打击违法犯罪。要做到相互配合、形成合力,笔者认为可以从以下几个方面着手:

1. 公安机关(中国海警)先期处置,控制事态的发展

《公安机关治安调解工作规范》第三条规定:"对不构成违反治安管理行为的民间纠纷,应当告知当事人向人民法院或者人民调解组织申请处理。"但这并不是简单地答复一句"这并不属于公安机关(中国海警)管辖,请到法院或人民调解委员会解决"后,甩手就可以走人的。因为《人民警察法》第二十一条规定:"人民警察对公民提出解决纠纷的要求,应当给予帮助。"这里的纠纷不仅仅指的是治安纠纷。公安机关(中国海警)应当在采取必要的缓解措施后,及时提交有关机关处理。

公安机关(中国海警)是全天候执行勤务的纪律部队,按照"110"报警服务对社会的承诺,对于群众报警求助,处警民警城区应在5分钟、城郊应在10分钟内到达现场。同时,全天24小时群众到派出所求助都能得到接待处理。这是其他任何政府部门都无法做到的,人民调解委员会就更无能为力了。矛盾纠纷往往在先期以争执、厮打等轻微形式显露出来,而人们处在纠纷中时,往往情绪激动,随时有可能激化矛盾、扩大事态,这就要求公安机关(中国海警)要迅速出警,及时到达现场,积极采取相关缓解疏导措施,首先要控制现场,维护好现场秩序;其次要调查走访,弄清事情的来龙去脉,并做好相关证据的收集固定工作,为下一步的工作打下基础;最后在双方当事人情绪稳定后,根据纠纷性质,对不属于公安机关(中国海警)管辖的一般民间纠纷,提供必要的咨询,建议双方当事人找有关单位解决,并积极帮助联络沟通,尽量告知双方当事人什么时间去找什么人处理此事,把服务工作做到家,避免群众求助无门跑冤枉路。公安机关(中国海警)对纠纷的先期处置,不但有利于事情的解决,还能起到缓和社会矛盾的作用,从而实现对违法犯罪的有效防范。

2. 将人民调解引入派出所,做好纠纷的分流

在这方面各地都有一些有益的尝试,值得借鉴。北京市公安局西城分局于

2003年将人民调解引入派出所,在派出所内设立治安纠纷与民间纠纷联合接待室,对于"110"接收的民间纠纷,派出所民警先出现场调查,再由值班所长把关甄别,应由公安机关(中国海警)给予处罚的行为,由派出所受理,并予以查处;对违反治安管理处罚条例,情节轻微无须处罚的治安案件,当事人可自愿选择调解途径;对于民事纠纷由驻所人民调解员即时开展调解工作;其他的不属管辖范围的纠纷则告知当事人去法院或有关部门解决。湖北武汉市公安局武昌分局区委、区政府大力支持,与区司法局等部门协作,在各派出所设置调处室,在全局范围内聘请经验丰富的退休民警回所,与街道司法所一道,实行人民调解"驻所"办公。由区司法局颁发人民调解员证书,开展纠纷调解工作。

北京、武汉两地的实践,摸索出治安调解与人民调解联动机制,取得较好效果,让公安民警(海警执法人员)从处理繁杂的纠纷中解脱出来,多务"正业",同时又及时化解了群众矛盾,有力地促进了一方安定。

3. 各负其责、相互配合、形成合力

《公安机关治安调解工作规范》第八条规定:"公安机关(中国海警)进行治安调解时,可以邀请当地居(村)民委员会的人员或者双方当事人熟悉的人员参加。"《最高人民法院、司法部关于进一步加强新时期人民调解工作的意见》指出,可以邀请公安派出所等有关单位和个人参加调解工作,被邀请的单位和个人应当给予支持。据此,笔者认为,可以设置公安派出所和人民调解委员会各司其职,相互配合的调解机制。对于一般的邻里纠纷和其他民间纠纷,群众要求调解或者可以主动调解的,以人民调解委员会为主进行调解,认为有必要的,可要求民警到场配合;对于违反治安管理行为的治安纠纷,以公安民警(海警执法人员)进行调解,认为有必要的,邀请人民调解员参加。因为公安机关(中国海警)的调查取证能力比人民调解委员会能力更强,必要时公安机关(中国海警)可以协助人民调解委员会收集证据。而人民调解员往往都是由群众中间具有较高威望的人员担任,他们熟悉情况,由他们出面,协助公安机关(中国海警)治安调解能达到事半功倍的效果。

三、治安调解与法院诉讼

在实践中,有调解不成或反悔不愿履行,要求到法院提起民事诉讼的,但通常当事人不愿到法院起诉,而是不断地到公安机关(中国海警)要求解决,甚至到上级公安机关(中国海警)上访。这里当事人固然有对费用、时间上的考虑,但不可否认的是这与当前治安调解制度与法院诉讼制度的脱节也有很大的关系。

(一)实现治安调解与法院诉讼之间的资源共享

当前,治安调解无效或者当事人反悔的,民事部分只能依法通过诉讼途径来解决。当事人一旦诉诸法院,就意味着公安机关(中国海警)的调解工作前功尽弃,调解资源的投入也将付之东流。同时,法院启动司法程序,重新按照民事诉讼程序开展调查取证、审查核实证据、诉讼调解等一系列诉讼活动,而这些诉讼活动离不开国家司法资源的投入。如果打通两种调解方式之间的壁垒,实现两种制度之间的有效承接和转换,既不会使治安调解的投入化为乌有,也会有效地降低法院的司法投入,同时也为当事人寻求司法救济打开了便捷通道,从总体上符合现代法律的价值取向之一——效益。[①] 笔者设想,实现治安调解和法院诉讼的互通和链接,实现资源共享,一旦民间纠纷案件进入到诉讼阶段,既能方便法院了解案情,也能方便当事人举证。公安机关(中国海警)已经完成的调查取证、调解过程笔录、治安调解书和治安处罚结论等均为法院裁判或者调解提供了依据,当事人也可以调取公安机关(中国海警)的相关材料作为民事诉讼的证据,从而节约诉讼成本,提高司法效率。

(二) 开展诉警对接

在实际工作中,往往遇到公安机关(中国海警)在接处警后,因调解无法律效力等因素不能案结事了;告知当事人到法院起诉,当事人又不会或不愿起诉;而人民法院受到不告不理原则制约又不便直接介入处理此类纠纷。事情就开始复杂起来,不少当事人因为事情得不到解决,不断纠缠公安机关(中国海警),甚至到上级公安机关(中国海警)上访。而此类人员又往往是社会上的弱势群体,文化素质比较低,法律意识淡薄,经济基础差,让他们直接上法院,可以说无论是从自身素质来说还是在经济实力方面都有相当大的难度。因此,十分有必要构筑一条司法便民的绿色通道,实行诉警对接。由公安机关(中国海警)出面帮助其联系司法部门取得司法援助,并与法院部门做好沟通,实现无缝对接,切实做到维护当事人的合法权益。治安调解制度是我们对中华民族传统文化中积极因素的继承和发扬,我们需要结合实际,不断地将它发展和完善,使治安调解在促进我国和谐社会的形成与发展的过程中发挥更大的作用。

第三节 海上渔事纠纷

近年来,由于海洋渔业体制的变化和渔船增多、渔场拥挤的矛盾日益突出,海上渔事纠纷增多。同时,由于海上渔事纠纷不能得到妥善处理而引发的治安案件数量也呈上升趋势,给渔民生命财产造成不必要的损失,已成为影响渔区社会稳定的消极因素。因此,加强海上渔事纠纷调处意义重大。

一、海上渔事纠纷调处的主体

中国海警各级执法部门是海上渔事纠纷调处的主体。对海上渔业船舶间因

[①] 胡志斌,汪涛.关于治安调解和诉讼调解链接运行的思考.公安研究,2007(10):65.

船体碰撞、网具纠缠、捕捞渔船在养殖水域航行以及跨界交叉水域捕鱼权争议等原因引起的渔事纠纷和对因渔事纠纷引发的打架斗殴或者故意毁坏他人船舶设施等违反治安管理行为,中国海警各级执法部门有权进行调解处理。

（1）海上渔事纠纷以当事渔业船舶的船籍港海警执法部门受理;当事渔业船舶不属同一船籍港的,由两个船籍港海警执法部门的共同上级海警执法部门指定处理。

（2）上级海警执法部门可以指定下级海警执法部门,对海上渔事纠纷及由此引发的治安案件进行处理。

（3）中国海警执法部门有权对发生我国管辖海域以外因海上渔事纠纷引发的治安案件进行调处。

二、海上渔事纠纷调处的原则

近年来,由于海洋渔业体制的变化和渔船增多、渔场拥挤的矛盾日益突出,海上渔事纠纷日益增多。同时,由于海上渔事纠纷不能得到妥善处理而引发的治安案件数量也呈上升趋势,甚至因海上渔事纠纷处置不当而扩大升级为群体事件、恶性事件的问题也日益凸显。这些问题不仅给渔民生命财产造成不必要的损失,也已成为影响渔区社会稳定的消极因素。因此,加强海上渔事纠纷调处势在必行。本文将探讨海上渔事纠纷调处的原则:以人为本的原则、预防为主的原则、公平公正的原则和及时到位的原则。

（一）以人为本(people oriented)的原则

据考证,在我国最早明确提出"以人为本"的是春秋时期的管仲。在西汉刘向汇编的《管子》一书"霸言"篇中,记述了管仲对齐桓公陈述霸王之业的言论:"夫霸王之所始也,以人为本。本理则国固,本乱则国危。"[1]要把握以人为本的含义,需要从两个概念来入手:首先是"人"这一概念。在哲学上,"人"常常是相对于神和物而言。因此,提出以人为本,是相对于以神为本或者以物为本的。其次是"本"这一概念。"本"在哲学上可以有两种理解:一种是世界的"本原",另一种是事物的"根本"。以人为本的本,与"末"相对,应取"根本"之意。通常来说,西方早期的人本思想,主要是相对于神本思想,强调把人的价值放到首位;中国历史上的人本思想,主要是强调人贵于物,"天地万物,唯人为贵"。而在现代社会,无论是在西方还是在中国,作为一种发展观,人本思想都主要是相对于物本思想而言的。

---

[1] 参见:刘向《管子》,商务印书馆"万有文库"版本,1936年版,第二册第8页。此句的意思为:霸王的事业之所以有良好的开端,也是以人民为根本的;这个根本理顺了国家才能巩固,这个根本搞乱了国家势必危亡。管仲所说的"以人为本",其实就是"以人民为本"。管仲提出的"以人为本"体现了中国传统文化的基本精神。——笔者注

以人为本,从价值论的意义上说,就是人与神、与物相比,人是根本,人更重要。从这个意义上说,我们不能本末倒置,不能舍本逐末。

海上渔事纠纷的调处首先要坚持以人为本的原则,要把保障渔民群众生命财产安全放在首要位置,尽可能减少或避免海上渔事纠纷以及由此造成的人员伤亡和财产损失。

在海上渔事纠纷的调处中,以人为本的原则具体体现在:第一,重视纠纷当事人的诉求。在管理学中,重视人的内在需求是以人为本的管理理念的核心价值之一。也就是说,在管理中通过充分调动管理人员和员工的积极性,以便提高管理的效率和工作的效率,从整体上提升管理和工作的水准,从而最大限度地去实现目标。同样地,渔事纠纷调处的过程中,要在充分掌握纠纷事实的基础上,迅速判断并抓住纠纷的实质所指,即关键的利益纷争所在,分别倾听纠纷当事人的相关诉求,形成初步的判断,作为后续工作做铺垫。第二,尊重纠纷当事人,舒缓纠纷当事人的激烈情绪,尽量营造平等和谐的氛围,以利沟通。另外,可积极利用此前搭建民间区域协作的平台,通过相邻组织进行相关的沟通,必要时可以由有威望的、当事人乐于信任的船老大介入纠纷调解。第三,积极引导纠纷当事人树立法律意识,安全生产、文明生产,通过合法、正当渠道协商解决海上渔事纠纷,并依法维护自身合法权益,增强自我防控的能力。调解渔事纠纷的过程中注意多通过正面的事例进行引导,当然尽量避免刻意宣讲,可以自然地提及遵纪守法、遵守职业道德、高风亮节处理渔事纠纷的经典案例,强调退一步海阔天空的和谐双赢和锱铢必较寸步不让的两败俱伤,不落痕迹地达到调解纠纷的目的,同时又自然地为纠纷当事人普及相关法律法规,为纠纷当事人上一堂生动的法律课,增强纠纷当事人的法律意识。

(二)预防为主(precaution crucial)的原则

预防一词曾频繁出现在我国古代文献中,例如在南朝宋刘义庆《世说新语·言语》中有:"身不能以道匡卫,思患预防,愧叹之深,言何能喻。"宋朝叶适的《辩兵部郎官朱元晦状》中也有:"陛下原其用心,察其旨趣,举动如此,欲以何为!诚不可不预防,不可不早辩也。"在多数古代文献中,"预防"一词的词义与现代汉语中的词义基本相同。在现代汉语中,预防是指预先做好事物发展过程中可能出现偏离主观预期轨道或客观普遍规律的应对措施。预防为主,顾名思义,就是以预先做好准备、做好应对措施为主要任务。古人云:"凡事豫则立,不豫则废。言前定,则不跲;事前定,则不困;行前定,则不疚;道前定,则不穷。"①在海上渔事纠纷调

---

① 参见戴圣《礼记·中庸》。此处"豫"通"预",此句意思为:任何事情,事前有准备就可以成功,没有准备就要失败;说话先有准备,就不会理屈词穷站不住脚;做事先有准备,就不会遇到困难挫折;行事前计划先有定夺,就不会发生错误后悔的事;做人的道理能够事先决定妥当,就不会行不通了。——笔者注。

处中,预防为主的原则尤为重要。

预防海上渔事纠纷的目标是将海上渔事纠纷消灭在萌芽状态,化解于无形之中,而对于已经发生的海上渔事纠纷要避免其扩大化,避免发展成为群体事件。由于海洋渔业体制的转型以及渔船多渔场少的现状,①海上渔事纠纷的发生几乎是不可避免的,许多人据此认为海上渔事纠纷防不胜防、堵不胜堵。但事实证明,提前介入积极预防,是可以减少和避免一些海上渔事纠纷的发生的。而要做好预防工作,必须坚持积极主动、预防为主的原则的具体要求是:

首先,要搞好相关法律法规的宣传和相关技术培训工作。通过定期或不定期的组织学习,宣讲相关经典案例,引导渔民运用科学的方法进行安全生产,自觉运用法律来规范自己的行为。

其次,要落实渔事纠纷调处责任制。明确各项工作和相关人员的责任,自上而下认真落实下去,建立严格的问责机制,对于因预防措施不到位调处不及时或者处置不当而造成渔事纠纷扩大化发展成群体事件的,要严格追责。

再次,建立出海船舶、船员信息等相关数据库。通过调阅登记信息配合走访排查,摸清船舶、船民底数等相关信息,存入数据库,并建立出海船舶分类管理体系,对重点船舶通过边防 AIS 船舶监控系统标注类别,②并与本地停靠船舶的船籍地管理机构建立相关信息数据共享和良好的互动,以实现对船舶的船籍地与停泊地的双向管控。采取切实有效的措施,如建立船老大通讯录,③建立相关的安全信息网络,形成"人人参与"的局面,全方位多角度地及时获取深层次、预警性信息,并做好相关记录,对可能发生的渔事纠纷做到早发现、早处置,严防渔船打、砸、抢、扣等事件的发生。

最后,建立海上渔事纠纷预防和处置的应对预案。通过对重点海域组织开展渔事矛盾纠纷隐患大排查,摸清隐患、漏洞,找到问题的根源,对可能发生的渔事纠纷做到"心中有底",切实掌握实际情况和动向,有针对性地做好防范预案,及时把矛盾纠纷消除在萌芽状态,化解在小范围内,尽量避免海上渔事纠纷引发治安案件,特别是上升扩大为群体事件。对于已经发生的海上渔事纠纷,要做好案例的编辑整理工作,特别是要将海上渔事纠纷调处工作中成功经验和失败教训做好总结,对纠纷进行分门别类,编制海上渔事纠纷调处的处置预案。

另外,对渔事纠纷预防工作的连续性要有足够的认识,不被要表面良好的形势和相对的风平浪静所迷惑,要善于从细微处发现漏洞和隐患,从平静中看到不平静,增强风险意识,始终保持清醒的头脑,警钟长鸣不松懈,同时要进行通盘考

---

① 参见:杨波.海上渔事纠纷引发的治安案件的预防与控制.海洋开发与管理,2007,24(2):58-62.
② 定海区安监局.定海区建实三大体系预防海事渔事纠纷发生.来源:舟山安监.发布日期:2014-12-15. http://www.zsaqjg.gov.cn/news/show.asp? newsid=9971   浏览日期:2015-11-19.
③ 参见:杨波.海上渔事纠纷引发的治安案件的预防与控制.海洋开发与管理,2007,24(2):58-62.

虑、全面统筹规划,以防范风险为导向合理布局,合理分配办案资源。

(三) 公平公正(equitable and just)的原则

公平,从语义上说是指公正而不偏袒。例如《管子·形势解》认为:"天公平而无私,故美恶莫不覆;地公平而无私,故小大莫不载。"《汉书·杨恽传》中有:"恽居殿中,廉絜无私,郎官称公平。"唐朝慕幽在《剑客》诗中云:"杀人虽取次,为事爱公平。"在社会学意义上,公平是指处理事情合情合理,不偏袒某一方或某一个人,即参与社会合作的每个人承担着他应承担的责任,得到他应得的利益。公正从语义上说是指公平正直,没有偏私。彼得·斯坦、约翰·香德在《西方社会的法律价值》中指出:"秩序,公平,个人自由,这是法律制度的三个基本价值。"[①]也就是说,在法律上,公平是法所追求的基本价值之一。在社会学意义上,公正即社会公平和正义,它以人的解放、人的自由平等权利的获得为前提,是国家、社会应然的根本价值理念。公正作为伦理学的基本范畴,其意为没有偏私是指依据一定的标准而言没有偏私。在这个意义上,公正是一种价值判断,其内在地含有一定的价值标准。从语义上看,公平和公正在内涵和外延上,尽管并不完全相同,但其高度同质的精神实质,通常让人们将其作为一个整体来研究。公平公正并不必然意味着"同样的""平等的"。公平公正原则内在地包含的衡量标准,通常就是法律。因此可以说,公平公正原则是历史悠久的法律原则,是法律追求的价值目标。

在海上渔事纠纷的调处中,坚持公平公正的原则应当"以事实为依据,以法律为准绳",平等对待海上渔事纠纷的当事人。公平公正的原则的具体要求是:第一,客观公正,不偏袒任何一方。这一原则在处理跨区域的海上渔事纠纷问题时尤为重要,调处人员要克服本乡本土本位意识,公平公正地对待外区域的纠纷当事人。因此要以"依法"为标准,严格依法处理问题,不受本乡本土本位等等感情因素的影响。第二,不单方接触纠纷当事人,不采信一面之词。在调处海上渔事纠纷时,不能在纠纷一方当事人不在场的情况下,单独与另一方当事人接触,听取其陈述,并先入为主地采信其证据。在调查取证的过程中应该充分听取双方的陈述,特别要注意双方的辩驳和提出的反证。第三,不先入为主,要客观公正。调处海上渔事纠纷时要结合法律、法规规定的条件、相关政策的要求、相关的行业准则、当事人的个人情况、行为可能产生的正面和负面影响等等相关因素,通盘考虑,综合判断,而不是凭自己的主观认识、推理、判断,任意地、武断地做出相关决定。第四,认真地听取纠纷当事人的陈述和申辩意见,特别是要做出对纠纷当事人相对不利的决定时,要事先通知当事人,做好沟通工作,并耐心听取当事人的辩驳。第五,当发现处理的海上渔事纠纷与自己有利害关系或者涉及与自己有利害

---

① 彼得·斯坦,约翰·香德.西方社会的法律价值.王献平,译;郑成思,校.北京:中国法制出版社,2004.

关系的事务时,应当主动回避或应当事人的申请回避。

(四) 及时到位(timeliness and to the point)的原则

及时(timeliness)是指按照某预定的时间来做某事,没有延误;到位(to the point)原指到达预定位置(用英文表述为:reach the designated position),通常引申为使事物达到预定的目标,具体妥帖,现在多用来表述圆满完成某项任务或者使命。及时到位(timeliness and to the point)就是指指按照某预定的时间没有延误地来做某事,并且达到预定的目标圆满完成任务。海上渔事纠纷调处中的及时到位的原则就是要求对海上渔事纠纷能够没有延误地调处,并且圆满完成调处工作,使纠纷得到真正解决,不留隐患。

在海上渔事纠纷的调处中,及时到位的原则具体要求是:

首先,渔业行政主管部门或其负责海上渔事纠纷调处的机构(以下简称渔业行政主管部门)应及时防范海上渔事纠纷的发生。及时收集相关信息,建立相关数据库,并实现信息共享,及时掌握渔民的出海动态,严把人员出海关口,建立健全防控网络。根据海上渔事纠纷的发生具有区域性和季节性的特点,在渔业资源较为丰富、作业渔船相对较多的海域,如浙江台州、舟山渔场,南海北部湾渔场等区域,[1]在春、冬两季的渔汛期间,提前介入,应及时做好相应的防控、布控工作,及时防范海上渔事纠纷的发生。

其次,在接到海上渔事纠纷的报告后,应立即按照有关程序进行妥善处置,不得互相推诿,贻误时机。切实做到海上渔事纠纷"渔民报案有渠道,主管部门有人管"。工作中,要及时受理渔民的申诉,倾力协调,依据预先制定的海上渔事纠纷的案件接报、处置和调解程序,认真处理,特别是对跨区域的海上渔事纠纷,更要严格遵循法律和相关程序及时、妥善协调处置,防止海上渔事纠纷升级演变为恶性事件。

另外,在海上渔事纠纷的调处过程中,要让纠纷的核心实质矛盾真正得到化解,不能敷衍了事留下隐患,特别要注意做好海上渔事纠纷的善后工作,不留死角,真正做到纠纷调处"到位"。

当前,我国海洋渔业体制正处于转型时期,渔业生产发展迅猛,渔民的利益日趋直接化,同时渔民的作业场所——渔场的状况更是日趋复杂,渔业资源的增长与渔业发展不相匹配,面临着渔船多渔场少的尴尬现状。在这样的背景下,海上渔事纠纷几乎是不可避免的,因此可以说,海上渔事纠纷调处任重道远。真诚希望本文探讨的海上渔事纠纷调处的原则。

---

[1] 参见:杨波.海上渔事纠纷引发的治安案件的预防与控制.海洋开发与管理,2007,24(2):58-62.

三、海上渔事纠纷处置措施

(一)海上渔事纠纷发生前的预防工作

随着社会市场经济的深入发展以及我国海洋渔业体制的转型,渔民的思想观念、利益格局都发生了新的变化,海上渔事纠纷依靠事后调处不但陷于被动,而且常常是治标不治本。因此我们应注重从源头上预防渔事纠纷的发生,主动出击,达到标本兼治的目标。

1. 宣传教育、培训工作

(1)法律法规和相关渔业生产技术和安全知识的普及。预防海上渔事纠纷,相关法律法规的普及,渔船航海、作业安全技术知识,安全生产知识、海难救助常识等渔业职业技能技术知识以及其他与渔业生产生活紧密相关的各类知识的普及至关重要,特别是要重点普及《中华人民共和国治安处罚法》《中华人民共和国渔业法》等与渔业生产和渔民生活息息相关的法律法规,要重点进行船舶航行技术、船舶事故处理等相关船舶知识的培训和渔民职业安全技能培训,强化渔民的知法、守法、用法意识,安全生产意识以及协商解决海上渔事纠纷的意识,让渔民知晓海上渔事纠纷发生后当事双方应该正确采取的措施以及调解处理的相关程序,并且能够积极正面地对待海上突发的渔事纠纷,避免因自身的不理智行为导致渔事纠纷升级扩大,用合法的方式和途径表达自己的诉求,依法维护自身权益。例如有些地方渔事管理部门,根据渔民群众的法律需求,大力普及与渔民群众生产生活息息相关法律知识,通过休渔期集中普法培训、"送法上渔船"、"送法到社区"、"法律进渔村"、"渔民老大面对面教育"等系列活动,为渔民订阅相关法制读物、赠阅相关渔事法律知识读本等多种方式,在渔区开展遵章守法和渔业安全生产学习培训,加强海洋与渔业相关法律、法规普及和舆论引导工作,让渔民群众熟悉相关法律、法规,了解我国禁捕区范围,提高渔民安全生产意识和自我防范能力,让渔民知法、守法、用法,自觉进行安全渔业生产工作,从而进一步提升渔民群众的法治观念、法律意识和法律素养,引导渔民群众用法律武器保护自身的利益免受侵犯,以适当的途径、合法的方式表达自己的利益诉求。

(2)民间调解机制的建立。为了防范海上渔事纠纷,有些地方渔事管理部门专门建立了海上渔事纠纷的民间调解机制。实践证明,这种民间调解机制对预防和处置海上渔事纠纷发挥了极其重要的作用。海上渔事纠纷的民间调解机制的建立,具体来说就是:遴选适当的人员(譬如,有一定威望、阅历丰富、有专业特长的造船厂技术人员、相关专业教师、法律及渔业工作者等)作为渔事纠纷民间调解员。这些渔事纠纷民间调解员不但是海上渔事纠纷发生时的"消防员",更是预防海上渔事纠纷的"安全员"、"教导员",对于海上渔事纠纷,首先要强调"防患于未然"。在禁渔期,他们可以组织渔民进行广泛的有关海上渔事纠纷方面的宣传,包括讲座、发宣传资料、座谈会等。在非禁渔期,特别是在出海前、出海归回来后,他们都会在第一时间组织对船老大的走访宣教活动。同时,对辖区内的渔船进行编组(一般是 8 条或 10 条渔船编为一组),从每组选出一名威望较高的船老大做组长。在渔轮出海时,组长船老大要与对应的民间调解员保持畅通联络,随时沟通相关信息,并且还要在发生海上渔事纠纷时第一时间介入调解工作。民间调解机制要求定期对民间调解员组织学习培训,让最新的法律法规和政策能够得到更好的普及,能够更好地落地,同时也让这些民间调解员的调解方法和技巧不断与新形势新情况相适应,不断"与时俱进"。例如,随着互联网和信息技术的迅猛发展,不仅可以借助报刊、书籍、广播等传统载体,还可以借助海洋与渔业网站、渔船安全信息救助系统等新兴载体和工具,广泛收集与渔民生产生活密切相关的信息用于学习培训和普及工作,以配合宣传与渔民生产生活密切相关的法律法规,提高渔民守法意识和依法维权能力。

(3) 有针对性培训的开展。防范海上渔事纠纷,还应强化有针对性的培训,譬如渔业安全生产和渔民应对海上渔事纠纷的专项培训,以增强渔民的安全生产意识(从而在更大程度上避免船舶碰撞的事故和由此造成的纠纷)和协商解决海上渔事纠纷的意识,让渔民不但知法、守法,更要善于用法——用法律来维护自己的权益,用合法的方式和途径表达自己的诉求,正确应对海上突发的渔事纠纷,避免因不理智行为而导致渔事纠纷升级扩大为群体事件、恶性事件。因此,在相关的有针对性的培训中,其内容应该覆盖渔民生产安全、职业技能以及社会治安管理相关规定、海上渔事纠纷发生后当事双方应该正确采取的措施以及调解处理的相关程序等,其对象不仅要针对渔业船舶所有人和船长,也要覆盖其他渔业从业人员。其中,除了重点进行船舶航行技术、船舶事故处理等相关船舶知识的培训和渔民职业安全技能培训以外,以下内容是必不可少的:

①海上渔事纠纷发生后,当事双方应立即报告就近的渔业行政主管部门(或中国海警),并合理控制情绪,通过协商方式解决纠纷。

②当事双方在现场不能对纠纷责任、赔偿等问题达成一致意见,应互换由双方船长签字的《渔业船舶海上渔事纠纷确认书》后自行离开,并注意收集和保存相关证据。抵岸后及时将《渔业船舶海上渔事纠纷确认书》递交船籍港渔业行政主管部门(或中国海警)。

③发生网具纠缠、船舶碰撞事故时,应收集和保存相关证据,譬如拍摄并保存船舶碰撞痕迹等相关照片等。当事双方应协商采取相应适当措施及时处理紧急状况并对损失情况进行认定。除危及船舶或船员安全外,经双方协商同意,任何一方不得擅自损坏对方网具或船舶;不得采取强行拆、拿对方设备、物品以及扣人、扣船等违反社会治安管理定的措施。

④因在养殖水域航行、捕捞或因跨界交叉水域捕鱼权争议引发的海上渔事纠

纷,任何一方都不得强行驱赶对方船舶或破坏具及养殖设施。造成的经济损失赔偿应通过协商解决。

⑤因海上渔事纠纷引发危及船舶航行和船员生命安全的,要及时采取自救和互救措施。

⑥海上渔事纠纷涉及违反渔业海上交通安全和港航监督管理规定的,按有关法规和规章进行处理。纠纷的任何一方如因不理智为导致纠纷升级、逃避签署或采取胁迫手段强迫对方签署《渔业船舶海上渔事纠纷确认书》的,在纠纷调处中应负相应责任。

⑦纠纷双方可以申请行政调解或提请中国海事仲裁委员会渔业争议解决中心仲裁等方式妥善处理渔事纠纷。任何当事一方不同意行政调解或仲裁,或在规定时间内不履行行政调解结果的,可由当事人通过司法途径解决纠纷。

2. 渔事矛盾纠纷排查防范化解工作

预防海上渔事纠纷,应注重从源头上入手。渔事矛盾纠纷排查防范化解工作尤为重要,主动出击,及时进行渔事矛盾纠纷排查是其中至关重要的一环。对处于萌芽状态的或已形成纠纷的,要及时疏导、化解;对疑难或易激化的纠纷,要主动及时调解或协调有关部门共同解决。在春季、冬季渔汛时期,渔事纠纷易集中爆发的时段,在元旦、春节等重要敏感时段,开展集中排查。综合运用针对性排查、个案排查、板块排查,开展深入细致的专项排查工作,通过各种渠道及时收集渔事矛盾纠纷的信息,认真分析,梳理归类,及时全面掌握疑难渔事矛盾纠纷情况,严格认真组织好排查落实工作,做到滚动排查、纵向到底、横向到边、不走过场、不留死角,变"被动调解"为"主动调解",把握主动权,直到找出渔事矛盾纠纷发生的起因问题为止。对排查出来的情况,及时进行控制处理,把矛盾纠纷化解在萌芽状态。

(1) 渔事矛盾纠纷排查的具体方式方法。

①渔事矛盾纠纷排查调处工作,坚持纵向指导、横向联系建立长效机制。联系座谈,随时了解、发现、掌握各种渔事矛盾纠纷及其苗头、隐患。要定期排查辖区内的矛盾纠纷,确定办法,制定预案,做到"底数清楚,防范到位"。对排查出的各类矛盾纠纷要及时进行调处,将各类矛盾纠纷化解在初期,消灭在萌芽状态,做到"排查出一件,调处到位一件,形成典型教育一片"。

②坚持经常性排查、灵活性排查与特殊时期排查相辅相成。负责组织排查本辖区内的矛盾纠纷和苗头隐患;形成属地管理、跟踪排查、交接便利、共同参与的工作方针;渔事矛盾纠纷排查调处工作,除了运用常规性排查外,在排查方法上要灵活多样,譬如可直接深入实地调查,通过与相关人员亲切交谈发现问题及时有效排查。对于特殊时期(如春季、冬季鱼汛时期和一些敏感时期)的渔事矛盾纠纷排查,可采用直接对人对事排查的方法,尽量做到方法灵活,涉及范围广泛,真正

形成以块为主、条块结合,全覆盖、无疏漏的大排查网络,确保排查不留死角。

③建立广泛的沟通平台,保持渠道畅通,积极利用大数据的技术和平台收集、筛选信息,并对相关渔事矛盾纠纷信息进行分析研判。充分利用畅通的信息渠道收集筛选相关信息,有预见性、有针对性地开展工作,可以及时有效地排查渔事矛盾纠纷,牢牢把握渔事矛盾纠纷排查和化解工作的主动权。譬如,对涉及相关行业专业性较强的纠纷,可积极引入相关行业专业人才进行配合,做好前期预警防范工作。对可能引发大规模群体性事件或者恶性事件的苗头和倾向的相关信息,在及时进行筛选、分析研判、采取应对措施、提前做好相应工作的同时,必须及时向上级报告,以便上级第一时间掌握情况,做出科学决策。

(2)渔事矛盾纠纷排查的工作机制。

做好渔事矛盾纠纷排查化解工作,把渔事矛盾纠纷化解在基层,把隐患消除在萌芽状态,不是轻而易举就能够做到的,这是一项系统工作,要求建立有效的渔事矛盾纠纷排查工作机制,防止渔事矛盾纠纷的聚合、蔓延、升级和变异,进而引发群体、恶性事件。

①建立海上渔事纠纷排查数据库,做好登记和记录的工作。制作统一格式的海上渔事纠纷排查登记记录表,登记记录表应包括以下内容:排查的时间、地点、排查人姓名、被排查的纠纷种类、性质、起因苗头,当事各方的基本情况、责任情况等。以上内容要逐项认真填写,不得遗漏,并注意备份,妥善保管(电子版和纸质版分别保管),严防遗失。

②建立受理渔事矛盾纠纷的数据库,对受理的渔事矛盾纠纷做好登记记录。制作统一格式的海上渔事矛盾纠纷受理登记记录表,登记记录表应包括以下内容:受理时间、申请人和被申请人的姓名、性别、民族、年龄、职业、工作单位、住址或电话、矛盾纠纷的性质、起因和简单过程等。以上内容要逐项认真填写,不得遗漏,并注意备份,妥善保管(电子版和纸质版分别保管),严防遗失。对于当事人的申请,调解人员应认真进行登记。当事人如果是口头申请,调解人员听取当事人对纠纷情况的陈述,并按纠纷当事人陈述的内容进行登记。在进行纠纷登记时,要严肃认真,尽量记当事人的原话。对于濒临激化的纠纷或当即可以调解的简单纠纷,可以在稳定事态发展的基础上先行调解后补办纠纷登记手续。受理矛盾纠纷登记后,对当事人所反映的纠纷情况要注意保密,不得随意泄露。纠纷登记后,应当分门别类归档,妥善保存,以便将来复查。调解人员要对受理的矛盾纠纷及时进行调处,应事先将确定的调处时间、调处地点、调处人员及时告知矛盾纠纷当事各方,确保当事各方能按时参加调处。

③对排查出来的渔事矛盾纠纷进行分析研判,分类梳理。在排查出渔事矛盾纠纷后,要及时分析纠纷产生的原因、特点及发展趋势,制定具体的防范措施,对排查出的各类矛盾纠纷,按照"分级负责,归口处置"的原则,落实到有关部门和具

体责任人,并提出处置期限,并按照预先制定的"渔事矛盾纠纷预防措施"有关规定,做好渔事矛盾纠纷专项处置工作,到期未能解决的要跟踪督办。对矛盾纠纷情况复杂、处置难度大、有可能引发重大治安问题和群体性事件的矛盾纠纷,及时提交矛盾纠纷排查调处领导组研究,提出具体的处置意见,并从有关部门抽调人员组成工作组,及时调查处理。

(3)海上渔事纠纷防范的工作措施。

海上渔事纠纷对渔业生产和渔民生活的影响很大,处置不善会影响渔区社会的稳定。因此,采取有效措施认真做好防范工作,防范海上渔事纠纷的发生极为必要。在切实做好渔事矛盾纠纷排查化解工作的基础上,力求对渔事矛盾纠纷"预见得到、发现得早、控制得住、化解得了、处理得好",努力把渔事矛盾纠纷和隐患化解消除在萌芽状态,防止渔事矛盾纠纷聚合叠加和升级,避免发展成群体性事件、恶性事件。

①加强海上渔事纠纷防范管理,从规范治理违法捕捞等违法违规行为入手。首先,要在禁捕区设置明显航标,加大禁渔区的执法巡查力度,必要时整合在渔区的渔政力量巡航执法;对进入禁捕区内作业的渔船要从重处罚,有电、毒、炸行为情节严重的要吊销其捕捞许可证;实行违法捕捞行为有奖举报制度,有效防止违法捕捞行为。在因渔船碰撞、网具损坏、渔区争夺等导致的渔事纠纷中,对有拘禁、扣押、勒索行为的,应依法从严处理,情节严重,构成犯罪的,依法追究刑事责任。

②推进海上渔事纠纷防范工作,各有关部门相互协调、互相配合。首先,渔业管理各有关部门、有关单位应通过信息沟通平台共享信息,加强与各方(包括其他管理部门、渔民社团组织、渔事纠纷民间调解组织等)的沟通与协作,对海上渔事纠纷进行综合防范治理,形成联防的工作格局。其次,对海上渔事纠纷预防工作进行统筹考虑、全面规划,防控人员安排合理布局、合理分配,以防范风险作为决策的直接依据,并避免造成不良影响,制定具有预防性质相关规范,如制定海上渔事纠纷应急处置预案。再次,各相关部门坚持预防为主的原则,通过信息沟通平台加强以各方的联系和信息共享,海上渔事纠纷做到"早发现、早预防、早控制"。最后,一旦有海上渔事纠纷发生,各有关单位应形成联动之势,迅速赶到现场,各司其职,并相互协调、互相配合,采取有效措施控制局面,防止渔事纠纷恶化升级,保护渔民和渔船的安全,并依据《中华人民共和国人民调解法》《中华人民共和国治安处罚法》《中华人民共和国渔业法》和地方渔业管理实施办法等相关法律法规调解和处理渔事纠纷。

3. 软硬件设施建设

(1) 制度设置。

①建立海上服务体系。成立渔港渔船安全救助信息中心,负责做好渔业海事纠纷预防工作,实行 24 小时监控出海渔船动态,全天候接听报警电话,及时向在册渔民手机发送海域气象、避碰预警等信息。出台渔政船舶紧急备航制度,全部渔政船须保持 24 小时待命,开展海上抢险救灾、搜救遇险渔船、救助伤员等工作。与当地医疗机构协作建立"海上 120"专业医疗救援服务队,建立通讯调度零延误、出诊集结零延误、海上救护零延误、陆路交接零延误、院内救治零延误等"五步零延误"救援模式,确保救援过程通畅高效。以服务体系保驾护航,从源头上预防和减少渔事纠纷。

②建立安保防控体系。通过在重点港区安装海防监控系统,实现港区 24 小时动态管控。加大投入力度,利用现代科技手段加强对渔船、渔港的监管,60 马力以上的渔船须安装 AIS 船舶自动识别系统或 GPS 定位系统;渔港和执法船舶须配备先进的监控和摄录像设备,为处理渔事纠纷和海警办案提供硬件保障。通过落实渔政船渔场定点值班任务,加强渔船动态监控,督促渔船避开涉外敏感水域,严防渔场涉外事件发生。通过与船主签订"海上治安责任状"、警民恳谈等形式,提升共防意识。采取切实有效的措施,如建立船老大通讯录,①建立相关的安全信息网络,形成"人人参与"的局面,全方位多角度地及时获取深层次、预警性信息,并做好相关记录,对可能发生的渔事纠纷做到早发现、早处置,严防渔船打、砸、抢、扣等事件的发生。

③建立出海船舶和船员的管控体系。首先,建立出海船舶、船员信息等相关数据库。② 通过调阅登记信息配合走访排查,摸清船舶、船民底数等相关信息,存入数据库,并建立出海船舶分类管理体系,对重点船舶通过边防 AIS 船舶监控系统标注类别,③并与本地停靠船舶的船籍地管理机构建立相关信息数据共享和良好的互动,以实现对船舶的船籍地与停泊地的双向管控。依法对渔船进行有效监管,要严格渔船进出港监管和渔具管理,对三无、三证不齐渔船、无船名号或船名号刷写不清和无正当理由不携带网具的捕捞渔船一律不准出港。防止违法捕捞作业行为。特别是要加强对大型船舶和船队的管理监督。渔业、港监部门应按国家规定严格控制新建船舶的审批,控制大型船舶的数量,有关部门对成立的大型船队、渔民协会应加强监管,规范船队、协会成立的条件,建立责任追究制度,从源头上保证船队、渔民社团、渔民协会的合法性,防止"船大为王、船多为王"局面的

---

① 参见:杨波.海上渔事纠纷引发的治安案件的预防与控制.海洋开发与管理,2007,24(2):58-62.
② 裘兆斌,等.海上渔事纠纷调处的原则.未刊稿.
③ 定海区安监局.定海区建实三大体系预防海事渔事纠纷发生.来源:舟山安监.发布日期:2014-12-15.http://www.zsaqjg.gov.cn/news/show.asp? newsid=9971   浏览日期:2015-11-19.

产生。推行出海船员诚信体系建设,严把渔业从业人员准入登记关口,为持证船员提供免费职业介绍服务,并针对外来渔工持证率低、安全生产知识与技能欠缺等问题,免费进行相关职业技能、安全生产知识以及相关法律知识培训,并对培训合格的推荐就业。落实对应的服务和管理宽严措施,引导出海船员自觉遵章守纪。同时,加强边防与其他涉海部门的协作配合,提升管控合力。

④建立敏感海域联合巡逻执法机制。整合渔政、海警、海事执法力量,在重点海域、重点区域开展联合巡逻执法,消除管控的空白区、减少空档期,实现无缝隙的全区域覆盖。严把人员出海关口,建立健全防控网络,及时掌握渔民出海动态,共同抓好海上生产秩序的防范工作,避免海上渔事纠纷引发为治安案件。形成海上渔事纠纷防控和处置工作的"管理、防范、控制"一体化工作格局。

⑤建立区域协作和跨区联动机制。构建区域协作机制,建立区域间的信息共享平台和互信平台。针对可能发生的网地争夺纠纷,各级渔业主管部门、公安边防、海警等执法部门要提前介入,预先做好本辖区内的协调工作,积极预防,防止群体事件、恶性事件的发生。构建跨区联动机制,积极破解疑难纠纷,协调处理跨区域的海上渔事纠纷。针对跨海域纠纷因长期遭受沟通协调困难以及海上执法证据容易灭失等问题,渔业海事调处中心应坚持重证据、轻"口供",不偏听偏信,不先入为主,不予变相保护本地渔民,凡判定责任均以证据为依据,例如以碰撞痕迹、船舶实时轨迹为准,并在此原则基础上,对涉及本地渔民的合法利益,向外地渔监部门据理力争,而对一些查实确有事故责任却无理拒绝赔偿的船主,及时向渔政部门申请实施行政强制措施。与外地渔事调处机构建立互信沟通机制,经过两地调处机构共同友好沟通协商解决。

⑥逐步完善渔船船东互助保险制度。渔业行业保险机构应结合当前的渔业行业的保险市场需求,从维护渔民利益出发,积极研究探索增设网具损失等相关险种的可能性,充分利用财政对渔民人身保险和渔船财产保险配套补贴的政策红利,鼓励捕捞渔船、渔业辅助船、休闲渔船、小型渔船、海钓船的财产和人身保险全部纳入渔业互保服务范围,并提高渔船财产保险和渔民人身保险的理赔额度,以减轻事故渔船赔付压力,帮助其尽快投入再生产。同时多多进行宣传,尽可能消除当事双方在纠纷发生后担心损失得不到赔偿的顾虑,充分发挥渔船船东互助保险制度对维护海上渔业生产秩序的积极作用。

⑦建立社区层面的渔事矛盾纠纷调解平台。社区层面的渔事矛盾纠纷调解机构参与指导辖区内渔事矛盾纠纷的排查、化解和调处工作,以应对渔轮股份重组、劳资、人身损害、油补发放等一系列重点、疑难矛盾纠纷,充分发挥渔民社团组织在渔事纠纷调处中的积极作用。海上渔事纠纷调处工作涉及渔区社会的各个方面,需要政府各相关部门和其他社会组织的共同努力。实践中特别需要深入渔区,加强与渔民、渔民社团组织的联系与沟通,了解渔民的想法和愿望,争取渔民

社团组织对海上渔事纠纷调处工作的支持和配合,充分发挥渔民社团组织的作用。通常利用各种传统节日、休渔等时机,搭建沟通平台,积极引导渔业船舶所有人或船长开展联谊活动,拓宽渔业船舶所有人或船长沟通的渠道,逐步建立渔业船舶所有人或船长间的互信机制,使更多的海上渔事纠纷在渔业船舶所有人或船长相互信任的基础上得到协商解决。对在渔事纠纷协商解决过程中发挥积极作用的渔民,要予以表彰。

(2) 预案。

依据当前海上渔业纠纷防控工作出现的新情况、新变化和新形势,应对渔船碰撞、网具损坏、渔区争夺等导致的海上渔事纠纷,应制定综合性的海上渔事纠纷突发事件应急预案,为应对突发事件制定科学合理且操作性强的流程,切实提高依法有效处置海上渔事纠纷突发事件的能力,确保遇到突发状况时,各相关部门能够及时联动,及时到位,各司其职,相互协作配合。

①适用范围。本预案适用于管辖区渔船和管辖区海域发生的海上渔事纠纷突发事件。海上渔事纠纷突发事件是指海上渔民捕捞作业因网具缠绕、船体碰撞、在养殖水域航行、跨界交叉水域捕鱼权争议等渔业生产行为引起的群体性渔事纠纷。

②适用原则。坚持以人为本原则,把保障渔民群众生命财产安全作为首要任务,尽可能减少或避免海上渔事纠纷突发事件造成的人员伤亡和财产损失。坚持预防为主原则,加强与各方的联系和信息沟通共享,对上渔事纠纷突发事件做到及早预防、及时发现、迅速控制。

③组织机构设置。成立专门的海上渔事纠纷突发事件应急处置领导小组(以下简称领导小组),并在的领导小组统一领导下,开展海上渔事纠纷突发事件应急处置工作。领导小组为处置海上渔事纠纷突发事件的具体指挥单位,组长、副组长决定本预案的启动和终止,指挥海上渔事纠纷和突发治安案件的处置,协调处置过程中的各种关系,指挥调度公安边防、渔政、船检港监等海上执法力量,收发海上渔事纠纷的相关信息,并定期对相关工作进行督导检查。

④海上渔事纠纷突发事件预防。通过新闻媒体、广播电视、印发传单培训等方式,宣传普及有关法律法规和政策,引导渔民安全文明生产,遵守法律法规,依法维护自身合法权益,通过合法、正当渠道协商解决海上渔事纠纷。渔业行政主管部门应当与渔民协会保持密切联系,强化情报信息搜集,共同做好渔事纠纷隐患排查,同时加强出海渔民及重点人员的管理,引导当事人通过协商方式化解矛盾。在渔事纠纷高发时期、多发海域,渔业、公安边防部门应适时派出执法船艇进行巡航检查,发现海上渔事纠纷尽早介入,避免渔事纠纷升级扩大。各海上渔事纠纷和突发治安案件主管部门要建立突发案件预防预警机制。建立24小时值班制度、设立渔民举报值班电话,各司其职,加强联系,互通信息,互相配合,做好防

控工作。

⑤海上渔事纠纷突发事件应急响应。领导小组根据海上渔事纠纷涉及的渔船、渔民数量和严重程度、处置难度等情况，决定是否启动本预案。预案启动后，领导小组各负责人员立即到位，并召集相关成员单位及人员各就各位，做好案件处置准备。各相关单位人员保持24小时通信联络畅通，执法车辆、海上执法船舶、人员做好随时出动参与突发案件处置的准备。各相关单位及时搜集情况，上报信息。海上现场执法人员要认真执行渔业安全领导小组命令，并同时做好相关处置工作。

⑥海上渔事纠纷处置。坚持公平公正的原则调处纠纷，以事实为依据，法律为准绳。根据情况，派遣渔政船前往事发海域了解、处置情况，稳定现场秩序，抓捕控制犯罪嫌疑人员。执法人员要认真受理渔民的申诉，积极引导渔民在法律允许的范围内协商解决渔事纠纷。海上渔事纠纷争议双方均为辖区内的，通知渔业主管部门或相关部门积极参与纠纷或突发治安案件的处理；争议一方为外地的，联系渔船所在地相关部门参与处理，并将情况上报上级主管部门。对争议双方的主张和案发现场证据，做好核实、调查、取证工作。发生人员重大伤害情况时，现场人员应积极采取营救措施，并与海上搜救中心联系，对受伤人员予以及时救助。对于大规模的海上渔事纠纷的处置，应调集足够执法力量，以控制局面。执法船舶在海上对违法渔船进行查处，对违法渔船扣港处理。陆地派人进驻违法渔船船籍港，控制港内渔船，查处返港违法渔船。并采取措施，稳定渔民情绪，避免事态进一步扩大。做好争议双方渔民的安抚工作，避免出现恶性事件、群体性事件的发生。随时向上级汇报情况。各相关单位要随时通报情况。当案件处理完毕或紧急情况解除，经领导小组组长同意，应急预案终止。待应急情况解除后，跟踪渔事纠纷后续处理情况，并将最终处理结果上报上级有关部门，同时对突发事件应急处理工作进行总结。

⑦应急保障。a.通信保障。各成员单位应设立海上渔事纠纷和突发治安案件报警电话，保证24小时通信联络畅通，并向社会公布；渔业行政主管部门应建立健全渔业安全通信网；各成员单位要建立通讯联系，做到各值班室、各负责人间通信联络的全面畅通。b.工具设施保障。各相关单位必须保证执法船舶处于适航状态，并且做到在发出出航令后2小时内出港。必要时，可以征用民用船舶参与突发事件的处置。各成员单位必须保证陆地有充足力量参与突发事件的处置。c.财政保障。区财政部门应统一安排海上渔事纠纷和突发治安案件处置经费。

(二) 海上渔事纠纷发生后的调处和处置工作

1. 调解

要做好海上渔事纠纷调处工作,首先要做好海上渔事纠纷调解这篇"文章",构建海上渔事纠纷调解模式,创新调解机制,规范调解体系和流程,不断提高调解实效,化解各种海上渔事矛盾纠纷,切实保障渔民合法权益,维护渔区稳定,创建平安海区。

(1) 构建海上渔事纠纷调处的大格局。积极整合社会各方资源、整体联动,调动一切可以调动的力量进行各类海上渔事纠纷的调解,通过聘请辖区造船厂技术员、法律顾问、渔民代表等充实调解组织,形成专业管理部门与政府其他部门以及民间海上渔事纠纷调处组织、渔民社团等民间组织机构的相互协作、条块结合、上下联动的渔事调解组织网络,全面构建海上渔事纠纷调处的大格局,积极探索海上渔事纠纷处理协调机制,制定海上渔事纠纷的预防、接报、调解和处置程序,把矛盾纠纷有效化解在第一时间、第一地点。

(2) 建立海上渔事纠纷调处规范化体系。加强海上渔事纠纷调处工作的统筹协调,与渔办、司法所、海事法庭建立诉调对接机制,与渔村负责人、渔业服务站建立信息沟通与反馈机制,与渔船编队组长建立隐患排查和情况报告机制,分类落实渔办专管员、渔村(渔业服务站)协管员和渔船调解员负责调处工作,形成专业管理部门与政府其他部门以及民间海上渔事纠纷调处组织、渔民社团等民间组织机构的相互协作、条块结合、上下联动的渔事调解组织网络。同时,根据《中华人民共和国人民调解法》有关规定,结合海上渔事纠纷的特点,制定出台有关海上渔事纠纷调处的工作职责、工作制度、工作流程等一系列制度体系,详细规定海上渔事纠纷调处的专业化程序,构建"有纠纷必接、有纠纷必调、全天候服务"的工作机制。指导督促《渔业安全生产事故调查与责任追究办法》《小型渔业船舶安全管理办法》等制度实施,结合海上渔事纠纷调解要求,规范完善《调查询问笔录》、《水上交通事故报告书》、《安全生产事故调查报告书》、《渔事纠纷调解协议》和《渔事海事权利义务知书》等各类电子格式文本,切实提高调解工作的制度化与规范化水平。各级渔业行政主管部门要主动向渔业船舶免费发放"渔业船舶海上渔事纠纷确认书"表格(如表 5-1 所示),通过各种途径宣传海上渔事纠纷发生后签订"渔业船舶海上渔事纠纷确认书"对保护渔民生命财产安全和协商解决渔事纠纷的重要意义。

表 5-1　渔业船舶海上渔事纠纷确认书

甲方船号		船籍港		
乙方船号		船籍港		
纠纷时间		年　月　日　时　分		
纠纷位置		经度　　　纬度　　　海区		
气象情况		晴　　　阴　　　雨　　　雾		
海况		风向　　　风级　　　浪级　　　流向		
纠纷概要及损失情况	甲方表述：		乙方表述：	
双方确认以上事项		甲方船长签字 年　月　日		乙方船长签字 年　月　日
船舶所有人联系方式	甲方	姓名： 电话： 住址：	乙方	姓名： 电话： 住址：
备注				

（3）建立规范化的海上渔事纠纷调处程序规范。海上渔事纠纷调处应着力创新调处方式，提高调处效能。实践中，"查清事实—收集证据—判定责任—调解处理"的海上渔事纠纷四步调处方法收效良好，具体操作程序如下：首先，查清事实。充分倾听各方当事人的陈述，了解纠纷的来龙去脉，为后续的判定责任工作奠定基础，在此过程中要注意不先入为主，不采信一面之词。[①] 其次，调查取证。在调查取证的过程中应该充分听取双方的陈述，特别要注意双方的辩驳和提出的

---

① 裴兆斌，等.海上渔事纠纷调处的原则.未刊稿.

反证。① 在收集相关证据时,可以充分依托 RFID 智能识别系统、AIS 避碰设备、北斗导航仪等技术平台,将船舶实时轨迹图作为判断船舶碰撞、网具纠纷责任归属的重要证据。再次,判定责任。海上渔事纠纷的调处中,判定责任要依据事实和证据,以相关法律法规为准绳,通盘考虑,综合判断,而不是凭自己的主观认识、推理、判断,任意地、武断地做出相关决定。② 最后,调解处理。海上渔事纠纷调解处理的过程中,宜采用面对面和解、背对背调处的方法,要让纠纷的核心实质矛盾真正得到化解,不能敷衍了事留下隐患,特别要注意做好海上渔事纠纷的善后工作,不留死角,真正做到纠纷调处"到位"。③

(4) 建立海上渔事纠纷诉调衔接工作机制。近年来渔事纠纷的主题、内容日益多样化、复杂化,单纯依靠调处的工作模式已不能满足当前形势要求。而另一方面,渔民普遍认为海上渔事纠纷到海事法庭解决,不但经济成本高,而且劳民伤财耗时费力又影响生产,因此一些涉法的海上渔事纠纷他们都不愿打官司。在这样的情形下,与海事法庭对接,建立海上渔事纠纷诉调衔接工作机制极有必要。这样不仅可以减少渔民诉累,还可以节约司法成本,减少司法资源占用。

(5) 建立完善海上渔事纠纷调处相关工作机制。同步建立外地渔船纠纷调处中船检定损、互保估价、跨地调处中心参与现场勘验等工作机制,有效解决船舶纠纷中双方互相隐瞒事故、推诿责任等难题。为保障渔民弱势群体利益,实施渔船碰撞和网具纠纷案中的误工费赔偿制度,每位涉案船只雇工每天可获赔相应的误工费,促使肇事船只负担更多额外肇事成本,从而有效缩减调处时间,进一步提高结案率。

2. 处置

海上渔事纠纷调处中最为重要的一环,就是对纠纷的处置。下面仅从海上渔事纠纷处置准则和重大复杂海上渔事纠纷处置程序来展开讨论。

(1) 海上渔事纠纷处置准则。

①避免事态恶化是海上渔事纠纷调处必须首先坚持的基本准则。渔业行政主管部门接到海上渔事纠纷的报告,必须无条件受理,根据不同情况妥善处置。当事船舶船籍港渔业行政主管部门和海上渔事纠纷发生地就近的渔业行政主管部门都负有制止事态恶化的责任。接到海上渔事纠纷报告的渔业行政主管部门,应及时向纠纷各方船籍港渔业行政主管部门(如一方为养殖业主,则为其所在地渔业行政主管部门)通报;当事船舶船籍港渔业行政主管部门接到报告或通报后要迅速采取措施,通过行政渠道或渔民社团组织做好当事人的工作,指导渔民协商解决纠纷;必要且条件许可时,就近的渔业行政主管部门要派出渔政执法人员

---

① 裴兆斌,等.海上渔事纠纷调处的原则.未刊稿.
② 裴兆斌,等.海上渔事纠纷调处的原则.未刊稿.
③ 裴兆斌,等.海上渔事纠纷调处的原则.未刊稿.

赶赴现场控制海上局面，制止事态恶化。当海上局面超出渔业行政主管部门控制能力时，应及时要求同级公安边防管理部门予以配合。

②渔业行政主管部门要积极、公正地调处海上渔事纠纷。在海上渔事纠纷当事人一致同意调解的前提下，由当事船舶船籍港的渔业行政主管部门为主调解处理，纠纷发生地就近的渔业行政主管部门予以配合。当事船舶不属同一船籍港的，由当事船舶船籍港渔业行政主管部门的共同上级渔业行政主管部门指定调处机构负责调解，各相关渔业行政主管部门要予以积极配合。渔业行政主管部门应根据当事双方的报告情况，对双方签署的《渔业船舶海上渔事纠纷确认书》（以下简称《确认书》，见表5-1）进行审核与鉴定，判明责任，积极调解。调解不成的，可建议当事人提请中国海事仲裁委员会渔业争议解决中心以仲裁等方式妥善处理。海上渔事纠纷涉及违反渔业海上交通安全和港航监督管理规定的，按有关法规和规章进行处理。纠纷的任何一方如因不理智行为导致纠纷升级、逃避签署或采取胁迫手段强迫对方签署《确认书》的，在纠纷调处中应负相应责任。行政调解和仲裁应遵循当事双方自愿的原则，任何当事一方不同意行政调解或仲裁，或在规定时间内不履行行政调解结果的，可由当事人通过司法途径解决纠纷。

（2）重大复杂海上渔事纠纷处置程序。重大复杂海上渔事纠纷发生后，根据事态的发展，按以下程序进行处置：

①在重大复杂海上渔事纠纷初发时，首接海上渔事纠纷报告的渔业行政主管部门，应根据不同情况妥善处置。渔事纠纷未对社会秩序造成严重影响的，首接海上渔事纠纷报告的渔业行政主管部门，应及时向纠纷各方船籍港渔业行政主管部门通报；当事船舶船籍港渔业行政主管部门接到报告或通报后要迅速采取措施，做好当事各方的疏导和安抚工作，指导渔民协商解决纠纷，组织当事各方推选代表进行协商，根据《中华人民共和国渔业法》和地方渔业管理实施办法等相关法律法规调解和处理渔事纠纷。在紧急和必要时可与纠纷发生地附近的渔船或渔政船联系，要求其赶往现场协助控制局面。同时，相关部门（中国海警）可求其他纠纷参与人员原地等待，并做好相关解释、说明和引导工作，跟踪做好处纠纷调处期间的人员安顿和稳控工作，防止事态激化和扩大。

②在重大复杂渔事纠纷发生发展后，相关部门（中国海警）应当首先维护好现场秩序，防止或制止渔事纠纷各方人员采取过激行为；组织当事各方法定代表人或者主要负责人（实际经营人）到场，反映情况、处理问题和进行协商，劝离并安顿好其他纠纷参与人员到指定地点等待，跟踪做好处纠纷调处期间的人员稳控工作，防止事态激化和扩大。同时，对在渔事纠纷中发生的煽动闹事、抢夺或者损坏公私财物、非法限制他人人身自由等违法行为，由中国海警采取相应的强制措施，依法处理。调查案件涉事相关人员的身份和其他信息资料，对涉事相关人员逃匿的，应当进行对其是否涉嫌犯罪的调查取证；涉及犯罪的，依法对其进行处置。

在重大复杂渔事纠纷的事态得到有效控制或者在渔事纠纷平息后,要积极依法做好海上渔事纠纷调处或其他处置工作,保障当事人各方的合法权益,维护社会和谐稳定。

3. 善后

在海上渔事纠纷的调处过程中,要让纠纷的核心实质矛盾真正得到化解,不能敷衍了事留下隐患,特别要注意做好海上渔事纠纷的善后工作,不留死角,真正做到纠纷调处"到位"。[①] 的确,要圆满完成海上渔事纠纷调处工作,使纠纷得到真正解决,不留隐患,必须做好善后工作。

(1) 完善档案。渔事矛盾纠纷经调解达成协议的,应当制作统一格式的海上渔事矛盾纠纷调解协议书,协议书的内容应具体,相关责任权利明确,符合执行要求,载有各方当事人的确认签字,及时按照相应的类别立卷归档。并注意备份,妥善保管(电子版和纸质版分别保管)备查,严防遗失。其他有关渔事矛盾纠纷调处的所有材料应在调处结束后一周内整理归档,以备查询调用。

(2) 设立考核制度。将渔事矛盾纠纷排查调处情况纳入相关责任人的绩效考评和工作考核。根据实际制定对考核管理办法,对渔事矛盾纠纷排查调处工作成绩突出的部门和个人予以表彰。同时,以严格的责任制来确保社会矛盾纠纷排查调处工作取得实效。建立社会矛盾纠纷排查调解责任制和分级责任制,实行领导定期接待、包案负责制、直接参与社会矛盾纠纷的调处。执行重大疑难矛盾纠纷报告制度,凡是大疑难矛盾纠纷,应及时向镇社会矛盾纠纷排查调处服务中心报告请示。建立责任倒查制度,对因矛盾纠纷调解和排查不力,致使矛盾激化造成重大社会影响和严重后果的单位和个人,严格进行责任追究。对因调处工作不力导致渔事矛盾纠纷扩大或升级激化的部门和个人严格按照工作目标管理责任制的要求,进行处理。

(3) 设立渔事矛盾纠纷调处回访制度。对已调解的较为复杂的渔事矛盾纠纷,涉及多方当事人的渔事矛盾纠纷、濒临激化的渔事矛盾纠纷以及调解历时较长的纠纷,要及时进行跟踪回访,特别是对情况复杂的、易反复的、濒临激化的渔事矛盾纠纷,要确保调处到位,不留隐患,不留死角,应进行有针对性的跟踪回访。回访时要了解调处协议的执行情况、影响协议履行的隐患等相关信息,了解当事人特别是重点人的思想状况,行为有无反常,对调解协议的态度、反响等。要及时发现有无新的纠纷苗头。征求对调解人的意见、建议。

四、海上渔事纠纷处理须知

(1) 海上渔事纠纷发生后,当事双方应立即报告就近的海警执法部门,并通

[①] 裴兆斌,等.海上渔事纠纷调处的原则.未刊稿.

过协商方式解决纠纷。

（2）当事双方在现场不能对纠纷责任、赔偿等问题达成一致意见，应互换由双方船长签字的《渔业船舶海上渔事纠纷确认书》后自行离开，并注意收集和保存相关证据。抵岸后及时将《确认书》递交船籍港海警执法部门部门。

（3）发生网具纠缠、船舶碰撞事故时，当事双方应协商采取措施及时予以解除或对损失情况进行认定。除危及船舶或船员安全外，经双方协商同意，任何一方不得擅自损坏对方网具或船舶；得采取强行拆、拿对方设备、物品以及扣人、扣船等违反社会治安管理定的措施。

（4）因在养殖水域航行、捕捞或因跨界交叉水域捕鱼权争议引发的海上渔事纠纷，任何一方都不得强行驱赶对方船舶或破坏具及养殖设施。造成的经济损失赔偿应通过协商解决。

（5）因海上渔事纠纷引发危及船舶航行和船员生命安全的，要及时采取自救和互救措施。

（6）海上渔事纠纷涉及违反渔业海上交通安全和港航监督管理规定的，按有关法规和规章进行处理。纠纷的任何一方如因不理智为导致纠纷升级、逃避签署或采取胁迫手段强迫对方签署《确认书》的，在纠纷调处中应负相应责任。

（7）纠纷双方可以申请行政调解或提请中国海事仲裁委员会渔业争议解决中心仲裁等方式妥善处理渔事纠纷。任何当事一方不同意行政调解或仲裁，或在规定时间内不履行行政调解结果的，可由当事人通过司法途径解决纠纷。

五、海上渔事纠纷调处的机构及要求

中国海警各级执法部门在接到海上渔事纠纷的报告后，应立即按照有关程序进行妥善处置，不得互相推诿，贻误时机。切实做到海上渔事纠纷"渔民报案有渠道，主管部门有人管"。

（1）中国海警各级执法部门接到海上渔事纠纷的报告，必须无条件受理，根据不同情况妥善处置。避免事态恶化是海上渔事纠纷调处必须坚持的基本原则。

中国海警各级执法部门负有制止事态恶化的责任。接到海上渔事纠纷报告的中国海警各级执法部门，应及时向纠纷双方船籍港渔业行政主管部门通报；当事船舶船籍港渔业行政主管部门接到报告或通报后要迅速采取措施，通过行政渠道或渔民社团组织做好当事人的工作，指导渔民协商解决纠纷。

（2）中国海警各级执法部门要积极、公正地调处海上渔事纠纷。在海上渔事纠纷当事人一致同意调解的前提下，由当事船舶船籍港的海警执法部门进行调解处理。当事船舶不属同一船籍港的，由当事船舶船籍港海警执法部门的共同上级海警执法部门指定调处机构负责调解。

海警执法部门应根据当事双方的报告情况，对双方签署的《渔业船舶海上渔事纠纷确认书》(以下简称《确认书》)进行审核与鉴定,判明责任,积极调解。调解不成的,可建议当事人提请中国海事仲裁委员会渔业争议解决中心以仲裁等方式妥善处理。

海上渔事纠纷涉及违反渔业海上交通安全和港航监督管理规定的,按有关法规和规章进行处理。纠纷的任何一方如因不理智行为导致纠纷升级、逃避签署或采取胁迫手段强迫对方签署《确认书》的,在纠纷调处中应负相应责任。

行政调解和仲裁应遵循当事双方自愿的原则,任何当事一方不同意行政调解或仲裁,或在规定时间内不履行行政调解结果的,可由当事人通过司法途径解决纠纷。

第六章
《治安管理处罚法》与《刑法》的衔接与冲突

在《中华人民共和国治安管理处罚法》(下称《治安管理处罚法》)审议过程中，其与《刑法》的竞合问题已成审议重点，不少立法委员建议"一定要划清罪和非罪的界限""处理好同刑法的衔接问题"，①最后达成总则第二条的原则性规定，但是在实体规定中仍然出现了大量的竞合条款。据我们了解，没有任何一部法律像《治安管理处罚法》那样与刑法出现这么多的法条竞合，不仅导致公检法三家对竞合行为罪与非罪的标准存在严重分歧，就是在公安机关内部上下级之间、不同地区之间、同一地区不同办案单位之间、甚至相同办案单位在不同时间也会适用不同的标准，造成了执法的随意甚至混乱。在《治安管理处罚法》已经实施若干年后的今天，问题已经充分暴露，难题亟待解决。

第一节 《治安管理处罚法》与《刑法》衔接与冲突的理论和实践

一、《治安管理处罚法》与《刑法》竞合的理论

(一)《治安管理处罚法》与《刑法》竞合的理论研究现状

《治安管理处罚法》与《刑法》的竞合实际上是行政法与刑法之间的竞合。近年，我国理论界兴起"行政刑法学"，虽然中外学者对其内涵纷纷提出不同的见解和理论，多数问题至今没有形成定论，但是对于行政违法与犯罪在行为构成上相同、只在社会危害性程度上有差别的观点是得到"行政刑法学"界一致肯定的观

---

① 参见中国人大网 2005 年 6 月 28 日《十届全国人大常委会十六次会议分组审议治安管理处罚法草案发言摘登》；2005 年 8 月 23 日《发言摘登：分组审议治安管理处罚法草案》。

点,所以行政法与刑法条款应当相互协调、相互衔接,从而共同维护社会秩序。①但是,正如有的学者所言:"我国刑法与行政法之间的断层始终是存在的,刑法与行政法的界域与衔接问题一直是困扰我国法学界的疑难杂症。"更由于《治安管理处罚法》研究在整个法学研究中的边缘化地位,有关两法竞合方面的研究成果可谓屈指可数,"刑法与治安管理处罚法的衔接就存在严重断层"②"刑法与治安管理处罚法之间出现的法条竞合问题,应当适用什么原则?尚未有学者论及"③。

(二)《治安管理处罚法》与《刑法》竞合的适用理论

我们搜索了国内公开发表的有关《治安管理处罚法》与刑法竞合方面的论文,正如前文所述数量寥寥无几,其中涉及两法竞合时适用规则的专门论述更是凤毛麟角,现罗列如下:(1)优先适用《刑法》。其理由是:《刑法》是由全国人大制定的国家基本法律,而《治安管理处罚法》则由全国人大常委会制定,前者法律效力优于后者。④ (2)优先适用《治安管理处罚法》。理由是:《刑法》是《治安管理处罚法》的保障法,只有在《治安管理处罚法》不能有效调整社会关系的时候,才适用《刑法》。⑤

对于上述观点,笔者赞同"优先适用《治安管理处罚法》"的观点:虽然《治安管理处罚法》与《刑法》竞合导致的执法困惑不是什么新鲜事,但是由于两法的竞合是不同层次的两部法律之间的特殊竞合,目前认识误区较多,实践中甚至还有人提出"新法优于旧法""重法优于轻法"的适用意见,这些观点中"新法优于旧法"适用规则的前提是新旧规定"不一致","重法优于轻法"是发生在刑法领域的法条竞合的适用规则,简单移植到《治安管理处罚法》与《刑法》的竞合的处理中,前提是

---

① "行政刑法"概念是 1902 年德国刑法学家郭特希密特在《行政刑法》一书中首次提出的。我国行政刑法一般是指规定行政犯罪及其行政刑罚的法律规范的总称。陈兴良教授在为李晓明的《行政刑法学导论》做的序中指出:"应当把公安部门作出的治安处罚纳入行政刑法研究的视野,因为这些内容与刑法有着密切的衔接关系。……行政刑法应当关心这些刑法的边缘化问题,尤其是解决刑事处罚与行政处罚的衔接问题,而不是仅仅研究刑法分则已经规定的行政犯。否则,行政刑法只不过是刑法分则的局部研究,其学术意义将大为贬低。"由于行政刑法的理论在后来的传播中发生了很大的意蕴变迁,尤其是德国和日本学者对其阐述有很大的分歧,我国国内学者也是观点各异,客观上给研究和借鉴这一理论成果带来了一定的困难。参见张明楷《行政刑法辨析》和陈兴良《论行政处罚与刑罚处罚的关系》,前者载《中国社会科学》1995 年第 3 期;后者载《中国法学》1992 年第四期。

② 参见苏海健《论我国行政刑法立法的不足与完善——从与行政法相衔接的角度》,载《四川教育学院学报》2008 年第 3 期。

③ 参见杨新京《刑法与治安管理处罚法竞合问题研究》,载《人民检察》2007 第 5 期。

④ 参见梁艳《犯罪边界问题的处理——〈治安管理处罚法〉与〈刑法〉的竞合问题》,载《山西省政法管理干部学院学报》2008 年第 6 期。

⑤ 吴情树在《〈治安管理处罚法〉与〈刑法〉的衔接研究》(载《三明学院学报》2008 年第 3 期)一文提及此观点,但是该文没有对《治安管理处罚法》与刑法的关系展开论述。

错误,所以结论自然也正确不了。① 前述优先适用刑法的观点之所以不成立,同样是因为前提错误:根据《中华人民共和国立法法》,全国人民代表大会和全国人民代表大会常务委员会在立法权限上虽有差异,但是其制定的法律在位阶上并没有差别,《治安管理处罚法》与刑法具有同等法律效力,②以刑法是人大制定,《治安管理处罚法》是人大常委会制定为由主张优先适用前者没有根据。

二、《治安管理处罚法》与刑法竞合的实践

两法竞合导致实践的五花八门可想而知。据我们了解,对介于罪与非罪之间的行为,实践部门更多的是以犯罪行为追究刑事责任,原因有二:其一,当前公安机关的考核指标一般指向刑事案件,如刑事拘留数和逮捕数。在治安环境相对复杂因而指标容易完成的地区,介于罪与非罪之间的行为容易被当作治安案件处理;反之则可能被当作刑事案件处理。其二,在长期"严打"政策影响下,对介于罪与非罪之间的案件,办案单位和办案人员宁愿就重不就轻,否则将面临"降格处理"、放纵犯罪的责难。另一方面,不可避免地,由于种种原因,司法实践中,两法竞合也为一些办案单位、办案人员和个别领导滥用职权、有罪不究、有案不立、以罚代刑提供了空间和理由。

第二节 《治安管理处罚法》与《刑法》竞合的特点

法条竞合是刑法理论中的一个现象,又称法规竞合或法律竞合,是指一个行为同时符合数个法律条文所规定的犯罪构成要件,由于该数个法律条文之间存在着整体或者部分的包容关系,因而只能适用其中一个法律条文而排斥其他法律条文适用的情形。《治安管理处罚法》与《刑法》竞合的特点是:

一、发生在刑法与其他法律之间的特殊的竞合

通常所说的法条竞合发生在刑法条文之间、或刑法与单行刑事法律规定之间,并有些理论上认识比较一致的适用规则,如"特别法优于普通法""重法优于轻法"等。发生在《治安管理处罚法》与《刑法》之间的竞合显然与之迥异,两者不仅不属于同一个部门法,甚至不属于同一层次的法律。③ 对于发生在《治安管理处

---

① 《立法法》第八十三条:"同一机关制定的法律、行政法规、地方性法规、自治条例和单行条例、规章,特别规定与一般规定不一致的,适用特别规定;新的规定与旧的规定不一致的,适用新的规定。"

② 2003年11月30日,中国法院网载张娜采访立法法专家、中国社会科学院法学所研究员李步云的文章《学习立法法把握适用规则——访中国社会科学院法学所研究员李步云》,记者问:基本法律优于法律的观点是否正确?李步云回答:这次立法法没有区分基本法律和法律,而是统一叫法律。从立法理论上说,同一立法机关所制定的法律不应有效力高低之分。

③ 《治安管理处罚法》与《刑法》的冲突关系,详见本章第四节。

罚法》与刑法之间的竞合现象,虽然可以从概念上套用"法条竞合"的术语,但是显然并不能套用其专属的适用规则。两法之间的竞合由来已久,早在我国制定第一部《中华人民共和国治安管理处罚条例》就已开始了,但是一直没有立法或者理论上比较成熟的适用规则,随着《治安管理处罚法》大量增加违法行为种类,因为两法竞合而导致的执法不统一、甚至混乱情况明显加剧。

二、程度不同的竞合

根据竞合原理,刑法理论将法条竞合形式分为包容关系和交叉关系。据此,前文中,因为法律条文重合或者交叉重合导致的第一类竞合即属包容关系,是典型的法条竞合现象;因为法律条文表述模糊导致的第二类竞合,严格说在立法上并无竞合,条文中已有情节、后果、数额将两者区分,但是这种"模糊语言"在实践中却很难区分。不同的人对"情节严重"、"后果严重"或者"数额较大"都会有不同的理解,办案人员的自由裁量权巨大。面对具体的案件,这种立法语言的不明确必然导致实践中一个行为同时符合《治安管理处罚法》与《刑法》的规定,即导致外延上的交叉,这就是交叉关系的竞合。理论上,也有学者形象直观地将前者界定为立法方面的法条竞合(静态的法条竞合),将后者界定为司法方面的法条竞合(动态的法条竞合)。虽然两者竞合的程度不同,但结果一样——都导致罪与非罪的界限不清。[①]

第三节 《治安管理处罚法》与《刑法》的衔接

《治安管理处罚法》的第三章违反治安管理的行为和处罚有四节,分别是扰乱公共秩序的行为和处罚,妨害公共安全的行为和处罚,侵犯人身权利、财产权利的行为和处罚,妨害社会管理的行为和处罚,这些条款主要与《刑法》危害公共安全罪、侵犯公民人身权利、民主权利罪、侵犯财产罪、妨害社会管理秩序罪的相关条文有衔接和冲突。据笔者初步统计至少涉及44个条款与刑法的70个条款存在衔接与冲突,占《治安管理处罚法》第三章条文的81.5%,《治安管理处罚法》与《刑法》的衔接是占有很大的比例,这也是值得我们关注的。

一、《治安管理处罚法》与《刑法》衔接的原因

《治安管理处罚法》与《刑法》竞合的原因是什么?这个问题也可以这样问:为什么《治安管理处罚法》要与《刑法》衔接?这恐怕要从我国《治安管理处罚法》的

---

① 参见:朱飞.论法条竞合的本质.政法学刊,2004(4).

产生和发展的历史说起。①

(一)《治安管理处罚法》脱胎于《刑法》,与《刑法》有天然的渊源关系

从性质上讲,《治安管理处罚法》规范的违法行为与《刑法》规范的犯罪行为截然不同,但是两者在历史上却是两位一体的,甚至在大陆法系的许多国家至今仍然将其规定在刑法典中,称"违警罪"或"轻罪"。② 我国也一样,清朝之前没有独立的治安管理制度,治安管理处罚与刑罚两位一体,治安管理秩序完全用刑罚手段维护。到了清朝末年,清政府审慎研究各国特别是德国、日本等大陆法系国家立法,认为:"违警之性质与犯罪不同,故违警律不得不由刑律而独立。"1906 年,清政府制定颁布了《违警罪章程》,独立于清朝的《大清刑律》,其"违警罪",即违反警察管理社会的犯罪。1908 年清政府将《违警罪章程》修订为《违警律》,1915 年北洋政府重新修订后改称《违警罚法》,彻底将违警行为与犯罪行为区别开,将"律"改为"法",不仅是法律名称的变化,同时首次不将"违警"以"罪"称,突出与刑律调整对象的不同,明确犯罪行为和违反警察维护社会治安秩序行为的不同。但是不管是在制定《违警律》时还是在后来多次修改中,制定者都意识到要与刑法相配套,"若不合拍,执行中必出现障碍",甚至影响法律所应有的作用,所以非常注重与刑法配套衔接。特别是 1928 年国民党统治时期重新颁布实施《违警罚法》的主要目的就是为了与新修改颁布的《中华民国刑法》合拍,"只将与刑法抵触的地方及违反国民党党义的地方予以修改"。③

1949 年国民党退守台湾后继续沿用《违警罚法》,直至 1991 年台湾地区颁行《社会秩序维护法》。虽然,我们说新中国的法律是在"彻底打破国民党旧法统"的基础上建立起来的新的法律制度,但是治安管理处罚法无论从规范的内容、处罚的形式、程序、执行机关,还是独立于刑法立法、不以罪称的立法模式都可以看出其传承的历史脉络。

---

① 对于《治安管理处罚法》与刑法竞合的原因,我国理论界少有分析,仅见杨新京在《刑法与治安管理处罚法竞合问题研究》(载《人民检察》2007 第 5 期)中提到是"因为我国刑法中没有违警罪所致";叶远鹏在《轻微涉罪行为处理问题研究——以刑法与治安管理处罚法的竞合为切入点》(载《河北法学》2008 年第 5 期)一文认为"成文法局限性所致"。

② 以"违警罪"或"轻罪"规定在刑法典中可以分两种:一是单独立法。如日本的《轻犯罪法》、韩国的《轻犯罪处罚法》。二是依然组成刑法典的一部分。这又以是单列刑法典的一章还是散在刑法典中有分别,前者如《法国刑法典》《意大利刑法典》《瑞士刑法》《泰国刑法》等;后者如美国刑法。比较特殊的是德国,以 1975 年为界,之前以"违警罪"规定在刑法中,之后纳入《违反秩序法》中,不以罪称。

③ 旧中国治安管理处罚立法演进的大致过程:1906 年清政府《违警罪章程》→1908 年清政府《违警律》→1915 年北洋政府《违警罚法》→1928 年蒋介石国民党统治时期《违警罚法》→1943 年蒋介石国民党统治时期《违警罚法》(1949 年国民党退守台湾,继续沿用该《违警罚法》)→1991 年台湾地区《社会秩序维护法》。参见熊一新主编的《治安案件查处教程》第一章第一节《中国治安管理处罚制度的历史沿革》,中国人民公安大学出版社 2002 年出版。

（二）我国立法既定性也定量的传统方法

在大陆法系国家，通行的是"立法定性、司法定量"的方法，即根据行为性质区分罪与非罪。任何犯罪都是一种行为，这种行为只要符合刑法规定的构成要件就构成犯罪，犯罪是行为的质的构成，而不涉及行为的量。在这一点上，我国对犯罪成立条件的设置不同于大陆法系国家，在立法上不仅定性而且定量。在定量的立法中，罪量是由刑法明文规定的，具有法定性。前文我们曾将《治安管理处罚法》规定的违反治安管理行为与《刑法》规定的犯罪行为以是否对应或者相互衔接的标准分成三种：第一种是只能构成犯罪的行为，第二种是可能构成犯罪也可能构成违反治安管理的行为；第三种是只能构成违反治安管理的行为。其中，第一、三种行为之所以不存在两者衔接的问题，就是因为立法上只定性，不定量，这些行为不存在"量的积累构成质的飞跃"的可能性；而第二种行为之所以存在两法衔接的问题，也就是因为定量的立法存在"量的积累构成质的飞跃"的可能性。① 著名刑法学家陈兴良进一步指出：刑法对于罪量的规定包括两个方面：一是总则关于犯罪概念中的但书规定——"情节显著轻微危害不大的，不认为是犯罪"。二是刑法分则具体犯罪的规定中，有关数额较大，情节严重的规定。颇有启发意义的是，他同时认为即便刑法分则中没有罪量要素的犯罪，也不表示行为一经实施就一概构成犯罪，因为总则关于"情节显著轻微危害不大的，不认为是犯罪"的规定同样适用于这些犯罪。当然，问题的另一方面是，如果没有这种定量的立法方法，本章所说的竞合也就无从产生。

（三）行政法与刑法分属不同法律分支，两法出现竞合为我国立法的常态

虽然《治安管理处罚法》脱胎于《刑法》，与《刑法》有天然的渊源关系，但是治安管理处罚法在部门法的属性上属于行政法，行政法与刑法显然属于不同的法律分支，因此，仅从立法技术的角度，两法竞合也在情理之中。虽然近年出现了前文提到的介于刑法和行政法之间的边缘学科——行政刑法，但是该学科一直存在并致力要解决的最大问题之一就是：行政法条款与刑法条款衔接不力，行政违法责任和行政犯罪责任的竞合缺乏系统规定。所以，从我国行政法与刑法的立法上看，两者竞合已经是一个长期的、普遍的现象，具体到《治安管理处罚法》与《刑法》也难脱窠臼，两者竞合也就不足为奇。

---

① 行政违法与犯罪的在质和量方面的区别问题，主要有以下三种理论：一是量的差异理论。二是质的差异理论。三是质和量的差异理论。目前比较主流的当属第三种理论。该理论认为两者不仅有质的差别，也有量的差别。根据我国刑法学者考察，我国历史上的刑法也没有定量因素，只有现行刑法中的犯罪概念才有定量因素。参见陈兴良《作为犯罪构成要件的罪量要素——立足于中国刑法的探讨》，载《环球法律评论》2003年秋季号。

（四）立法的粗陋和理论研究的边缘化共同导致《治安管理处罚法》与刑法竞合的问题长期得不到有效解决

我国自 1957 年制定《治安管理处罚条例》以来，先后修改了两次，除了宪法，其他法律少见这样的修改频度。这不仅说明治安管理处罚法律制度的现实针对性强，也说明国家对这部法律的重视。但是"问题的症结就在于，三部法律均没有规定行政处罚和刑事处罚的界限和标准"。从立法的过程我们知道，虽然两法竞合已经成为审议中一个倍受质疑的内容，但是立法者仍然没有解决这个问题就将法律出台——特别是那些法条内容完全重合的条款——也不出台相关司法解释，除了深受我国长期以来"宜粗不宜细"的传统立法思想即立法的粗陋的影响外，确实难以找到其他令人信服的理由。

近年来，随着社会的发展和法制建设步伐的加快，我国法学研究十分繁荣，刑法、诉讼法、民商法等研究成果汗牛充栋。与之相比，行政法的研究起步较晚，成果也不如前者丰盛。《治安管理处罚法》虽然是维护社会秩序的重要法律，是由公安机关执行的一部与人权密切相关的法律，但是作为行政法的一个分支，还没有被主流法学研究纳入视线。目前已有的研究成果主要出自公安院校和少数的司法实践部门。其中关注与刑法衔接问题的少之又少，距离形成理论研究为立法和实践提供借鉴的局面尚远。这或许也是两法竞合长期得不到有效解决的原因吧。

二、《治安管理处罚法》与《刑法》衔接的表现

应当说《治安管理处罚法》与《刑法》绝大多数条款能够很好地衔接，只要认真研究和领会二者之间的差别，是能够区分行政责任和刑事责任的，这些衔接主要是通过以下几种方式来实现的。

（一）情节轻重

如《治安管理处罚法》第二十三条(二)项扰乱公共场所秩序的，(五)项破坏选举秩序的，第二十六条规定对寻衅滋事行为的治安处罚，《刑法》在相应的条款中则规定应达到"情节恶劣"或"情节严重"。

（二）数额(量)多少

如《治安管理处罚法》第四十九条规定"盗窃、诈骗、哄抢、抢夺、敲诈勒索或者故意毁坏公私财物的"，《刑法》则规定了要求"数额较大"；《治安管理处罚法》第七十一条与《刑法》第三百五十一条、三百五十二条非法种植毒品原植物罪、非法买卖、运输、携带、持有毒品原植物种子、幼苗罪以数量来区分。

（三）后果大小

如《治安管理处罚法》第二十九条规定"违反国家规定，侵入计算机信息系统"

的,《刑法》相应条款规定"后果严重";第二十三条一项规定的扰乱机关、团体、企业、事业单位秩序的,《刑法》相应条款要求"造成严重损失";第三十三条(一)项规定的盗窃、损毁八种公共设施的,其中损毁电力电信设施、广播电视设施的行为,《刑法》第一百二十四条破坏广播电视设施、公用电信设施罪及过失破坏广播电视设施、公用电信设施罪,要求达到"危害公共安全的程度"。

(四) 主观故意

如《治安管理处罚法》第三十三条(二)项"移动、损毁国家边境的界碑、界桩以及其他边境标志、边境设施或者领土、领海标志设施的",《刑法》则规定为"故意破坏";第六十八条规定"制作、运输、复制、出售、出租"淫秽物品的行为,《刑法》第三百六十三条制作、复制、出版、贩卖、传播淫秽物品牟利罪则要求本罪应"以牟利为目的"。

(五) 对象差别

如《治安管理处罚法》第六十三条(一)项"刻划、涂污或者以其他方式故意损坏国家保护的文物、名胜古迹的"行为,《刑法》第三百二十四条规定的故意损毁文物罪,则将犯罪对象界定为"故意损毁国家保护的珍贵文物或者被确定为全国重点文物保护单位、省级文物保护单位的文物的"。

这些较好的衔接,为刑事处罚与行政处罚划定了一个界限,在执法中较易掌握。

第四节 《治安管理处罚法》与《刑法》的冲突

但是《治安管理处罚法》的一些条款与《刑法》的规定则冲突明显,有的甚至在法条规定上完全重合,这种互相矛盾的规定造成公检法三家适用不同的法律,对具体违法案件的处理有时会产生严重的分歧,这是亟待解决的。笔者经过认真梳理,从中发现《治安管理处罚法》与《刑法》在六个条款上有冲突,主要存在以下几种冲突:

一、界限模糊

《治安管理处罚法》的规定与《刑法》的相应规定的用语存在相近,没有明确的界限。如《治安管理处罚法》第三十二条规定的非法携带枪支的与《刑法》第一百二十八条非法持有枪支罪的冲突,携带与持有的区别不明显,导致两法的冲突。

二、条款交叉

(1)《治安管理处罚法》与《刑法》的相应条款存在交叉和重合,对其中一些行为难以界定。如《治安管理处罚法》第五十一条冒充国家机关工作人员招摇撞骗的与《刑法》第二百七十九条招摇撞骗罪，刑法对本罪无情节规定，且规定本罪情节严重的，"处三年以上十年以下有期徒刑"。

（2）《治安管理处罚法》第五十二条（一）项伪造、变造或者买卖国家机关、人民团体、企业、事业单位或者其他组织的公文、证件、证明文件、印章的与《刑法》第二百八十条伪造、变造、买卖国家机关公文、证件、印章罪及伪造公司、企业、事业单位、人民团体印章罪，刑法对本罪无情节规定，导致二者冲突和矛盾。根据第五十二条第（二）项规定买卖伪造、变造的国家机关、人民团体、企业、事业单位或者其他组织的公文、证件、证明文件的也属于治安管理处罚的行为，这一规定又导致了两高《关于办理伪造、贩卖伪造的高等院校学历、学位证明刑事案件如何适用法律问题的解释》与《治安管理处罚法》的冲突，这一解释是否失去效力也有待于明确。

三、内容重合

《治安管理处罚法》的一些条款与刑法完全重合，这种情况给执法者带来的困惑最大，主要包括：

1. 《治安管理处罚法》第六十七条引诱、容留、介绍他人卖淫与《刑法》第三百五十九条引诱、容留、介绍卖淫罪的冲突与矛盾，由于本罪的规定与《治安管理处罚法》的规定完全一致，导致了两法的冲突，这也是最受法学界和司法实务界关注的问题。

2. 《治安管理处罚法》第六十九条组织播放淫秽音像、组织淫秽表演，分别与《刑法》第三百六十四条、三百六十五条组织播放淫秽音像制品罪、组织淫秽表演罪相冲突。

3. 《治安管理处罚法》第七十三条教唆、引诱、欺骗他人吸食、注射毒品的与《刑法》第三百五十二条引诱、教唆、欺骗他人吸毒罪，二者规定的情形完全一致。

四、部分条文结构设置不合理，与《刑法》相关条款存在冲突

比较突出的是对少数治安管理行为的归类不科学。《治安管理处罚法》在确定一些违反治安管理的行为归类时，没有严格按行为侵害的客体进行归类，片面注重了行为地客观表现形式，导致行为归类与《刑法》的规定不衔接。如对证人打击报复的违法行为，从其侵害客体上看，应是妨害行政机关调查取证的行为，理应归类于妨害社会管理的范畴，但是《治安管理处罚法》却将此类行为归于侵犯人身权利、财产权利的行为中。

五、少数条文规定不明确与《刑法》相关条款存在冲突

《治安管理处罚法》中的少数条文由于规定不明确，导致办案民警在理解上产

生分歧,因而在执法实践中产生了不少问题。如对购赃的违反治安管理行为,《治安管理处罚法》在第五十九条第三项中有相关的处罚规定,应该适用于废旧金属经营者这一特殊主体还是一般主体购赃的行为,由于这一条文规定不明确,导致各地在对此类行为能否处罚上执行不一。《刑法》第三百一十二条窝藏赃物罪犯罪主体为一般主体。《治安管理处罚法》第三十二条规定对非法携带枪支、管制刀具的予以拘留处罚,对非法持有、私藏枪支、非法制造、贩卖管制刀具的行为处罚无法律依据,而《刑法》第一百二十八条规定了非法持有枪支罪。造成违法行为对社会危害较轻的予以了治安处罚,违法行为行为对社会危害较重的,反而不能予以治安处罚。现实中相关案例如下:(1)孙某在家中私自保存管制刀具十余把,执法实践中因其不具有非法携带行为而无法对其予以治安处罚。(2)张某在家中私藏枪支1支,检察机关认为私藏枪支不构成犯罪,因《治安管理处罚法》对私藏枪支的行为没有规定,公安机关对张某不能予以治安处罚。

六、口袋罚的条款依然存在

在对少数违法行为的设定上,依然存在"口袋罚"条款。如《治安管理处罚法》第二十四条第一款第六项对扰乱大型群众性活动秩序的处罚规定中,就有"扰乱大型群众性活动秩序的其他行为"的规定;在《治安管理处罚法》第二十六条第四项对寻衅滋事的处罚规定中,也有"其他寻衅滋事行为"的兜底条款。这些兜底条款的存在,意味着法律授权给公安机关,对没有明文禁止的行为,只要主观认为是应该处罚的,就可以据此条款进行处罚。《刑法》已经取消了"口袋罚"条款。这显然与"法无明文规定不处罚"原则是相背离的。

七、部分行为处罚设置不科学

如对盗窃、故意损毁公私财物等行为,《治安管理处罚法》第四十九条规定规定了必须予以行政拘留的处罚,这意味着只要行为人实施了盗窃、故意损毁公私财物等行为,如果无法定减轻情节,不论数额多少,都可以决定拘留。而《刑法》二百三十四条故意伤害致人轻伤的为自诉案件,法院可以进行调解,双方当事人也可以自行和解。这一规定,与过罚相当的比例处罚原则无疑是有冲突的。尤其是对于一些民间纠纷引起的故意损毁公私财物行为,如果当事人不同意调解或调解达不成协议,公安机关对行为人就只能实行拘留,轻伤案件则可以和解或调解结案,影响了执法的法律效果与社会效果的统一。

上述冲突条款之所以产生,是因为这些行为在刑法中多数为行为犯、举动犯,即刑法对该种行为无情节、数额、后果等方面的限制,只要实施了就符合刑法规定的该犯罪构成的所有要件,构成犯罪。

第五节 《治安管理处罚法》与《刑法》冲突的争论及评析

为了更好地研究和解决《治安管理处罚法》与《刑法》的冲突问题,我们有必要回顾《治安管理处罚法》立法及实施过程中存在的争议,以便于解决问题。

一、《治安管理处罚法》与《刑法》冲突的争论

(一)立法过程中的争论

《治安管理处罚法》与《刑法》的冲突与衔接问题,早在《治安管理处罚法》草案的拟定和审议阶段就引起了重视和争论。2004年10月22日在十届全国人大常委会第十二次会议上,国务院首次提请审议的《治安管理处罚法》,会议期间全国人大常委、内务司法委员会副主任委员陶驷驹在接受专访时认为草案比较鲜明地体现了三个指导思想,其中之一是"要处理好治安管理处罚的法律与刑法、行政处罚法以及其他有关法律的衔接,维护法制统一,防止以罚代刑"。[①] 在《治安管理处罚法》的第二次审议阶段,一些委员对这一方面提出了很多的意见,倪岳峰委员提出:现在的条款当中有一部分处罚行为是《刑法》上有明确规定的,建议在本法中不再作出规定。比如,《刑法》第二百八十条规定,伪造国家机关的印章的行为,不论情节轻重,都应该负刑事责任。本法不宜再作规定。[②] 陈宜瑜委员提出:此法是针对尚不够刑事处罚的危害社会治安行为的处罚法,罪和非罪的界限要尽量描述,有些是明确的犯罪行为,如果包括在治安处罚法里,简单地用治安管理处罚来处理,达不到教育的目的,会放纵这类犯罪。[③] 李明豫委员提出:《治安管理处罚法》很多处罚行为的表述跟《刑法》基本上是一样的。这些违法行为"尚不够刑事处罚的",我的理解是行为的种类是一样的,但是轻重程度、造成的后果不一样,还构不成刑事处罚,适用《治安管理处罚法》。"尚不够刑事处罚的"原则,应该在后面的条款里都能够体现出来。[④] 袁行霈委员提出:这部法律所列的各种危害社会治安的行为与刑事处罚的界限有些模糊。本法中涉及的有些行为本身已不仅是危害社会治安,而是刑事犯罪。如第三十一条非法携带枪支、弹药等国家规定的管制器具进入公共场所或者公共交通工具,第三十二条第2项移动、损毁国家边境的界碑、界桩以及其他边境标志,仅仅作为扰乱社会治安处理是不行的。[⑤] 王维城委员提出:治安管理处罚法要和刑法相衔接,不能出现同一个行为在两个

---

① 陶驷驹.关于《中华人民共和国治安管理处罚法》的草案的说明.法制日报,2004-10-23.
② 十届全国人大常委会十六次会议分组审议治安管理处罚法草案发言摘登.中国人大网,2005-6-28.
③ 十届全国人大常委会十六次会议分组审议治安管理处罚法草案发言摘登.中国人大网,2005-6-28.
④ 十届全国人大常委会十六次会议分组审议治安管理处罚法草案发言摘登.中国人大网,2005-6-28.
⑤ 十届全国人大常委会十六次会议分组审议治安管理处罚法草案发言摘登.中国人大网,2005-6-28.

法中都有规定,这样容易出漏洞。① 方新委员提出:应注意这部法跟其他法律的衔接,刑法或者其他法律有规定的,就不要再规定或保持规定的一致性,对一个行为不要有两种不同的法律规定。②

由于一些委员对《治安管理处罚法》与《刑法》的冲突提出了意见,法律委员会对草案进行了相应的修改,2005年8月23日十届全国人大常委会第17次会议上对《治安管理处罚法(草案)》进入三审阶段时,对《治安管理处罚法》作出与《刑法》衔接性规定,在就修改说明中指出:有些常委委员提出,本法应当处理好同《刑法》的衔接问题,草案规定的有些行为已经构成犯罪的,应当明确规定依法追究刑事责任。法律委员会为此建议将草案有关条款修改为:"扰乱公共秩序,妨害公共安全,侵犯人身权利、财产权利,妨害社会管理,具有社会危害性,依照刑法的规定构成犯罪的,依法追究刑事责任;尚不够刑事处罚的,由公安机关依照本法给予治安管理处罚。"③对于这一修改,委员们在审议中的观点也不尽一致。王涛委员建议在词句的表述上最好还是颠倒一下,修改为"……具有社会危害性,尚不构成犯罪的,由公安机关依照本法给予治安管理的处罚,依照《中华人民共和国刑法》的规定构成犯罪的,依法追究刑事责任",这种表述比较明确,首先是根据本法处罚,然后是触犯刑律的追究什么责任,有一个主次。在表述上颠倒一下,不把触犯刑律的放在前面,因为我们这部法毕竟不是刑法,希望在表述上加以斟酌。④ 王英凡委员说,三审稿在总则中增加了"构成犯罪的,要依法追究刑事责任"的规定,把刑法和《治安管理处罚法》之间的关系讲清了。⑤ 朱相远委员说,本法与刑法的关系在总则里已规定得较清楚了,但在个别具体条文上衔接得还不够好,建议仔细研究。⑥

从这一过程我们不难看出,即使在立法的过程中,委员们就已经对这一问题提出了很多的意见,然而在最终定稿时许多委员提出的争议和冲突条款并没有得到解决,只有总则第二条作了一个原则性的规定,在具体条文上有些还没有很好地衔接,甚至一部分条款与《刑法》规定完全重合,给执法工作带来了困惑。

(二)实施过程中的争论

《治安管理处罚法》从其颁布到实施,关于其是否与《刑法》冲突,更为广泛地引起了法学界和法律界人士的关注。在这些争论中主要有以下几种观点:

一是认为两法冲突时应优先适用《刑法》。持这一观点的主要依据有二,其一

---

① 十届全国人大常委会十六次会议分组审议治安管理处罚法草案发言摘登.中国人大网,2005-6-28.
② 十届全国人大常委会十六次会议分组审议治安管理处罚法草案发言摘登.中国人大网,2005-6-28.
③ 包瓴瓴:《进入三审程序〈治安管理处罚法〉草案有重要修改》,载《法制日报》2005年08月24日.
④ 《发言摘登:分组审议治安管理处罚法草案》,中国人大网,2005年8月23日.
⑤ 《发言摘登:分组审议治安管理处罚法草案》,中国人大网,2005年8月23日.
⑥ 《发言摘登:分组审议治安管理处罚法草案》,中国人大网,2005年8月23日.

是《治安管理处罚法》在制定时已经将这种情形加以规定。根据《治安管理处罚法》第二条的规定:"扰乱公共秩序,妨害公共安全,侵犯人身权利、财产权利,妨害社会管理,具有社会危害性,依照《中华人民共和国刑法》的规定构成犯罪的,依法追究刑事责任。"这一规定确立了两法冲突时优先适用《刑法》的原则。其二是《治安管理处罚法》是行政法律,对于违反者应承担相应的行政责任,《刑法》是规定犯罪和刑罚的法律,对于触犯者要承担刑事责任。当一个行为同时触犯两种不同的法律时,按照《中华人民共和国立法法》的原则规定,本着上位法优于下位法的原则首先应考虑适用《刑法》,因为《刑法》是由全国人大制定的国家基本法律,而《治安管理处罚法》则由全国人大常委会制定,显然就其法律效力来看《刑法》是优于《治安管理处罚法》的。

二是认为两法冲突时应优先适用《治安管理处罚法》。持这一观点的主要依据是,《刑法》和《治安管理处罚法》都是有立法权的机关制定的法律,从这一点上看二者应该具有相同的法律效力,根据《立法法》的精神"新的规定与旧的规定不一致的,适用新的规定"。由于《治安管理处罚法》的立法在后,因而对于两者冲突的条款应适用《治安管理处罚法》。

(三)笔者对争论的评析

笔者认为《治安管理处罚法》与《刑法》的冲突是客观存在的,对于有些人提出两法冲突条款简单地优先适用《刑法》或者优先适用《治安管理处罚法》都不赞同,其理由如下:

一是两法冲突情况一律依据《刑法》追究刑事责任并不符合《刑法》的立法精神。尽管冲突的条款都是行为犯,无情节、数额、后果等的限制,但并不是说只要有这类行为就都按犯罪处理,这是不符合《刑法》原则的。我国《刑法》第十三条规定的但书就反映了这一立法精神,即对虽符合某一犯罪全部构成要件的行为,"但是其情节显著轻微危害不大的不认为是犯罪"。此外《治安管理处罚法》对这一精神也同样在其第二条有一个规定与之相衔接,即"尚不够刑事处罚的,由公安机关依照本法给予治安管理处罚"。此外,如果对于冲突条款一律适用《刑法》,这也是对《治安管理处罚法》的否定,将导致《治安管理处罚法》的这些条款,特别是与刑法规定完全重合的条款规定失去意义。

二是《治安管理处罚法》与《刑法》并不存在位阶的问题,二者应视为有同等效力的法律。法是最高国家权力机关及其常设机关对国家和生活的某一基本领域中带有根本性、全面性的社会关系进行调整而作出的,规范这类社会关系的基本的、全面的、系统的规定。全国人大常委会在这次立法中将原《治安管理处罚条例》的名称改为《治安管理处罚法》是《立法法》的要求,使这部法律更加名实相符。我国《立法法》第七条明确规定:"全国人民代表大会和全国人民代表大会常务委员会行使国家立法权"是将全国人大及其常委会二者并列的。在法律的位阶上,也只规定了宪法、法律、行政法规等位阶,对于同属于法律的《刑法》与《治安管理处罚法》是不存在位阶高低的。由于《刑法》是国家的基本法律,其法律效力还是要比《治安管理处罚法》高,《立法法》第八十八条(一)项规定:"全国人民代表大会有权改变或者撤销它的常务委员会制定的不适当的法律。"但是在全国人大未行使这一权力时,是很难确定两法的效力,所以说主张在两法冲突时一律适用《刑法》的观点是片面地。

三是《治安管理处罚法》也并不一定优先于《刑法》适用。两法冲突反映了立法者对这种行为的不同的价值取向,在司法实践中,对于多元性的违法行为应考虑是否追究这种行为的刑事责任,以避免以罚代刑,我国《行政处罚法》第七条规定:"违法行政行为构成犯罪,应当依法追究刑事责任,不得以行政处罚代替刑事处罚。"而在我国行政权还是相当广泛,一些行政执法机关滥用行政权,有罪不究、有案不立、以罚代刑、以拘代刑、以教代刑的情况还有所存在,更为严重的是,极少数的行政执法人员还存在着徇私舞弊、贪赃枉法、故意放纵犯罪的问题。这一方面是受利益驱动,另一方面也是由于行政处罚与刑事处罚衔接不好、存在冲突造成的,这一点尤应引起我们的重视。所以那种片面强调新法优于后法、特别法优于一般法的观点同样是不可取的,因为它忽略了行政处罚与刑事处罚的界限,很容易导致放纵犯罪,给以罚代刑、以钱赎刑提供了可能性。

三、《治安管理处罚法》与《刑法》冲突的原因

(一) 宽严相济的执法理念的树立

自1983年以来,"严打"方针在我国刑事政策体系中居于显著的地位。在贯彻科学发展观和构建社会主义和谐社会的新形势下,我们对20多年的"严打"经验教训进行了总结和思考,认识到要构建社会主义和谐社会,应当对严重危害社会治安的刑事犯罪必须坚持"严打"方针不动摇,同时对刑事犯罪要贯彻宽严相济的刑事政策。2005年全国政法工作会议第一次独立地提出宽严相济的刑事政策,并把"严打"方针置于宽严相济刑事政策之下,明确提出"宽严相济"是我们维护社会治安、依法惩治犯罪的基本刑事政策。2006年10月,党的十六届六中全会通过的《中共中央关于构建社会主义和谐社会若干重大问题的决定》中明确要求:"实施宽严相济的刑事司法政策,改革未成年人司法制度,积极推行社区矫正。"[①]"这种'严打'方针与'宽严相济'政策次序的变化,反映了我们党和国家在当前新形势下对我国刑事政策的理性选择,也反映了我们党作为执政党对当前惩治犯罪对策的科学认识,符合当前社会实际和犯罪现状,对巩固执政党地位,正确

---

① 中共中央关于构建社会主义和谐社会若干重大问题的决定.人民日报,2006-10-19.

地处理犯罪问题,构建社会主义和谐社会有特别重要的意义。"①宽严相济的刑事政策,深深地影响了我国立法司法机关的思想,从而在立法和司法过程中要更多地转变"严打""从重从严"的理念,而要体现轻缓、宽严相济的理念,宽严相济的"宽"的一个主要表现是非犯罪化。"非犯罪化是指本来作为犯罪处理的行为,基于某种刑事政策的要求,不作为犯罪处理。非犯罪化可以分为立法上的非犯罪化与司法上的非犯罪化。立法上的非犯罪化是指将本来作为犯罪处理的行为通过立法方式将其从犯罪范围中去除。司法上的非犯罪化是指刑法虽然规定为犯罪,但由于犯罪情节轻微、危害不大,在司法过程中对这种行为不作为犯罪处理。非犯罪化体现了刑法的轻缓化,因而是宽严相济刑事政策的重要内容。"②这一执法理念的变化,体现在《治安管理处罚法》与《刑法》衔接问题上,就出现了立法者对一些治安案件处罚规定与刑事案件的处罚相重叠和交叉,以便于执法者对于一些较轻微的刑事案件按照治安案件来处理,以体现宽严相济的执法理念。

(二) 立法技术上的疏漏

《治安管理处罚法》与《刑法》冲突条款所规定的行为多数为行为犯、举动犯。行为犯是指行为人只要实施了某种法定的行为即可构成犯罪的情况。③ 即《刑法》对该种行为无情节、数额、后果等方面的限制,只要实施了就符合《刑法》规定的该犯罪构成的所有要件,就构成犯罪。而这些行为规定在《治安管理处罚法》中,如非法携带枪支、冒充国家机关工作人员招摇撞骗、伪造、变造或者买卖国家机关、人民团体、企业、事业单位或者其他组织的公文、证件、证明文件、印章、引诱、容留、介绍他人卖淫与组织播放淫秽音像、组织淫秽表演、教唆、引诱、欺骗他人吸食、注射毒品等行为,由于无情节、数额、后果的规定,从而导致了两法的冲突。我们认为对于行为犯,虽然根据《刑法》的规定,只要行为人实施了法定的犯罪行为,不管是否属于情节严重即构成犯罪,但是在司法实践中不可机械地对这种规定方式作绝对理解。还是应当考虑行为的情节及对社会危害程度,对于情节显著轻微、危害不大的情况,应当依照刑法第十三条的规定不认为是犯罪,而予以治安处罚。立法者在制定法律的过程中,应当对两法的冲突给予充分的重视,在立法过程中尽量予以解决,但是由于立法技术上的原因,还是给《治安管理处罚法》留下了遗憾。

(三) 执法部门的利益驱动

由于《治安管理处罚法》由公安机关执行,对于一些可能涉嫌刑事犯罪的案

---

① 陈国庆.贯彻宽严相济:刑事司法的认知与对策.检察日报,2007-04-26.
② 陈兴良.宽严相济:构建和谐社会的刑事法律回应.检察日报,2007-04-24.
③ 赵秉志.刑法分则问题专论.北京:法律出版社,2004:406.

件,有的公安机关在执法中出于人情、关系或者能够得到罚款等利益的影响,对一些案件降格处理,出现了以罚代刑的问题,这也是有些地方两法冲突的一个原因。

第六节 《治安管理处罚法》与《刑法》冲突的解决

我们认为,在《治安管理处罚法》与《刑法》的冲突已经形成的情况下,我们应积极探索两法冲突的解决原则及方法,以其能够在实践中予以解决。

一、两法冲突解决的原则

(一)优先适用《治安管理处罚法》的原则

在通用的法学基础理论教材中,刑法和行政法、民法、诉讼法等被并列我国十大部门法。但是由于刑法特殊的调整对象和传统的部门法分类标准的逻辑缺陷,将刑法作为部门法之一的理论已经受到挑战。[①] 法国著名启蒙学家卢梭指出:"刑法在根本上与其说是一种特别法,还不如说是其他一切法律的制裁力量。"近年来,我国刑法学者主张:"我国的法律体系是以宪法为指导、以部门法为主干,以刑法为保障的内容结构严谨,外部协调一致、相互有机联系的法律规范的整体。"[②]刑法在法律体系中既不是根本法,也不是部门法,而是所有部门法的保障法。凡是能够用其他法律处理的,就用其他法律处理,只有在其他法律不能处理或者处理无效的情况下,才用刑法处理。根据刑法在法律体系中的地位,刑法同样是《治安管理处罚法》的保障法,在两者出现法条竞合又没有明确司法解释的情况下,司法人员应该根据《刑法》第十三条"情节显著轻微危害不大的,不认为是犯罪"的但书规定,优先适用《治安管理处罚法》,只有当行为的社会危害性已经达到应当受刑罚处罚的程度,《治安管理处罚法》已经不能有效地调整社会关系的时候,才能适用《刑法》。

(二)司法人性化的原则

"司法人性化"是指司法机关要尊重犯罪嫌疑人、被告人的人格和尊严,在司法活动中体现对人性的尊重和关怀。我国正在建立现代法治制度,现代法治建立

---

① 在我国传统的法律体系概念中,划分部门法的标准主要是根据法律所调整和保护的社会关系。但是,按照这样的分类标准,一个部门法通常调整和保护某一方面的社会关系,但刑法却调整和保护政治、经济、财产、人身、婚姻家庭、社会秩序等各方面的社会关系,所以按照社会关系类别显然无法将刑法划归任何一个部门法。为解决这个问题,理论上辅以调整方法(或称调整机制)来划分,仍将刑法划归一个部门法。笔者认为,作为一种分析工具,分类在一个层次中的标准只能有一个。所以,无论以调整对象还是调整方法分类,将刑法与行政法等部门法并列都不够科学。

② 关于刑法是保障法的主张,我国刑法学界以张明楷为代表,参见张明楷著《刑法的基本立场》,中国法制出版社 2002 年版。笔者认为该主张实现了法律体系的合理构建,符合我国法律体系的内在关系。

在民主与文明的基础之上,而司法人性化正是从现代民主与文明中推演出来的一个必然的逻辑结论。公正、谦抑、人道是现代刑法的价值目标,司法人性化与执政以人为本的理念是相通的,司法也应当以人为本。所谓刑法的谦抑性,"是指立法者力求以最小的支出——少用甚至不用刑罚(而用其他刑罚替代措施),获取最大的社会效益——有效地预防的控制犯罪。"①司法人性化可以作为我们在两法冲突的情况下,法律适用的一个原则。当有些行为符合刑法规定的全部要件涉嫌犯罪,但情节显著轻微的,可以考虑不作为犯罪处理,而依据《治安管理处罚法》予以治安处罚。

(三)宽严相济的原则

宽严相济的刑事政策是轻缓刑事政策与重罪刑事政策的统一,它包含宽与严两个方面。我们提倡宽严相济,虽然更多的是强调刑法宽缓的一面,但不能由此认为宽严相济是轻罪刑事政策。我们在坚持司法人性化的同时,还要对具体案件具体分析,凡是涉及两法冲突的行为,要根据社会治安形势和行为人的不同情况,实行区别对待,"该严则严,当宽则宽,宽严互补,宽严有度",②注重宽与严的有机统一,根据犯罪事实、性质、情节和对社会的危害程度,对各种情况进行合理的区别。对于可以从宽的,依据《治安管理处罚法》处理,对于应该从严的,就依据《刑法》处罚。

(四)协调一致的原则

《治安管理处罚法》与《刑法》所调解的范围有相重叠之处,导致两法存在着衔接和冲突,但是由于两法的根本目的是一致的,所以我们认为相关部门在处理两法冲突问题应协调一致,在适用过程中,应结合本地区及具体案件的实际情况区别对待,不争你高我低,从区分不同性质的矛盾,节约诉讼资源,司法执法人性化,宽严相济、促进社会和谐的角度,认真协商,以保证两法的正确实施。

二、两法冲突的解决方案

一方面我们应积极呼请立法机关及最高司法机关作出解释,目前这一问题已引起法学界人士的关注,其代表性人物是全国人大代表、西南政法大学法学院院长陈忠林,陈忠林称,有关引诱、容留、介绍他人卖淫的法律条款,《刑法》《治安管理处罚法》《全国人民代表大会常务委员会关于严禁卖淫嫖娼的决定》三部法律法规互相"打架"。按照这三个法律法规的说法,引诱、容留、介绍卖淫的,既可以行政或者治安处罚,也可追究刑事责任,坐牢服刑。"问题的症结就在于,三部法律

---

① 曾宪义,陈兴良.刑法的价值构造.北京:中国人民大学出版社,1998:353.
② 齐小力.《治安管理处罚法》的宪法解读.中国人民公安大学学报,2006(2):1.

法规均没规定行政处罚和刑事处罚的界限和标准。"根据刑法理论,《刑法》第三百五十九条规定的犯罪属行为犯,只要行为人一实施介绍、容留、引诱的行为就构成犯罪,这显然与《治安管理处罚法》和《全国人民代表大会常务委员会关于严禁卖淫嫖娼的决定》有矛盾,这互相矛盾的法律,造成公安机关、检察院、法院在实践中认识不统一,常常发生分歧。① 为此,陈忠林已领衔向全国人大提交议案,要求清理互相"打架"的法律法规。

另一方面在司法实践中加以解决,其中最为关键的是应在冲突的条款中明确罪与非罪的界限,进而准确地适用《治安管理处罚法》与《刑法》,使两法在冲突条款中也有一个有效的衔接。根据《刑法》第十三条规定笔者对于上述两法冲突条款,试从以下几方面来区分行政责任与刑事责任。

(一)从行为形态上来区分

属于犯罪预备、未遂和中止的可适用《刑法》第十三条,视为"情节显著轻微危害不大的,不认为是犯罪",依据《治安管理处罚法》处罚。

(二)从行为主体上区分

共同犯罪的主犯如果情节较轻,可能判处有期徒刑以下刑罚的,其从犯、胁从犯可适用《刑法》第十三条,视为"情节显著轻微危害不大的,不认为是犯罪",依据《治安管理处罚法》处罚。

(三)从行为情节上区分

这应是最为主要的区分原则,对上述《治安管理处罚法》与《刑法》冲突的部分条款,笔者试分述如下。

(1)《治安管理处罚法》第三十二条规定的非法携带枪支的与《刑法》第一百二十八条非法持有枪支罪应从持有时间上加以区别,携带只是暂时性地掌控,而持有则突出其长时间地掌控,建议一般以掌控 24 小时以上作为二者的区分标准。

(2)第五十一条冒充国家机关工作人员招摇撞骗的与《刑法》第二百七十九条招摇撞骗罪(《刑法》对本罪无情节规定),区分二者应从主观目的与客观行为上来把握,如果主观上出于谋取非法利益的目的,同时在客观上已获得了非法利益的,一般可认为其行为构成招摇撞骗罪,否则可按《治安管理处罚法》处罚。

(3)第五十二条(一)项伪造、变造或者买卖国家机关、人民团体、企业、事业单位或者其他组织的公文、证件、证明文件、印章的与《刑法》第二百八十条伪造、变造、买卖国家机关公文、证件、印章罪及伪造公司、企业、事业单位、人民团体印章罪,有下列情形之一的依法追究其刑事责任:伪造、变造或者买卖多件的;因伪

---

① 朱明跃,李伟.三部法律法规互相"打架",人大代表提出质疑.重庆晚报,2006-3-5.

造、变造或者买卖受过治安处罚的,一年内又伪造、变造或者买卖的;因伪造、变造或者买卖国家机关公文、证件、印章给国家、集体或个人造成重大损失或恶劣影响的;伪造、变造或者买卖的组织者。对于仅为伪造、变造或者买卖者提供劳务,只是从中挣得劳务所得而不是分得赃款的,一般可按《治安管理处罚法》处罚。

(4) 第六十七条引诱、容留、介绍他人卖淫与《刑法》第三百五十九条引诱、容留、介绍卖淫罪的冲突与矛盾,由于本罪的规定与《治安管理处罚法》的规定完全一致,导致了两法的冲突,这也是最受法学界和司法实务界关注的问题。区分两者界限可从以下几方面考虑:主观目的,引诱、容留、介绍他人卖淫的,但不以营利为目的,且为偶犯的,一般可按《治安管理处罚法》处罚;引诱、容留、介绍他人卖淫是应嫖客或卖淫女之托,且为偶犯的,尽管事后分得少量赃款,一般也可按《治安管理处罚法》处罚;引诱、容留、介绍他人卖淫多次的,应追究其刑事责任;旅馆业、饮食服务业、文化娱乐业、出租汽车业等服务行业,利用固定场所,有引诱、容留、介绍他人卖淫行为,且有证据证明其在一定时间内曾有过多次卖淫活动的,应追究其刑事责任。

(5) 第六十九条(一)项组织播放淫秽音像的与《刑法》第三百六十四条组织播放淫秽音像制品罪,区分二者的界限可从以下几方面考虑:主观目的,对于不以营利为目的,且组织次数、参加人数较少的,一般可不追究其刑事责任,按《治安管理处罚法》处罚;组织多人多次的,追究其刑事责任;组织未成年人多人播放的,一般应追究其刑事责任;由于组织播放而引发其他严重后果的,如由于组织播放导致观看人强奸犯罪或聚众淫乱以及其他恶劣影响的。

(6) 组织淫秽表演与《刑法》第三百六十五条组织淫秽表演罪,区分二者可从以下几方面考虑:主观目的,对于不以营利为目的,且组织人数较少的,一般可不追究其刑事责任,按《治安管理处罚法》处罚;组织多人表演,或观看人数较多的,追究其刑事责任。

(7) 第七十三条教唆、引诱、欺骗他人吸食、注射毒品的与刑法第三百五十二条引诱、教唆、欺骗他人吸毒罪,区分二者可从以下几方面考虑:主观目的,如行为人不以营利为目的,偶尔为之,且未造成他人成瘾的,一般可不认为是犯罪,按《治安管理处罚法》处罚;教唆、引诱、欺骗他人吸食、注射毒品多人、多次的,或者虽未达到多人多次,但致使他人成瘾的,应追究其刑事责任。

第七章
治安案件典型案例评析

案例一：赵某、李某等五人卖淫嫖娼、容留卖淫嫖娼案

【相关法律规定】

《治安管理处罚法》第六十七条规定，引诱、容留、介绍他人卖淫的，处十日以上十五日以下拘留，可以并处五千元以下罚款；情节较轻的，处五日以下拘留或者五百元以下罚款。

《刑法》第三百五十九条规定，引诱、容留、介绍他人卖淫的，处五年以下有期徒刑、拘役或者管制，并处罚金。

【案情简介】

2008年6月3日14时许，在某市某咖啡厅内，赵某、李某、代某、姜某四人涉嫌卖淫嫖娼，舞厅收银员刘某涉嫌容留卖淫，被某市公安局某分局当场抓获。

【查处情况】

某分局治安管理大队受理此案后，立即开展调查工作，在经过检验、初步讯问和调取物证的情况下，初步认定了赵某等四人涉嫌卖淫嫖娼、刘某涉嫌容留卖淫行为后报分局。经过分局对案件进行复核后认定赵某等四人有违法行为，依据《中华人民共和国治安管理处罚法》第六十六条一款之规定，分别决定给予四人行政拘留十五日、并处罚款3 000元；认定刘某涉嫌容留卖淫，依据《中华人民共和国刑法》第三百五十九条之规定，予以刑事拘留。

【案件评析】

容留卖淫是改革开放以后流行社会的一种丑恶现象，社会影响极坏、损伤妇女身心健康、传染疾病。针对此案公安机关将刘某刑拘后依法报捕，但检察院认为该人行为显著轻微，不构成犯罪退回公安机关。公安机关遂根据《治安管理处罚法》第六十七条之规定，予以行政拘留十日。

案例二：孙某与刘某招摇撞骗案

【相关法律规定】

《刑法》第二百七十九条规定，冒充国家机关工作人员招摇撞骗的，处三年以

下有期徒刑、拘役、管制或者剥夺政治权利;情节严重的,处三年以上十年以下有期徒刑。冒充人民警察招摇撞骗的,依照前款的规定从重处罚。

《治安管理处罚法》第五十一条规定,冒充国家机关工作人员或者以其他虚假身份招摇撞骗的,处五日以上十日以下拘留,可以并处五百元以下罚款;情节较轻的,处五日以下拘留或者五百元以下罚款。冒充军警人员招摇撞骗的,从重处罚。

【案情简介】

2008年4月25日10时许,孙某着警服伙同刘某,在某市某街口对杨某实施诈骗160元钱。2008年5月5日11时许,孙某、刘某再次到该街口行骗时被杨某识破,遂报警。

【查处情况】

经调查了解到,孙某今年1月份购买了一辆无手续的摩托车,并改装成警车,又购买了警服和头盔,后与刘某密谋对路边骑摩托载客招摇撞骗。某分局对孙某、刘某进行治安拘留十日。

【案件评析】

孙某与刘某招摇撞骗,情节轻微,适用《治安管理处罚法》第五十一条之规定。

案例三:殷某、姜某伪造、变造、证件案

【相关法律规定】

《治安管理处罚法》第五十二条规定,有下列行为之一的,处十日以上十五日以下拘留,可以并处一千元以下罚款;情节较轻的,处五日以上十日以下拘留,可以并处五百元以下罚款:

1. 伪造、变造或者买卖国家机关、人民团体、企业、事业单位或者其他组织的公文、证件、证明文件、印章的;

2. 买卖或者使用伪造、变造的国家机关、人民团体、企业、事业单位或者其他组织的公文、证件、证明文件的;

3. 伪造、变造、倒卖车票、船票、航空客票、文艺演出票、体育比赛入场券或者其他有价票证、凭证的;

4. 伪造、变造船舶户牌,买卖或者使用伪造、变造的船舶户牌,或者涂改船舶发动机号码的。

《辽宁省公安厅实施治安管理处罚法细化标准》(试行)辽公治〔2006〕100号:

解释及细化标准:

有下列情形之一的,构成情节较轻,处五日以下拘留或者五百元以下罚款:

1. 违反本条规定情节轻微的;

2. 未取得实际利益的;

3. 尚未造成后果或者恶劣影响的。

《刑法》第二百八十条规定,伪造、变造、买卖或者盗窃、抢夺、毁灭国家机关的公文、证件、印章的,处三年以下有期徒刑、拘役、管制或者剥夺政治权利;情节严重的,处三年以上十年以下有期徒刑。

伪造公司、企业、事业单位、人民团体的印章的,处三年以下有期徒刑、拘役、管制或者剥夺政治权利。

伪造、变造居民身份证的,处三年以下有期徒刑、拘役、管制或者剥夺政治权利;情节严重的,处三年以上七年以下有期徒刑。

【案情简介】

2007年12月28日凌晨3时许,殷某、姜某受他人(在逃人员)雇佣在某市开发区附近的水泥墙上喷涂办假证的野广告时被巡逻至此的民警当场抓获。

【查处情况】

根据《中华人民共和国治安管理处罚法》第五十二条第(一)项、第十九条第(一)项的规定,开发区某分局分别给予殷某、姜某行政拘留三日。收缴作案工具自动喷漆瓶两个。

【案件评析】

一、由于本案中的主要违法嫌疑人雇主在逃,给本案对违法嫌疑人殷某、姜某的行为定性造成难度。办案民警没有放弃蛛丝马迹,细心取证,通过对违法嫌疑人殷某、姜某进行耐心缜密的询问,二人同时交代他们在明知伪造证件是违法的前提下,禁不住雇主提出的付给每人50元(未付)作为报酬以及答应给上述二人进行分红的条件诱惑,帮助雇主喷涂办假证的野广告。这样二人虽在整个违法行为过程中起次要作用,但都构成了共同违反治安管理的违法行为人。

二、由于殷某、姜某在整个违法中行为过程起次要作用且根据《辽宁省公安厅实施治安管理处罚法细化标准》(试行)辽公治〔2006〕100号的规定,上述二人的行为属于情节较轻,尚不构成刑事处罚,故作出对殷某、姜某分别行政拘留三日的处罚。

案例四:汤某、李某卖淫嫖娼,王某介绍、容留他人卖淫案

【相关法律规定】

《治安管理处罚法》第六十六条规定,卖淫、嫖娼的,处十日以上十五日以下拘留,可以并处五千元以下罚款;情节较轻的,处五日以下拘留或者五百元以下罚款。在公共场所拉客招嫖的,处五日以下拘留或者五百元以下罚款。

《治安管理处罚法》第六十七条规定,引诱、容留、介绍他人卖淫的,处十日以上十五日以下拘留,可以并处五千元以下罚款;情节较轻的,处五日以下拘留或者五百元以下罚款。

《治安管理处罚法》第十二条规定,已满十四周岁不满十八周岁的人违反治安

管理的,从轻或者减轻处罚;不满十四周岁的人违反治安管理的,不予处罚,但是应当责令其监护人严加管教。

《治安管理处罚法》第二十一条规定,违反治安管理行为人有下列情形之一,依照本法应当给予行政拘留处罚的,不执行行政拘留处罚:

1. 已满十四周岁不满十六周岁的;
2. 已满十六周岁不满十八周岁,初次违反治安管理的;
3. 七十周岁以上的;
4. 怀孕或者哺乳自己不满一周岁婴儿的。

《治安管理处罚法》第十一条第二款规定,违反治安管理所得的财物,追缴退还被侵害人;没有被侵害人的,登记造册,公开拍卖或者按照国家有关规定处理,所得款项上缴国库。

《辽宁省公安厅实施治安管理处罚法细化标准》(试行)辽公治〔2006〕100号:
解释及细化标准:
有下列情形之一的,构成情节较轻的,处五日以下拘留或者五百元以下罚款:

1. 引诱、容留、介绍未遂的;
2. 卖淫行为未遂的;
3. 不以营利为目的。

《辽宁省公安机关办理收容教育案件规定》第六条规定,对卖淫、嫖娼人员,除依照《中华人民共和国治安管理处罚法》第六十六条一款的规定处罚外,对尚不够劳动教养的,可以由公安机关决定收容教育,但应从严控制。

对有下列情形之一的卖淫、嫖娼人员,不予收容教育:

(一) 初次违反治安管理的;
(二) 年龄不满十八周岁的;
(三) 年龄六十周岁以上的;
(四) 患有性病以外其他急性传染病的;
(五) 怀孕或哺乳自己不满一周岁婴儿的;
(六) 受他人胁迫或者诱骗的;
(七) 有立功表现的;
(八) 主动投案,向公安机关如实陈述自己的卖淫嫖娼行为的;
(九) 夫妻离异或夫妻一方死亡、服刑,本人负有监护未成年子女义务的;
(十) 独立承担赡养、扶养义务,被赡养人、扶养人患严重疾病需要照顾的;
(十一) 盲人或者又聋又哑的;
(十二) 尚未完全丧失辨认或者控制自己行为能力的精神病人有卖淫嫖娼行为的;
(十三) 已给付钱物并着手实施,但尚未发生性关系的;

（十四）对在歌舞厅等娱乐场所、桑拿按摩等服务场所查获的，以营利为目的发生的手淫、口淫行为。

《刑法》第三百五十九条规定，引诱、容留、介绍他人卖淫的，处 5 年以下有期徒刑、拘役或者管制，并处罚金；情节严重的，处 5 年以上有期徒刑，并处罚金。

引诱不满 14 周岁的幼女卖淫的，处 5 年以上有期徒刑，并处罚金。

【案情简介】

2007 年 9 月，犯罪嫌疑人王某在某市开发区某小区经营某足疗馆，为牟取暴利，王某招募了卖淫女汤某等人，租用某足疗馆作为卖淫的场所。2007 年 11 月 7 日 23 时许，李某来到该足疗馆找"小姐"嫖宿，王某将卖淫女汤某介绍给李某，并提供卖淫、嫖娼的场所。李某和汤某从事卖淫、嫖娼活动时被警方当场抓获。

【查处情况】

2007 年 11 月 7 日某市公安局经济技术开发区分局对汤某行政拘留十日并处行政罚款五百元，不执行行政拘留处罚，并追缴汤某的违法所得人民币一百元；对李某行政拘留十五日并处行政罚款一千元。

2007 年 11 月 7 日犯罪嫌疑人王某被该市公安局某分局取保候审。

【案件评析】

此案发生后，由于此案涉及卖淫嫖娼和介绍、容留卖淫两个违法犯罪行为，且涉及《治安管理处罚法》条款与《刑法》条文存在界限模糊、条款交叉、内容重合的情况。因此，该市某派出所治安民警和刑警联合办案，积极收集固定证据，并对相关法律条文共同讨论分析。

违法人员汤某向李某卖淫的行为妨害了社会的管理秩序，是对社会风尚的挑战，是严重的违反治安管理行为，应依法给予该二人处罚。但汤某未满十八周岁，依法应从轻或减轻处罚。根据《中华人民共和国治安管理处罚法》第六十六条第一款、第十二条的规定，决定给予汤某行政拘留十日并处行政罚款五百元的处罚。因汤某已满十六周岁不满十八周岁，初次违反治安管理，根据《中华人民共和国治安管理处罚法》第二十一条第（二）项的规定，不执行行政拘留处罚，根据《辽宁省公安机关办理收容教育案件规定》第六条第（一）项、第（二）项之规定，故不能对汤某收容教育。

本案中，王某在该市开发区某小区经营足疗馆期间，以牟取暴利为目的，专门招募卖淫女汤某到其足疗馆做"小姐"，并租用该市开发区某小区作为专门的卖淫场所。王某主动介绍、容留汤某卖淫，且招嫖、谈价钱、卖淫等行为极其隐秘，不易被外人发觉，已呈专业化、规模化之势。其行为不同于碍于情面，偶尔为亲友提供场所的普通容留卖淫的行为，也不同于偶尔发生在其店内的卖淫活动，向嫖客索要钱财的行为。根据《中华人民共和国刑法》第三百五十九条的规定，王某的行为已涉嫌介绍、容留他人卖淫罪，依法应当追究王某的刑事责任。

案例五：李某组织播放淫秽音像案

【相关法律规定】

《刑法》第三百六十四条规定，传播淫秽的书刊、影片、音像、图片或者其他淫秽物品，情节严重的，处二年以下有期徒刑、拘役或者管制。

组织播放淫秽的电影、录像等音像制品的，处三年以下有期徒刑、拘役或者管制，并处罚金；情节严重的，处三年以上十年以下有期徒刑，并处罚金。

《治安管理处罚法》第六十九条规定，有下列行为之一的，处十日以上十五日以下拘留，并处五百元以上一千元以下罚款：

1. 组织播放淫秽音像的；
2. 组织或者进行淫秽表演的；
3. 参与聚众淫乱活动的。

明知他人从事前款活动，为其提供条件的，依照前款的规定处罚。

【案情简介】

2008年1月6日23时许，李某在某市某洗浴中心播放淫秽录像。

【查处情况】

经调查了解到，李某2008年1月2日起，为了招揽顾客，在其经营的某洗浴中心播放淫秽录像。2008年1月6日23时许被抓获。

现已将李某行政拘留十五日并处罚款五百元。

【案件评析】

李某组织播放淫秽音像，情节轻微，符合《中华人民共和国治安管理处罚法》第六十九条之规定。

案例六：钟某吸食毒品案

【案情简介】

2008年4月16日凌晨1时许，钟某在家中吃"摇头丸"。于2008年4月17日被某公安分局抓获后，对其尿检呈阳性。

【查处情况】

2008年4月17日，钟某被行政罚款五百元，强制戒毒三个月。

【案件评析】

一、上述案件给出的条件，存在以下几点不当之处：

1. 案情交待的不清楚。单从"在家中吸食"的陈述中可判断出该人非初次吸食。该人是一名成年人，对吸食毒品的危害性有自己的认知。如果出于好奇是不会自寻"摇头丸"而食之，让人费解。所以该人应是有过吸食经历，且有"来源"，当自己需要时才在家中吸食。究竟属哪一种情况，不得而知，案中没有表述。

2. 来源不清楚。该人是16日晚在家吸食,17日什么时间、什么地点、什么原因等等查获此案,没有表述。

3. 只凭尿检呈阳性就对该人做出"罚款五百元且强戒三个月"的处罚,不合适。没叙述出尿样检测结论的出处和是否告知结果。

4. 没有反映出办案人是否对该人住处进行检查。因为检查的结果可能影响判定是否是初次的结果。

5. 案件没有表述毒品的来源、数量,这也是给断定初次或多次造成困难的原因。

二、完善此类案件的做法:

1. 按照"关于办理吸食注射毒品案件证据规格"规定做,满足证据项。

2. 增强程序意识、证据意识。办理此类案件时,在提取尿样时,避免出现"性别"错误。办案人要把当场取的尿样及时送有专业检测资质的部门检测,并由该部门出具检测结论。送检的同时,调查搜集其他证据,待结论出来后,告知违法嫌疑人。再向上级呈报处理意见。

3. 调查违法行为人的具体违法事实时,把初次、多次、成瘾、毒品来源、数量、取得毒品的经过、参与吸食、注射毒品的人员数量、性别、年龄、职业、身份住址、是否有教唆、引诱、欺骗等情节表述清楚。

案例七:刘某介绍妇女卖淫案

【相关法律规定】

《刑法》第三百五十九条规定,引诱、容留、介绍他人卖淫的,处五年以下有期徒刑、拘役或者管制,并处罚金;情节严重的,处五年以上有期徒刑,并处罚金。

《治安管理处罚法》第六十七条规定,引诱、容留、介绍他人卖淫的,处十日以上十五日以下拘留,可以并处五千元以下罚款;情节较轻的,处五日以下拘留或者五百元以下罚款。

最高人民法院、最高人民检察院《关于执行〈全国人大常委会关于严禁卖淫嫖娼的决定〉的若干问题的解答》第六条指出:引诱、容留、介绍他人卖淫是否以营利为目的,不影响本罪的成立。

《辽宁省公安厅实施治安管理处罚法细化标准》规定:有下列情形之一的,构成情节较轻的,处五日以下拘留或者五百元以下罚款:(1)引诱、容留、介绍未遂的;(2)卖淫行为未遂的;(3)不以营利为目的。

【案情简介】

2008年3月7日,某市某旅社业主刘某,在自家旅社介绍徐某向于某卖淫,被该市公安局治安管理大队民警当场抓获。

【查处情况】

该市公安局对刘某采取了取保候审的刑事强制措施,现此案已经由人民法院审理结束,刘某被判处有期徒刑缓期执行。

【案件评析】

本案中,刘某通过引见的方式在卖淫者徐某和嫖客于某之间进行介绍,从而导致卖淫嫖娼行为的发生,如果依据《治安管理处罚法》第六十七条、《辽宁省公安厅实施治安管理处罚法细化标准》,对刘某进行处罚只能是行政拘留或者是行政罚款处罚,这与《刑法》第三百五十九条及最高人民法院、最高人民检察院《关于执行〈全国人大常委会关于严禁卖淫嫖娼的决定〉的若干问题的解答》第六条相冲突,鉴于检察机关对公安机关的立案监督力度较大,《治安管理处罚法》和《刑法》条文存在界限模糊、条款交叉、内容竞合等冲突的案件,办案单位一般都按照刑事犯罪立案查处。

案例八:于某猥亵幼女案

【相关法律规定】

《刑法》第二百三十七条规定,以暴力、胁迫或者其他方法强制猥亵妇女或者侮辱妇女的,处五年以下有期徒刑或者拘役。

聚众或者在公共场所当众犯前款罪的,处五年以上有期徒刑。

猥亵儿童的,依照前两款规定从重处罚。

《治安管理处罚法》第四十四条规定,猥亵他人的,或者在公共场所故意裸露身体,情节恶劣的,处五日以上十日以下拘留;猥亵智力残疾人、精神病人、不满十四周岁的人或者有其他严重情节的,处十日以上十五日以下拘留。

【案情简介】

2007年12月6日午后,李某到于某所经营的食杂店买小食品,在准备离开时,于某将李某拦住,用手伸进裤裆摸李某的阴部,李某未予反抗、拒绝,后李某的母亲报案。

【查处情况】

该市某公安局根据案件事实及证据,依据《治安管理处罚法》第四十四条规定,对于某予以从重处罚,对其处行政拘留十五日处罚。在对于某执行行政拘留三日后,李某家属到该市人民检察院控告,随后人民检察院对此案做出立案监督,要求对此案立案侦查。现于某已被当地人民法院判处有期徒刑六年。

【案件评析】

1. 按照《治安管理处罚法》第四十四条规定,公安机关对于某从重处罚,处十五日行政拘留是恰当的。

2. 强制猥亵、侮辱妇女罪是行为人以暴力、胁迫或其他方法实施猥亵、侮辱妇女的行为,即使妇女的动作举止受到非法干预,同时使其私有领域受到侵犯,侵犯了妇女的身体自由权和隐私权,行为人猥亵妇女具有违背妇女意志的本质特征。法院认为本案中李某系未成年人,于某将李某堵在屋内使其不能也不敢反抗,严重侵犯了未成年人的身体与心理健康,人民法院依据《刑法》第二百三十七条对其判处有期徒刑六年,法院的判决也是有法律根据的。

案例九:陈某等人伪造印章案

【相关法律规定】

《治安管理处罚法》第五十二条规定,有下列行为之一的,处十日以上十五日以下拘留,可以并处一千元以下罚款;情节较轻的,处五日以上十日以下拘留,可以并处五日五百元以下罚款:

(一)伪造、变造或者买卖国家机关、人民团体、企业、事业单位或者其他组织的公文、证件、证明文件、印章的;

(二)买卖或者使用伪造、变造的国家机关、人民团体、企业、事业单位或者其他组织的公文、证件、证明文件的;

(三)伪造、变造、倒卖车票、船票、航空客票、文艺演出票、体育比赛入场券或者其他有价票证、凭证的;

(四)伪造、变造船舶户牌,买卖或者使用伪造、变造的船舶户牌,或者涂改船舶发动机号的。

《辽宁省公安厅实施治安管理处罚法细化标准》有下列情形之一的,构成情节较轻的,处五日以下拘留或者五百元以下罚款:

1. 违反本条规定情节轻微的;
2. 取得实际利益的;
3. 尚未造成后果或者恶劣影响的。

《刑法》第二百八十条规定,伪造、变造、买卖或者盗窃、抢夺、毁灭国家机关的公文、证件、印章的,处三处以下有期徒刑、拘役、管制或者剥夺政治权利;情节严重的,处三年以上十年以下有期徒刑。

伪造公司、企业、事业单位、人民团体的印章的,处三年以下有期徒刑、拘役、管制或者剥夺政治权利。

伪造、变造居民身份证的,处三年以下有期徒刑、拘役、管制或者剥夺政治权利;情节严重的,处三年以上七年以下有期徒刑。

【案情简介】

2006年4月,犯罪嫌疑人陈某、高某、曹某、刘某为了使坐落在某市一处住宅的承租的毕某公有住房承租过户给犯罪嫌疑人陈某,伪造"某化工总厂综合管理部"印章一枚、"某化工总厂房产管理专用章"一枚、"某化工厂给水总厂劳动工资科"印章一枚、"某市公安局某派出所户口专用章"一枚及户籍员孟某名章一枚、伪造毕某假身份证一个及户主为毕某亲属的假户口本一个。

【查处情况】

2006年11月,该市人民检察院以伪造身份证罪、伪造企事业公司印章罪向该市人民法院提起公诉。

【案件评析】

伪造、变造国家机关公文、证件、印章罪是指非法制造、变造国家机关公文、证件、印章的行为。本罪是行为犯,不管行为人是否取得实际利益,也不管行为人是否造成后果或者恶劣影响,只要行为人实施了伪造、变造国家机关公文、证件、印章的行为,原则上就构成了犯罪,应当立案追究。而《治安管理处罚法》第五十二条及《辽宁省公安厅实施治安管理处罚法细化标准》的相关规定对此却不认为是犯罪,与刑法的立法有冲突。

在本案中,犯罪嫌疑人陈长虹等人为了获取利益,实施了伪造、变造国家机关公文、证件、印章的行为,又实施了伪造公民身份证的行为,应以《中华人民共和国刑法》第二百八十条定罪处罚,公安机关将其移送检察机关起诉是正确的。

案例十:丁某冒充国家机关工作人员招摇撞骗案

【相关法律规定】

《刑法》第二百七十九条规定,冒充国家机关工作人员招摇撞骗的,处三年以下有期徒刑、拘役、管制或者剥夺政治权利;情节严重的,处三年以上十年以下有期徒刑。

冒充人民警察招摇撞骗的,依照前款的规定从重处罚。

【案情简介】

丁某替其父管理某旅店。2007年6月21日,丁某将其从事公安协管员工作的朋友周某的警察服装偷偷拿回家中。当月24日,丁某与于某、高某玩扑克时,向丁、高二人提出冒充警察抓嫖客,叫敲诈钱财,问于、高二人敢不敢干,于、高二人表示敢干。于是,丁某将事先准备好的警察服装交给于某、高某。当日14时许,卖淫女林某和嫖客李某在丁某的旅店进行卖淫嫖娼活动结束后,被于某、高某抓获。于某、高某身着警服,冒充警察对林某和李某进行"询问",并以将李某"带到公安机关"对李某进行要挟。这时,丁某假充说客出面调停,并将李某单独领到房间内,告知其问题的严重性,让李某破财免灾,李某生怕事情败露,便将身上仅有的人民币65元交给丁某50元,并在丁某的示意下,为丁某出具3 000元欠据,三人才让李某离开丁某的旅店。

【查处情况】

此案发生后,该市县局成立由刑警大队、派出所组成的专案组,迫于压力,被告人于某、高某主动到公安机关投案自首,之后专案组又组成抓捕小组,对丁某实施抓捕,辗转几个市县后,终将丁某抓获归案。经查:在共同犯罪中,丁某起主要作用,是主犯;于某、高某起次要作用,系从犯。三人以牟取非法利益为目的,冒充人民警察,骗取他人财物,其行为已构成招摇撞骗罪。于某、高某案发后能主动投案,并如实供述犯罪事实,有投案自首情节,依法应当从轻处罚。据此,该市人民法院依据《刑法》第二百七十九条、第二十五条、第二十六条、第二十七条、第六十七条第一款之规定,分别判处丁某有期徒刑一年,于某拘役四个月、高某拘役四个月。

【案件评析】

国家机关工作人员是指:在国家机关中从事公务的人员,国有公司、企业、事业单位、人民团体中从事公务的人员和国家机关、国有公司、企业、事业单位委派到非国有公司、企业、事业单位、社会团体从事公务的人员,其他依照法律从事公务的人员,以国家机关工作人员论处。本案中,丁某等人冒充警察招摇撞骗,应依照《刑法》第二百七十九条第一款的规定从重处罚。

案例十一:顾某引诱、容留、介绍他人卖淫案

【相关法律规定】

《治安管理处罚法》第六十七条规定,引诱、容留、介绍他人卖淫的,处十日以上十五日以下拘留,可以并处五千元以下罚款;情节较轻的,处五日以下拘留或者五百元以下罚款。

【案情简介】

2008年4月8日20时许,某派出所民警对场所进行检查时,发现管辖区的某旅店204房间内有人从事卖淫嫖娼活动。经查:系该旅店业主顾某于当晚通过电话将卖淫女王某联系到旅店,介绍给唐某,二人在旅店204房间内,以80元的价格进行卖淫嫖娼违法行为。业主顾某从中抽取提成费10元钱。

【查处情况】

经审查,顾某、唐某、王某对违法事实供认不讳。当地公安局决定因介绍卖淫给予顾某行政拘留五日,因嫖娼给予唐某行政拘留十日并处罚款五千元,因卖淫给予王某行政拘留十日并处罚款五千元的处罚。

【案件评析】

此案例中,公安机关对顾某的行为是根据《治安管理处罚法》第六十七条的规定进行处罚的,而《刑法》第三百五十九条第一款规定,引诱、容留、介绍他人卖淫的,处五年以下有期徒刑、拘役或者管制,并处罚金;情节严重的,处五年以上有期徒刑,并处罚金,两法对介绍卖淫的规定完全一致。因此,办案单位在对违法行为人的处理方面,是适用《治安管理处罚法》进行治安处罚,还是引用《刑法》追究刑

事责任,无法做出准确决定,只好与检察机关进行沟通,由检察机关决定是否对介绍卖淫的违法行为人追究刑事责任,给基层民警执法办案带来极大的困惑和不便。

对引诱、容留、介绍卖淫的违法人员应如何处理?我们建议,最高人民法院和最高人民检察院应当尽快出台相关司法解释,对引诱、容留、介绍卖淫的违法人员给予治安处罚和依法追究刑事责任,在人数、次数、情节等方面做出界定,便于基层公安机关依法查处引诱、容留、介绍卖淫等社会丑恶现象,维护社会治安秩序。

案例十二:孙某引诱、容留、介绍他人卖淫案

【相关法律规定】

《刑法》第三百五十九条规定,引诱、容留、介绍他人卖淫的,处 5 年以下有期徒刑、拘役或者管制,并处罚金;情节严重的,处 5 年以上有期徒刑,并处罚金。

1991 年 9 月 4 日全国人大常委会通过《关于严禁卖淫嫖娼的决定》规定:引诱、容留、介绍他人卖淫的,处 5 年以下有期徒刑或者拘役,并处五千元以下罚金;情节严重的,处 5 年以上有期徒刑,并处一万元以下罚金;情节较轻的,依据《治安管理处罚条例》第三十条的规定处罚。

【案情简介】

2008 年 6 月 16 日 8 时许,某公安局某派出所接到举报:该市党校某家属楼孙某家有人在进行卖淫活动。该派出所接到报案后立即组织警力进行查处。

【查处情况】

2008 年 6 月 16 日 8 时许,当地公安局某派出所接到举报后在 8 时至 17 时先后抓获温某等四名卖淫妇女,十余名嫖客,并抓获孙某。经调查,孙某多次为嫖客联系卖淫妇女,容留卖淫女在其家中进行卖淫。某派出所依据治安管理处罚法对卖淫嫖娼人员予以治安处罚。对孙某涉嫌容留、介绍他人卖淫予以刑事拘留。

【案件评析】

引诱、容留、介绍他人卖淫罪,是指以金钱、物质利益或者其他利益为手段,诱使他人卖淫,或者为他人卖淫提供卖淫场所或创造其他便利条件,或者为卖淫者和嫖客居间介绍的行为,并且一般具有营利的目的,刑法规定以营利目的为本罪的构成必备要件。引诱、容留、介绍卖淫,只有情节较轻的才构成违反治安管理行为,否则构成犯罪。孙某容留、介绍他人多次卖淫并且收取费用,已构成介绍他人卖淫罪,对孙某予以刑事拘留;对卖淫嫖娼人员依据治安管理处罚法的处罚符合法律规定。

案例十三：左某介绍卖淫案

【相关法律规定】

《治安管理处罚法》第六十七条规定引诱、容留、介绍他人卖淫的，处十日以上十五日以下拘留，可以并处五千元以下罚款。情节较轻的，处五日以下拘留或者五百元以下罚款。

《辽宁省公安厅实施治安管理处罚法细化标准》解释及细化标准：有下列情形之一的，构成情节较轻的，处五日以下拘留或者五百元以下罚款：

1. 引诱、容留、介绍未遂的；
2. 卖淫行为未遂的；
3. 不以营利为目的。

【案情简介】

2008年5月30日12时许，某市某歌厅老板左某以营利为目的，在其歌厅二楼包房为嫖客王某与卖淫小姐朱某进行卖淫嫖娼活动提供场所。

【查处情况】

经调查，2008年5月30日12时许，某市某歌厅老板左某以营利为目的，在其歌厅二楼包房为嫖客王某与卖淫小姐朱某进行卖淫嫖娼活动提供场所。左某收取包箱费20元。办案单位依据《中华人民共和国治安管理处罚法》第六十七条之规定，对嫖客王某和卖淫小姐朱某分别给予行政拘留十五日，并处罚款五千元；对该歌厅老板左某行政拘留十五日。给予该歌厅罚款一万元。

【案件评析】

此案的查处的依据是《治安管理处罚法》第六十七条、《辽宁省公安厅实施治安管理处罚法细化标准》解释及细化标准。

案例十四：牟某容留他人卖淫案

【相关法律规定】

《治安管理处罚法》第六十七条规定：引诱、容留、介绍他人卖淫的，处十日以上十五日以下拘留，可以并处五千元以下罚款；情节较轻的，处五日以下拘留或者五百元以下罚款。

《刑法》第三百五十九条规定：引诱、容留、介绍他人卖淫的，处五年以下有期徒刑、拘役或者管制，并处罚金；情节严重的，处五年以上有期徒刑，并处罚金。

引诱不满十四周岁的幼女卖淫的，处五年以上有期徒刑，并处罚金。

【案情简介】

犯罪嫌疑人牟某，自2008年起，先后容留马某、杨某、姜某、刘某、张某等卖淫女在其足疗店内从事卖淫活动，卖淫女卖淫一次收取70元钱，卖淫女得40元，牟金玉得 30 元。6 月 14 日晚 9 时,当地治安支队案件侦查大队民警经侦查后,果断采取行动,当场抓获卖淫嫖娼现行一对和另外 4 名卖淫女。足疗店老板牟某于 6 月 15 日主动投案自首,如实供述自己容留他人卖淫的犯罪事实。

【查处情况】

经公安机关调查询问,确定了违法嫌疑人卖淫嫖娼的违法事实,对卖淫嫖娼现行(周某、马某)处以行政拘留 15 日,并处罚款三千元的处罚;对另外 4 名卖淫女(杨某、姜某、刘某、张某)处以行政拘留 5 日的处罚;足疗店老板牟某主动投案自首,如实供述自己的犯罪事实,公安机关对其采取了取保候审的强制措施。

【案件评析】

容留他人卖淫,是指为他人卖淫提供场所的行为,只有情节较轻的,才可以予以治安处罚;对情节较重、次数较多、在公共场所容留他人卖淫等行为的,应符合刑法关于容留他人卖淫罪的构成要件,适用刑法对当事人予以处罚。本案中,犯罪嫌疑人牟某长期先后容留多名卖淫女从事卖淫活动,其行为符合刑法关于容留他人卖淫的构成要件,对其采取刑事强制措施是完全正确的。

案例十五:李某伪造国家机关公文骗取钱财被拘留

【相关法律规定】

《治安管理处罚法》第五十二条规定,有下列行为之一的,处十日以上十五日以下拘留,可以并处一千元以下罚款;情节较轻的,处五日以上十日以下拘留,可以并处五百元以下罚款:

1. 伪造、变造或者买卖国家机关、人民团体、企业、事业单位或者其他组织的公文、证件、证明文件、印章的;

2. 买卖或者使用伪造、变造的国家机关、人民团体、企业、事业单位或者其他组织的公文、证件、证明文件的;

3. 伪造、变造、倒卖车票、船票、航空客票、文艺演出票、体育比赛入场券或者其他有价票证、凭证的;

4. 伪造、变造船舶户牌,买卖或者使用伪造、变造的船舶户牌,或者涂改船舶发动机号码的。

《刑法》第二百八十条规定,伪造、变造、买卖或者盗窃、抢夺、毁灭国家机关的公文、证件、印章的,处三年以下有期徒刑、拘役、管制或者剥夺政治权利;情节严重的,处三年以上十年以下有期徒刑。

伪造公司、企业、事业单位、人民团体的印章的,处三年以下有期徒刑、拘役、管制或者剥夺政治权利。

伪造、变造居民身份证的,处三年以下有期徒刑、拘役、管制或者剥夺政治权利;情节严重的,处三年以上七年以下有期徒刑。

【案情简介】

2008年3月,某市公安局某分局接到一名妇女刘某报案:称其被李某(男)持所伪造的某市林业局文件以能帮助办理绿化造林低息贷款为由骗走人民币800元。

【查处情况】

该分局接到报案后,迅速开展调查,经过调查了解,情况如下:李某听说一些地方有绿化造林低息贷款,就产生了通过造假印章的办法骗钱的想法。李某到达其听说的另一市后,在当地林业局的厕所里终于找到废弃的文件。拿回本市后,就伪造了本市林业部门的印章扣在了经修改的"××市"的文件上,到处骗人。最后利用伪造的文件骗得刘某的信任,交给李某活动费800元。刘某见钱交出好久也未见贷款的影子,觉得可能是上当了,就向公安机关报案。当地某分局依据《治安管理处罚法》第五十二条之规定,对李某予以行政拘留10日,并处1 000元罚款的处罚。

【案件评析】

《治安管理处罚法》和《刑法》都有对伪造、变造、买卖国家机关、人民团体、企业、事业单位公文、证件、印章的处罚条款,但具体操作标准没有明文规定,实践中办案单位只能根据情节来掌握,操作起来比较困难。

案例十六:王某容留妇女卖淫案

【相关法律规定】

《治安管理处罚法》第六十七条规定,引诱、容留、介绍他人卖淫的,处十日以上十五日以下拘留,可以并处五千元以下罚款;情节较轻的,处五日以下拘留或者五百元以下罚款。

《刑法》第三百五十九条规定,引诱、容留、介绍他人卖淫的,处五年以下有期徒刑、拘役或者管制,并处罚金;情节严重的,处五年以上有期徒刑,并处罚金。

【案情简介】

2006年8月6日21时许,某市公安局某分局接到举报称:管辖区某足疗院老板王某容留本店小姐夏某与嫖客丁某在足疗店二楼包房进行卖淫嫖娼活动。

【查处情况】

分局民警出警后,将一对卖淫嫖娼违法嫌疑人当场抓获。据嫖客丁某讲,自己在该店足疗时,该店的足疗师问是否找小姐,丁说"找"。该店的老板王某就让在该店服务的小姐夏某带着钥匙到二楼进行卖淫嫖娼活动。讲好价格是100百元,老板留40元,小姐夏某得60元。该分局依据《治安管理处罚法》第六十七条对夏某、丁某分别行政拘留10日,对该店老板王某行政拘留10日,并处罚款3 000元的处罚。

【案件评析】

《治安管理处罚法》和《刑法》都有关于对容留妇女卖淫的处罚,但具体操作标准没有明文规定,实践中办案单位只能根据情节来掌握,操作起来比较困难。

案例十七:孟某冒充国家工作人员招摇撞骗案

【相关法律规定】

《治安管理处罚法》第五十一条规定,冒充国家机关工作人员或者以其他虚假身份招摇撞骗的,处五日以上十日以下拘留,可以并处五百元以下罚款;情节较轻的,处五日以下拘留,或者五百元以下罚款。

冒充军警人员招摇撞骗的,从重处罚。

《刑法》第六十五条规定,被判处有期徒刑以上刑罚的犯罪分子,刑罚执行完毕或者赦免以后,在5年以内再犯应当判处有期徒刑以上刑罚之罪的,是累犯,应当从重处罚,但是过失犯罪除外;

第二百七十九条规定:冒充国家机关工作人员招摇撞骗的,处三年以下有期徒刑、拘役、管制或者剥夺政治权利;情节严重的,处三年以上十年以下有期徒刑。

冒充人民警察招摇撞骗的,依照前款的规定从重处罚。

【案情简介】

2007年1至3月份,某市公安局相继接到某油田供应站站点多名"板的"出租车司机报案称:有一名30岁左右的男子以租车为由,将车租到该市一些偏远地区,拿出运输稽查人员工作证扣车和罚款,出于恐惧心理,被害人均付给该男子几十元至几百元不等的现金了事。

【查处情况】

接到报案后,该市公安局立即对案件展开调查工作,经多方调查,孟某具有重大作案嫌疑。2007年4月5日9时左右在某村抓获孟某。经进一步审讯,孟某如实供述了犯罪事实。

2006年年底在一次偶然的机会里,孟某发现运输稽查部门工作人员上路对违规车辆进行执法检查时,由于一些城乡结合部运营的"板的"三轮出租车都没有正式运营手续,见到稽查人员检查就交罚款等现象。他抓住一些出租车主的心理,于是拿了一张自己的照片,到个体美术社制作了某运输管理站的假工作证,并购买了假罚款收据,在2007年1月至3月份期间多次窜至某油田供应站站点,以租车为由,将司机骗至农村偏僻路段后,冒充国家工作人员对没有手续的"板的"三轮出租车司机进行罚款。2007年1月25日下午15时左右,还以扣车为由将崔某的"板的"三轮出租车强行开走。

现已查实,犯罪嫌疑人孟某冒充国家工作人招摇撞骗作案六起。现孟某已被刑拘,此案正进一步审理中。

【案件评析】

1. 本案适用的法律条款准确,根据《治安管理处罚法》第五十一条规定先行将嫌疑人孟某行政拘留。

2. 深挖中又发现嫌疑人孟某具有犯罪前科,且又是冒充国家工作人进行招摇撞骗,社会影响十分恶劣,所以根据法律规定将其刑事拘留。

案例十八:霍某非法持有猎枪案

【相关法律规定】

《治安管理处罚法》第三十二条规定,非法携带枪支、弹药或者弩、匕首等国家规定的管制器具的,处五日以下拘留,可以并处五百元以下罚款。

《刑法》第一百二十八条规定,违反枪支管理规定,非法持有、私藏枪支、弹药的,处三年以下有期徒刑、拘役或者管制;情节严重的,处三年以上七年以下有期徒刑。

【案情简介】

2006年7月11日23时,某市公安局治安警察支队接到群众举报电话,称该市某村村民有个姓霍的包工头家中私藏一支猎枪。支队领导对这条线索非常重视,认真地对群众举报线索进行了分析研究,并制定了核查方案。于7月13日,由治安支队副支队长带领核查小组核查线索。

【查处情况】

治安支队核查小组首先与该市公安局治安大队和派出所有关民警取得了联系,了解到某村确实有个姓霍的包工头。核查小组在派出所民警的带领下,找到了霍某的家。通过对霍某的询问,霍某交代了其家中衣柜内藏有一支单管猎枪。经初步查证,该人于2000年4月在某村村民于某家中拿走这支单管猎枪藏于家中。霍某对自己的犯罪行为供认不讳。现已被刑事拘留,此案在进一步调查中。

【案件评析】

《治安管理处罚法》第三十二条及《刑法》第一百二十八条对非法携带、持有枪支均有规定,本案依据《刑法》第一百二十八条对犯罪嫌疑人霍某给予刑事拘留,符合法律规定。

案例十九:彭某买卖伪造的身份证案

【相关法律规定】

《刑法》第二百八十条第一款规定,伪造、变造、买卖或者盗窃、抢夺、毁灭国家机关的公文、证件、印章的,处三年以下有期徒刑……

【案情简介】

2005年10月6日13时许,犯罪嫌疑人彭某在某市某公寓20楼处,以200元人民币价格卖给徐某假居民身份证一个,被当场抓获。经辽宁省公安厅科学技术鉴定,姓名为徐某的居民身份证是伪造的。

【案件评析】

我们认为,既然《刑法》第二百八十条第三款又单独规定了"伪造、变造居民身份证的……"的处罚条款,那么该条第1款中规定的国家机关证件应当不包括身份证。同时,《中华人民共和国居民身份证管理法》第十七条第一款规定:"有下列行为之一的,由公安机关处二百元以上一千元以下罚款,或者处十日以下拘留,有违法所得的,没收违法所得:(二)购买、出售、使用伪造、变造的居民身份证的。"

参考文献

著作部分：

1. 崔卓兰.行政程序法要论[M].长春：吉林人民出版社,1996.
2. 陈权.治安管理处罚存在的问题及对策[D].郑州：郑州大学,2005年硕士学位论文.
3. 杜雪晶.中国非刑罚化论纲[D].长春：吉林大学,2005年博士学位论文.
4. 冯军.《行政处罚法》新论[M].北京：中国检察出版社,2003.
5. 简金锋.论公安行政执法权[D].郑州：郑州大学,2002年硕士学位论文.
6. 江必新,周卫平.行政程序法概论[M].北京：北京师范学院出版社,1991.
7. 柯良栋,吴明山.《治安管理处罚法》释义与实务指南[M].北京：中国人民大学出版社,2005.
8. 柯良栋,孙茂利.公安机关办理行政案件程序规定与行政法律文书制作指南[M].北京：中国人民公安大学出版社,2006.
9. 罗豪才.行政法学[M].北京：北京大学出版社,1996.
10. 商小平.公安机关办理行政案件程序规定理解与适用[M].北京：中国人民公安大学出版社,2006.
11. 商小平.治安案件查处[M].北京：中国人民公安大学出版社,2006.
12. 夏菲.治安管理研究[M].北京：中国方正出版社,2005.
13. 余凌云.公安机关办理行政案件程序规定及行政法律文书制作指南[M].北京：群众出版社,2006.
14. 余凌云.公安机关办理行政案件程序规定若干问题研究[M].北京：中国人民公安大学出版社,2004.
15. 应松年.比较行政程序[M].北京：中国法制出版社,1999.
16. 应松年.外国行政程序法汇编[M].北京：中国法制出版社,1999.
17. 余凌云.《治安管理处罚法》的具体问题[M].北京：中国人民公安大学出版社,2006.
18. 杨海坤,黄学贤.中国行政程序法典化——从比较法角度研究[M].北京：法律出版社,1999.
19. 张弘.行政法与行政诉讼法[M].沈阳：辽宁大学出版社,2004.
20. 张弘.治安管理处罚程序[M].北京：中国人民公安大学出版社,2007.

21. 张晓鹏,王青松.中华人民共和国《治安管理处罚法》释义及法律文书制作指南[M].北京:中国人民大学出版社,2005.
22. 章剑生.行政程序法比较研究[M].杭州:杭州大学出版社,1997.
23. 朱新力.行政法学[M].北京:高等教育出版社,2004.
24. 刘乐国,张弘.《治安管理处罚法》基础理论[M].沈阳:辽宁大学出版社,2007.
25. 张弘.价值析评与规范选择——行政诉讼法问题与完善[M].北京:当代中国出版社,2002.
26. 裴兆斌,孙雅丽.查处治安案件程序规范与文书制作[M].北京:中国人民公安大学出版社,2007.
27. 裴兆斌,张弘.最新办理治安案件实用手册[M].北京:中国人民公安大学出版社,2007.

论文部分:
1. 陈丽芳.论行政处罚相对人程序对抗权之完善[J].中共杭州市委党校学报,2002(2).
2. 陈凌翔.治安管理处罚听证程序存在的问题及完善[J].四川省公安管理干部学院学报,1999(2).
3. 陈翔.对当前行政处罚程序违法问题的探讨[J].中国工商管理研究,1998(10).
4. 崔卓兰.依法行政与行政程序法[J].中国法学,1994(4).
5. 范琦武.公安行政处罚告知程序若干问题研究[J].福建公交高等专科学校学报,2002,16(1).
6. 郭赟,何建华.关于我国行政处罚听证制度的思考[J].青年与社会,2014(8).
7. 胡燕飞.试论公安行政处罚主体和公安行政人的条件[J].浙江公安高等专科学校学报,2000(1).
8. 姜明安.我国行政程序立法模式选择[J].中国法学,1995(6).
9. 李锡海,延兴贵.全球化、WTO与公安法治[J].山东警察学院学报,2002(5).
10. 牛凯.论行政程序法的基本制度[J].法学杂志,2000(6).
11. 彭修凯.论行政程序说明理由制度[J].当代法学,2002(6).
12. 沈开举,高树德.论《行政处罚法》对我国行政法制的新发展[J].行政法学研究,1997(1).
13. 孙雅丽.治安案件超期未结问题探究[J].辽宁公安司法管理干部学院学报,2013(4).
14. 王淑华.完善行政处罚的听证程序[J].山东社会科学,1999(5).

15. 冼德庆.略论行政程序之职能分离制度[J].华南师范大学学报(社会科学版),1997(4).

16. 杨军玲.警察执法程序略论[J].中国人民公安大学学报,1997(3).

17. 杨伟东,张艳蕊.我国行政处罚程序立法的发展及其启示[J].河南大学学报(社会科学版),1999(1).

18. 杨玉海.当前公安机关执法活动中存在的主要问题及对策[J].山西警官高等专科学校学报,1998(4).

19. 叶必丰.行政程序法的两大模式——两大法系行政程序法之比较[J].中外法学,1997(1).

20. 应松年.依法行政论纲[J].中国法学,1997(1).

21. 余小琴.浅谈治安管理处罚程序中听证程序的正确履行[J].政法学刊,1999(4).

22. 郁忠民.论行政处罚听证主体的若干问题[J].法学,1998(5).

23. 张庆福,冯军.现代行政程序在法治行政中的作用[J].法学研究,1996(6).

24. 张晓光.现代行政程序的基本功能探析[J].政治与法律,2000(2).

25. 张学磊.浅议治安行政处罚程序的适用[J].人民司法,1998(6).

后 记

产生撰写这本著作的想法之后,我带领学院部分教师深入中国海警局南海分局、辽宁省总队、广东省总队、海南省总队等部门,实地进行了调研,在广泛征求基层执法者意见的基础上,我们了解到,目前基层执法者和普通百姓需要有这样一本书。于是,我们历经三个月时间,终于修改完成了这本著作。希望本书能成为一本执法者和百姓都喜欢的开放式的"百宝书"。但由于时间仓促,可能也存在一些问题。

在此,衷心感谢中国海警局司令部、南海分局、辽宁省总队、广东省总队、海南省总队的领导和同志们,本书的撰写,得到了他们的关心、关爱、提携和支持!感谢大连海洋大学的领导给予我充足的时间来完成这本著作!

感谢东南大学出版社孙松茜老师,正是孙松茜老师的极力帮助使本书得以在东南大学出版社高质量出版。孙松茜老师对我们的著作提出了诸多宝贵的意见和建议,从而使本书的内容更加丰富、完善。

大连海洋大学　裴兆斌
二〇一五年十月于大连